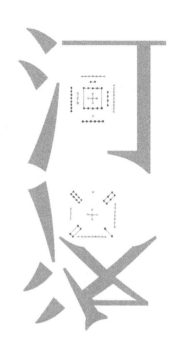

河洛文化研究丛书

河洛文化与客家文化述论

罗　勇　邹春生　著

河南人民出版社

图书在版编目（CIP）数据

河洛文化与客家文化述论／罗勇，邹春生著. — 郑州：
河南人民出版社，2018.2
（河洛文化研究丛书）
ISBN 978 - 7 - 215 - 11337 - 4

Ⅰ．①河… Ⅱ．①罗… ②邹… Ⅲ．①文化史—研究—
河南 ②客家人—民族文化—研究 Ⅳ．①K296.1 ②K281.1

中国版本图书馆 CIP 数据核字（2018）第 027148 号

河南人民出版社出版发行

（地址：郑州市经五路 66 号　邮政编码：450002　电话：65788063）

新华书店经销　　　　北京虎彩文化传播有限公司印刷

开本　710 毫米 × 1000 毫米　　　1/16　　　印张　19

字数　240 千字

2018 年 2 月第 1 版　　　　2018 年 2 月第 1 次印刷

定价：131.00 元

目　　录

前　言

一

说到客家人，许多人都会发出这样的疑问："什么是客家?"的确，这是一个令人颇感好奇的问题。因为在汉民族的几大方言(湘语、吴语、粤语、闽南语、赣语、客家语、西南官话、北方方言)群体中，客家人是唯一不以行政地域为族群称呼的。但是要回答这一问题并不容易，因为这也是学术界长期关注，目前仍在探讨的问题。

综合客家研究的历史特别是近年来的研究成果，我们对"客家"这一概念大体可以这样概述：

所谓"客家"，通俗地说就是：以赣、闽、粤相交的三角地带为基本住地，并分布到海内外的广大地区，以客家方言为母语的汉族群体。

如果说得完整和学术化一些，则可以这样表述：客家是历史上由于战乱、饥荒等原因，中原汉民渐次南下进入闽赣粤三角区，与当地土著和畲瑶等民族长期融合而形成的一个具有独特的客家方言系统、独特的文化民俗和情感心态的稳定的汉族支系。

学术界通常用"客家民系"或"客家族群"来指称客家人。

"民系"一词是客家研究的开山祖罗香林在20世纪30年代初发表的《民族与民族的研究》一文中新造出来"用以解释民族里头种种支派的"。他在1933年出版的《客家研究导论》一书中，就使用了"客家民系"这一概念，意指客家是汉民族的一个重要支系。后来"客家民系"一词被学术界和文化界广泛使用。

"族群"这一概念源自西方,20 世纪 90 年代开始在中国大陆传播。这一概念强调具有某种共同特征的群体,其成员的认定重在"自我认同",具有宽泛和灵活的特点,其内涵可伸可缩,既可以指一个民族,亦可以指一个民族中的次级群体,使用起来很方便,有利于民族学和人类学研究的深入开展,故在相关学科的研究中得到广泛运用。"客家族群"一词也频频出现于学者的文章和著作中。

由上可知,"客家民系"和"客家族群"虽说法不同,但所指称的都是同一事物,即客家人群体。

历史上,客家人曾不断迁徙,以至广泛分布于海内外。2004 年第 19 次世界客属恳亲大会相关资料显示,全球约有客家人口八千万。国内客家人主要分布在广东、江西、福建、浙江、广西、海南、湖南、湖北、四川、重庆、贵州、陕西、台湾、香港、澳门等 15 个省、市、特别行政区,其余各省、市、区也都有散居的客家人;国外客家人广泛分布于 80 多个国家和地区,以东南亚各国最为集中。

二

客家民系和客家文化是在唐末至明清漫长的历史时期内逐渐形成和发展起来的,毫无疑问,孕育这一产儿的母体就是赣、闽、粤客家大本营地区。在这一特定的时空范围条件下,诸多因素对客家民系和客家文化的形成发展起了很大作用,择其大端,其中最为重要的有三个方面。

首先,唐中后期至宋末的移民运动是客家民系和客家文化形成的直接动因。这一时期,由于战乱等原因,大量的汉民从江淮、荆湖、两浙乃至中原迁入赣、闽、粤三角区,由此打破了这一区域长期处于原始封闭的状态和古越族的后裔山都木客以及畲瑶等少数民族为主体的居民格局,给这一区域注入了新鲜血液和勃勃生机。一方面,汉民们把先进的生产方式和生活方式带入这一地区,使这一地区得到较快开发,迅速改变着往昔那种"人烟稀少,林菁深密,野兽横行,瘴疠肆虐"的面貌。另一方面,汉民们与畲瑶等少数民族交错杂居在一起,势必以自己优势的物质文化和精神文化对他们发生方方面面的影响以致最后同化他们。杨澜《临汀汇考》描述了长汀、宁化等地原来"刀耕火种"的畲瑶等少数民族被汉族同化后的情况,"于是负耒者,皆望九龙山而来。至贞元(785—804)后,风土之见于诗者有曰：山乡只有输蕉户，水镇应多养鸭栏，隐然东南一乐土矣"。上述两个方面便促使赣、闽、粤三角区发生着历史性的变化，以至到了宋代，这里人文蔚起，一个以中原传统文化为核心同时又蕴涵着其他因子的新的文化形态——客家文化便初步形成了。

其次，赣、闽、粤三角地带独特的地理环境为客家文化的形成创造了条件。一方面，客家先民从北方迁到南方，从平原地带入居山区丘陵，他们虽然远离了动乱与战火，却面临新的生存劣境。因此，他们不得不对原来的思维方式和生活模式作某些调整以适应新的环境。由此久之而形成新的风俗习惯，如温仲和在《嘉应州志》中写道："州俗土瘠民贫，山多地少，男子谋生多抱四方之志，而家事多任之妇人。故乡村妇女，耕田、采樵、绩麻、缝纫、中馈之事，无不为之，絜之于古，盖女工男工皆兼之矣。"这是与中原地区传统的"男耕女织"很不相同的新的男女分工格局，由此也就铸就了客家妇女吃苦耐劳、精明强干的优良品格和不缠足、不束胸的健劲气习。又如，赣、闽、粤山区不宜种麦子磨面粉，客家人就在豆腐里面塞上肉馅做成酿豆腐，形似饺子，这便是北方人吃饺子习俗的一种承传和变异。另一方面，客家大本营地区四面环山，交通不便，成为一个相对独立的地理单元，为客家文化保存其浓郁的地方特色和民系个性创造了条件。如客家方言中保留着较多唐宋时期的中原古韵和古汉语词汇，就是一个典型实例。

再次，赣、闽、粤三角地区土著居民的文化给客家文化的形成以重大影响。从人类发展的通则来看，不同民族间文化的影响和融合是双向式的。如前所述，南来汉民在进入客家大本营地区后，以自己优势的文化去融合、征服土著居民，那么，土著居民也势必以自己固有的文化去迎接这种外来文化，双方便在这种不断地撞击中激荡和交融，最终孕育出一种新文化，即客家文化。根据民族学的研究成果，一般认为赣、闽、粤三角区的土著居民即是古越族的后裔和畲瑶等少数民族。因此，客家民系和客家文化在形成过程中受到古越族和畲瑶等少数民族文化的强烈影响，这一点是肯定的，也是不容否认的历史事实。

目前学术界较为主流的意见认为，客家民系孕育于唐末五代至两宋时期，至迟在南宋后期，在赣、闽、粤相交的广大山区地域，客家民系已经形成。其最重要的标志就是客家方言的形成。

南宋后期至元明时期，客家民系不断发展壮大，明中叶，王阳明镇压蓝天凤、谢志珊为首的畲民起义后,使畲民分散居住,又订立乡规民约,大大加速了畲族的汉化过程,客家民系走向成熟。

至于"客家"名称的出现则可能要比客家民系形成的时间晚得多。根据目前所发现的资料,最早提到"客家"这一名称的是清初屈大均修的《永安县次志》(康熙二十六年,1687),其云:"县中多雅秀氓,其高曾祖父多江(西)、闽(福建)、潮(州)、惠(州)诸县迁徙而至,名曰'客家'。比屋读诵,勤会文。"根据这一记载推算,"客家"称呼至迟在明中期已出现,只是当时没有文献记载而已。

综上所述,我们可以得到以下两点认识:第一,中原原本没有称之为客家民系的人群;客家民系是发生于赣、闽、粤毗邻区的事物。第二,客家民系形成之前渐次迁入赣、闽、粤客家基本住地的中原(北方)汉民,即"客家先民",来自中原,来自北方;他们带来了中原的基因,播衍了中原的文化。所以说,客家根在中原,根在河洛。

因此,探讨客家文化与河洛文化的关系,弄清客家文化的源头及其发展脉络,是一项极具学术价值和现实意义的课题。

三

本书系国家社科基金重大委托项目"河洛文化与闽台关系研究"之子课题的最终成果。全书共五章,分别阐述了客家文化与河洛文化的关系、客家文化生成的背景及其发展脉络、客家文化的主要内容、客家文化特质与客家精神、客家文化资源的保护与开发利用等内容。其中有的是已有研究的再现,有的则是新的探索和思考。然而,不管是已有的还是新近的,均不敢言系统、全面,更不敢以"创新"自许,其中的缺漏乃至错误之处肯定不少,惟望专家学者和读者诸君不吝指正!

作　者

2014 年 4 月

第一章 河洛文化:客家文化的重要源头

在中华文化的殿堂里,存在着两种亲缘关系紧密而又地域特色鲜明的文化,即河洛文化和客家文化。客家文化为什么会与河洛文化发生联系? 学者多从移民史的角度进行阐释,认为客家先民大多来自中原,因而在血缘上与中原有着天然的联系,在文化上也就存在一种自然的移植。这些解释不乏真知灼见,但并不能解答关于客家文化与河洛文化之间关系的所有问题。实际上,文化的发展有其自身内在的规律,即使没有大规模的移民,作为客家大本营的赣、闽、粤边区,依然要与河洛地区发生联系。因此,要考察客家文化与河洛文化的关系,最好从文化自身的发展逻辑开始。

客家人为什么喜欢依傍中原文化这座大山,甚至不惜泼上浓墨,在珍贵的谱牒家乘中浓重书写自己家族与中原的联系? 实际上,这是在寻找一种文化的根。其实,不仅仅客家文化的根在中原,大多数中国传统文化的根也在中原,都与河洛文化有联系。所以,要理清客家文化与河洛文化的关系,首先要做的是,弄清楚河洛文化与中国传统文化的关系。

河洛地区之所以能够成为中国传统文化的摇篮,并主导着中华文明的发展,与它所处的地理位置有关。河洛地区地处"天下之中",有着良好的生态环境,又是许多政权的王城之所在,几乎汇集了古代文明发展的所有优越条件。因此,河洛地区自身首先能够生成一种文化,这种文化因为优越的生态环境,代表了当时最先进的生产力,因而能够产生巨大的辐射力。加上地处"天下之中",且有政权的推动,所以,很快地向中原地区推进,继而又推进到周边地区。客家文化与河洛文化的关系,应该是在这种背景下生成的。

客家文化与河洛文化之间,有着太多的共性。因此,我们可以这样来描述客家文化:以儒家文化为内核,融中原文化与南方土著文化于一体的多元文化混合体。客家文化为什么会是这样?其实就是中原文化自身发展的结果。以河洛文化发展起来的中原文化,到汉唐间达到最高峰。高度发展的文化,必然要外溢,流向周边,包括赣、闽、粤毗邻区。唐宋时期的大规模的移民运动也好,经济重心南移也好,其实都是中原文化外溢的表现或结果。当然,为了寻求更多的权力市场,中原地区的中央政府也乐于借助这种文化外溢的张力,推销自己的统治理念。

如果把握了中国文明发展的上述逻辑,通过对文化结构的分析,我们就可以清楚看到中原文化烙在客家文化中的强烈印记,也就不难理解:河洛文化其实就是客家文化的重要源头。这就是客家文化与河洛文化之间关系的历史逻辑。

第一节　河洛文化与中国传统文化

一、中国传统文化的含义

"文化"一词是我们最常用且又最复杂的词汇之一。许多人类学家、社会学家、心理学家、哲学家、政治学家力图从历史性、功能性、规范性、结构性等角度对其含义进行界定。现在有关文化的定义多达200多种。我们认为,要了解"文化"的含义,首先须从字源学的角度对其进行探讨。

"文"的本义,指各色交错的纹理。《易·系辞下》载:"物相杂,故曰文。"《说文解字》称:"文,错画也,象交叉。"均指此义。在此基础上,又有若干引申义。包括美好的言语、思想、行为、待人、处世等表之于外的都称为"文",它既指文字、文章、文采,又指礼乐制度、法律条文等。如"经纬天地曰文"(《尚书·舜典》疏曰);"文王既没,文不在兹乎"(《论语·子罕》);"文犹美也,善也"(《礼记·乐记》郑玄注)。"化"的本义为改易、生成、造化。如《庄子·逍遥游》:"化而为鸟,其名曰鹏";《易·系辞下》:"男女构精,万物化生"。在此基础上,"化"又引申为教行迁善之义。如《礼记·乐记》:"和故百物化焉";《荀子·正名》:"状态而实无别而为异者谓之化"。"文"与"化"的并联使用,最早见之于《易·贲卦·象传》:"观乎天文,以察时变;观乎人文,以化成天下。"西汉以后,"文"

与"化"方合成一个整词。如"圣人之治天下也,先文德而后武力。凡武之兴,为不服也。文化不改,然后加诛"(《说苑·指武》);"文化内辑,武功外悠"(《文选·补之诗》)。在这里,"文化"的含义就是"以文教化",它表示对人的性情的陶冶,品德的教养。

在西方,"文化"一词来源于拉丁文 cultura,原义是指农耕及对植物的培育。自 15 世纪以后,逐渐引申使用,把对人的品德和能力的培养也称之为文化。文化一词的中西两个来源,殊途同归,今人都用来指称人类社会的精神现象,抑或泛指人类所创造的一切物质产品和非物质产品的总和。

今天,我们通常所谓的"文化",其含义有广义和狭义之分。广义的文化是指人类创造的一切物质产品和精神产品的总和。狭义的文化专指语言、文学、艺术及一切意识形态在内的精神产品。文化有几个要素,主要包括:①物质产品。经过人类改造的自然环境和由人创造出来的一切物品。②精神要素,即精神文化。它主要指哲学和其他具体科学、宗教、艺术、伦理道德以及价值观念等,其中尤以价值观念最为重要,是精神文化的核心。③语言和符号。是人类交往、沟通的工具,亦是文化积淀和贮存的手段。④规范体系。约束、规范人们行为的各种规定,包括风俗、法律和规章。⑤社会关系和社会组织。在生产关系的基础上形成的各种社会关系和社会组织,既是文化的一部分,又是创造文化的基础。

什么是中国传统文化? 从一般的意义上来讲,自从人类出现以后,凡是与人类活动相关的,无论是物质层面,还是制度或精神层面的,都是人类文化的一部分。那么,什么是中国传统文化呢? 中国传统文化(traditional culture of China) 是中华文明演化而汇集成的一种反映民族特质和风貌的民族文化,是民族历史上各种思想文化、观念形态的总体表征,是指居住在中国地域内的中华民族及其祖先所创造的,为中华民族世世代代所继承发展的,具有鲜明民族特色、历史悠久、内涵博大精深、传统优良的文化。它是中华民族几千年文明的结晶。

把握传统文化之要义,在于理解其传统性。至少包括三方面的含义:一是这种文化必须是既成文化,并且有着比较悠久的历史。二是必须世代传续。有着悠久历史的文化很多,但并不是所有文化都能成为传统文化。传统文化必须是一个国家或民族能够一代接一代不断相传延续的社会历史文化。不是代代相承的文化,仅暂时存在或短期出现的文化门类不是传统文化。三是这种文化在传续过程中,还会对当时社会产生巨大的影响作用。

二、河洛地区:中国传统文化的摇篮

历史悠久并且流传到现在的中国传统文化很多,但并不是都与河洛地区有关。那么,在中国传统文化中,有哪些方面与河洛地区密切相关呢? 我们认为,至少在以下几个方面,河洛地区对中国传统文化产生了深远影响。

一是创造了先进的农耕文明。

河洛地区地处黄河中下游的伊、洛、黄河的冲积平原上,水土资源优越,日照时间长,为农业的发展提供了良好的自然条件。因此,在很早的时候,这里的农业就发展起来。华夏族始祖、上古传说中的英雄炎帝创始农耕,教民种植,被尊为神农。"神农作,五谷于淇山之阳,九州之民乃知食谷,而天下化之。"①据《汉语大字典》对"淇"字的解释,"淇山",即今河南辉县市西北,亦属河洛地区。由此可证,河洛地区早在史前时期就孕育了农耕文明。此外,从考古发现亦可证明,裴李岗、仰韶、龙山等文化遗址中,农业经济越来越显示其突出的地位。农业生产工具由早期的较为厚重、制作粗糙,到晚期的制作精细,种类繁多,且日趋先进,经历了一个不断更新、不断发展的过程。粮食作物的种类及种植范围,从早期到晚期有所增加和扩大,从而奠定了河洛地区农耕文明的基础。因此,从某种程度上讲,河洛地区是我国农耕文化的中心区域,也是农业经济基础最为雄厚的地区。这里先进的农耕文明不仅为河洛文化的发展奠定了坚实的基础,而且也为我国其他地区农业的发展,提供了宝贵的经验。其中,影响最为久远,适用面最为广阔的乃是与农耕文明密切相关的天文历法。

农业生产是人类最基本和最初的社会活动,历法的发明与其密切相关。农业生产具有较强的季节性,如果违背农时,就难有收获。为保证农业生产过程中适时而作,人们就要认识和了解大自然,掌握季节变化的规律。河洛地区的先民历经几千年的艰难探索,逐渐掌握时令变化的周期,继而创制出人们共同遵循的历法。据史书记载,早在黄帝时期,河洛地区就出现了天象历法,为历法的雏形,我国古代文献中对此有诸多记载。黄帝"时播百谷草木,淳化鸟兽虫蛾,旁罗日

---

① 刘向编校:《管子》,《四库全书》大理寺卿陆锡熊家藏本,子部三,法家类,卷二十四"轻重戊"。

月星辰水波土石金玉,劳勤心力耳目,节用水火财物"①。由此可知,那时的人们便取法日月星辰的运行规律,按照节气时令变化安排劳动生产。到了尧舜时期,天象历法应用于农业生产更加普遍。如,帝尧"乃命羲、和,敬顺昊天,数法日月星辰,敬授民时"②。"日中,星鸟,以殷中春。其民析,鸟兽字微。"③"日永,星火,以正中夏。其民因,鸟兽希革。"④"夜中,星虚,以正中秋。其民夷易,鸟兽毛毨。"⑤"日短,星昴,以正中冬。其民燠,鸟兽氄毛"⑥。这些皆是当时农业历法发展的表现。郑州大河村5000余年前的仰韶文化遗址中发现的彩陶天象图,便是对古文献记载的一种印证。从出土的彩陶上发现月亮纹、日晕纹、星座纹和太阳纹,其中,太阳纹更引人注目。每一彩陶中的太阳纹,都由12个组成,绘在陶钵腰部的一周,其光芒四射,形象逼真。⑦ 河洛地区早期的历法实践,后来经过夏、商等历代填充、完善,到了西周时期已经形成比较成熟的历法,其中比较突出的成就,就是二十四节气的完成。后来历代王朝向全国颁布统一的历法中,均以农历二十四节气为基础,用以指导生产或生活,日积月累,已成为传统习俗,直至今天。

二是起源于河洛地区的炎黄崇拜是维系中华民族的最重要的文化认同。

炎黄部落原为汾渭平原发展起来的两支部落,在向东扩展的过程中,逐渐进入到河洛地区。大败蚩尤以后,炎黄部落征服了包括河洛地区在内的黄河中下游地区。因此,也逐渐成了整个中原地区共同信奉的神明。

炎黄崇拜的形成,有一个历史的过程。早在上古三代时期,黄帝和炎帝就成为夏商等的祭祀对象:"黄帝能成命百物,以明民共财……故有虞氏禘黄帝而祖颛顼,郊尧而宗舜;夏后氏禘黄帝而祖颛顼,郊鲧而宗禹。"⑧"唯有嘉功,以命姓受祀,迄于天下。及其失之也,必有慆淫之心间之,故亡其姓氏。……夫亡者岂

---

① 《史记》卷1《五帝本纪》,中华书局1959年版,第6页。
② 《史记》卷1《五帝本纪》,中华书局1959年版,第16页。
③ 《史记》卷1《五帝本纪》,中华书局1959年版,第16页。
④ 《史记》卷1《五帝本纪》,中华书局1959年版,第16页。
⑤ 《史记》卷1《五帝本纪》,中华书局1959年版,第17页。
⑥ 《史记》卷1《五帝本纪》,中华书局1959年版,第17页。
⑦ 参见郑州市博物馆发掘组:《谈郑州大河村遗址出土的彩陶上的天文图象》,《中原文物》1978年第1期,第44—47页。
⑧ 《国语》卷4《鲁语(上)》,商务印书馆1934年版,第53—54页。

系无宠,皆黄炎之后也。"①至春秋战国时期,炎黄崇拜就成为中原地区的共识。据史载:"世俗之人,多尊古而贱今。故为道者必托之于神农、黄帝而后能入说。"②"秦灵公作吴阳上畤,祭黄帝;作下畤,祭炎帝。"③秦汉时期是"黄帝子孙"等称谓出现并得到认同的时期。汉高祖刘邦编造了赤帝(炎帝)子斩白帝子的故事,为以汉代秦制造舆论。汉初黄老学盛行,"百家言黄帝"。真正把黄帝华夏始祖之地位确立下来的是司马迁,他持大一统历史观和民族观,将黄帝民族共祖的地位典籍化。在《史记》中,不仅尧、舜、禹、汤、文王、武王这些圣贤明君是黄帝子孙,而且秦、晋、卫、宋、陈、郑、韩、赵、魏、楚、吴、越等诸侯们也是黄帝之后,甚至连匈奴、闽越之类的蛮夷原来亦为黄帝苗裔。如此一来,便把各族统统纳入到以黄帝为始祖的华夏族谱系中去了。后来,"炎黄子孙"就一直成为中华民族共同的族源,对于民族团结,促进中华民族的繁荣,起了极其重要的作用。尤其是在外敌入侵,中华民族最危险的时候,"炎黄子孙"的称谓成为号召与激励海内外华人共同抗战的一面旗帜。即使是在和平建设的今天,"炎黄子孙"这一称谓不仅是一个血缘符号,更是一个文化符号,成为海内外华人对中华文化产生强烈认同的文化基础。

炎黄崇拜的形成,与河洛地区有着密切的关系。炎黄崇拜来源于祖先崇拜,崇拜祖先应始于中原河洛地区的原始社会新石器时代晚期。河洛地区的仰韶文化(黄帝部族创造)中晚期其社会氏族的世系已进入父系阶段。在淅川下王岗遗址的仰韶文化中期大型墓地中已出现以 198 号墓等 10 余座以男性为主的二次葬墓,并以郑州青台遗址一座夫妻合葬墓证明其时已进入父权家族时代。社会上有父权世系确立,方能言有祖先崇拜。在全国新石器时代,特别是豫周边诸省即陕、晋、冀、鲁、鄂新石器文化比较丰富的遗存中,尚未见比此地有更早的父权家庭确立的证据。所以,河洛地区在我国新石器时代中期便率先进入了父权时代,这是祖先崇拜的前提。

正因为河洛地区有十分浓厚的祭祀祖先的风气,所以夏王朝建立后,最先把黄帝作为国家祭祀。后来继之而起的商周,以及后来的秦汉等中原政权,也紧随

---

① 《国语》卷3《周语(下)》,商务印书馆 1934 年版,第 34 页。
② 刘安辑撰,张双棣校释:《淮南子》卷 19《修务训》,北京大学出版社 1997 年版,第 2008 页。
③ 《史记》卷 28《封禅书》,中华书局 1959 年版,第 1364 页。

夏朝,把炎黄二帝列为国家祭祀。因此我们完全可以说,炎黄崇拜就是在河洛地区发展起来的祭祀文化。

三是中国传统的阴阳思想与河图洛书关系密切。

阴阳思想文化的产生与河图洛书的传说有关。按照传说故事,说忽然从黄河和洛水中冒出了图和书,对于我们今天稍具有科学常识的人来说,肯定谁也不会相信的。但许多古典文献,如《易经·系辞》《论语》《竹书纪年》《礼记》《管子》《太玄》等等,都讲到河图洛书,说明河图洛书即"河出图、洛出书"这个观念在古代一直是相当普遍的。时至今日,河图洛书仍然是个千古之谜。比如,河图洛书究竟是什么?有的说是气象图、方位图;有的说是一种数学公式、数学方程;有的说是祭奠的典礼;有的则把河图洛书跟安徽含山出土的玉帛相联系,并找到考古学上的根据;也有的说,太极图象征着河洛交汇的自然现象,这是因为太极图很像是黄河洛河交汇形成的漩涡,通过这个自然现象触发灵感,伏羲才创造出太极和八卦。凡此等等,不一而足。不管学术界观点存在多大分歧,但对于河图洛书在中国传统文化中的地位和作用方面,认识则是高度一致的:即河图、洛书是古代文化遗产中最古老的智慧结晶,被誉为"中国先民心灵思维的最高成就",凝结了古代先哲神秘的想象和超凡的智慧。它包括天文、历法、气象、数理,以及兵、刑、道、法等方面的重要内容,因此往往称河图洛书为中原地区文化之源和原始文化发展的基础。

众所周知,阴阳思想在中国传统文化中的地位举足轻重,对中国哲学、文学、艺术、自然科学,乃至军队实战兵法、民俗风情无不产生重大影响,甚至在科学昌明的今天,阴阳思想依然对人们的日常生活乃至精神心理都有重要的影响。河图、洛书与八卦文化密切相关。《易·系辞上》曰:"河出图、洛出书,圣人则之。"《核灵赋》曰:"大易之始,河序龙马,洛贡龟书。"把八卦、周易说成是出自天授,伏羲和文王等古代圣贤君王取法乎天,进而形成了流传后世的阴阳学说。

河洛地区与阴阳五行思想的产生和发展也有密切的关系。传说中作为初演八卦的伏羲氏,其活动范围主要是在以嵩山为中心的河洛地区。至今,伏羲演练八卦的伏羲台仍然存在于巩义东北部,河洛交汇处以东5公里的黄河岸边上。周文王推演六十四卦的地点也在羑里(今河南汤阴县)。河图洛书出现的地方,也是在河洛地区。这些都表明,从小的方面讲,阴阳思想产生于河洛之间;从大的地理范围讲,河图洛书是中原文明的源。

四是河洛地区也是姓氏文化的重要发源地。

中国姓氏是中华文化的族徽,是了解中华文化的重要切入口。深入研究华夏姓氏文化,可以促使我们从中认识到姓氏文化对民族道德规范和民族情结的深远影响。

传统中国是个宗族结构十分紧密的社会。宗族社会的重要标志,就是血缘关系在社会生活中占有重要地位。"姓"字是与血缘紧密相联系的。《说文解字》中说:"姓,人所生也。古之神圣,母感天而生子,故称天子。从女,从生,生亦声。"《春秋传》曰:"天子因生以赐姓。"清代徐灏的《说文解字注笺》亦云:"姓之本义谓生,故古通作生。其后因生以赐姓,遂为姓氏字耳。"无论许慎还是徐灏,都精辟地说明了姓的来源与血缘关系密切相关。

"氏"是由"姓"所衍生的氏族分支。原始氏族社会时,盛行族外婚制,有"同姓不婚"的习俗。由于人口不断增殖,一个原始氏族繁衍为若干旁支氏族,这些新的近亲氏族仍然保持原来的血缘关系不变。随着近亲婚配的限制日益扩大,氏族之间也不再准许通婚。于是原来作为一个氏族标志的姓就扩大为这些近亲氏族的共同标志,这样一个姓至少代表一个部落。而在同一部落内的各个氏族,又必须各有新的标志,这就是氏。这就是《通鉴·外纪》所云:"姓者统其祖考之所自出,氏者别其子孙之所自分。"

从夏朝中期开始,"氏"的功能发生了巨大变化。原先那种用"氏"来区别与宗族系统关系的功能(即"氏者别其子孙之所自分")逐渐弱化,代之以表示功勋和地位。亦如文献所云:"天子建德,因生以赐姓,胙之土而命之氏。"[1]孔颖达注疏言:"胙,训报也。有德之人,必有美报。报之以土,谓封之以国,以为之氏。"[2]秦始皇统一中国后,废除了原先以宗法制度为基础的分封制,转而实行以地域划分为基础的郡县制,所以上古三代实行"胙土命氏"的做法也失去了法律基础,于是,氏的"别贵贱"的功能也就因此丧失了。姓氏便开始合而为一。中国姓氏

---

① 《春秋左传集解》卷1《隐公(八年)》,上海人民出版社1977年版,《四部丛刊》宋刻本影印本,第47页。

② 《春秋左传正义》,清嘉庆二十一年阮元校刻本,李学勤主编,北京大学出版社校勘本2002年版,第129页。

文化这种发展脉络,恰如宋朝郑樵所云:"三代以前,姓氏分而为二,男子称氏,妇人称姓。氏所以别贵贱,贵者有氏,贱者有名无氏。……姓所以别婚姻,故有同姓、异姓、庶姓之别。氏同姓不同者,婚姻可通;姓同氏不同者,婚姻不可通。三代之后,姓氏合而为一,皆所以别婚姻而以地望明贵贱。"①

河洛地区曾经是炎、黄、蚩尤等部落的活动中心,亦是夏商周三代政权重要的统治中心,因此河洛地区与中国姓氏文化的形成有着密切的关系。河南淮阳被称为"太暤之墟"。谯周《古史考》记载:太暤"制姓氏","正嫁娶。"中国姓氏之兴起当始于太暤氏。今郑、陈、宋、谢、申、叶、李、张、刘、苏、顾、温、董、尉、龙、杞、孙、王、田、黄等姓氏皆出于河洛地区。姓氏文化是河洛文明的重要内容之一。据朱绍侯先生统计,黄帝的后裔颛顼、帝喾以及尧、舜等作为部族首领在河洛地区形成了 152 个邦国,其后代有 875 个姓氏,包括了后代遍及全国各地的 800 多个大姓的90%。② 现在,学术文化界一般认为中华民族有九大始祖,即伏羲、炎帝、黄帝、颛顼、帝喾、少昊、尧、舜、禹。这九大始祖都出自河南。甚至儒家、道家、墨家等文化学派都到这里进行姓氏寻根活动。此外还有世界各地的华人组织也纷纷到河南来姓氏寻根。③ 凡此种种都足以说明,河洛地区在中国姓氏文化的产生和发展过程中,确实具有举足轻重的地位。

此外,还有都城文化。中国有八大古都,中原独具其四,即九朝古都洛阳、七朝古都开封、殷商古都郑州和安阳。从夏朝到北宋,中原是中国的心脏。由于河洛地区长期是历代国都所在地,故有条件培育出众多的政治家、军事家、经济家、文学家、史学家等精英人才。河洛人在原始社会就创造了精美的彩陶文化、黑陶文化等等,对后来整个中国产生了重大影响。因此,河洛地区成为中国传统文化的摇篮,孕育了中华文明,是当之无愧的。

三、河洛文化主导下的中国传统文化的发展

诚如上文所述,河洛地区不仅孕育了中国传统文化,成为中国传统文化的摇

---

① 郑樵撰,王树民点校:《通志二十略》,中华书局 1992 年版,《氏族略》(氏族序)第1—2 页。
② 杨海中:《河洛文化　华夏文明之母》,《科学大观园》2007 年第 5 期,第 70 页。《河洛文化:连结海峡两岸的纽带》,《光明日报》,2006 年 2 月 21 日第 11 版。
③ 崔景明:《华夏民族的姓氏及其现代价值——兼论河洛文化为主的姓氏寻根》,《胜利油田党校学报》2009 年第 6 期,第 46—50 页。

篮,而且在中国文明诞生之后,还一直主导着中国文化的发展方向。因此,清楚认识河洛文化在中国传统文化发展过程中的主导地位,是认识河洛文化与中国传统文化两者关系的关键之所在。

以河洛地区为核心的中原地区为什么会被称为"天下之中"、"中原"、"中州",甚至我们的国家称为"中国"、"中华"? 主要有以下原因。首先,从地理位置上来看,当时河洛地区确实处于大多数区域文化的中心地带。其次,更为重要的原因,还在于以河洛地区为主的中原文明,在中国文明发展过程中,起着核心和主导的作用。我们分别看看在中国早期文明的形成时期、中国文明初步发展时期、中国文明成熟发展时期三个阶段内,以河洛文化为核心的中原文明在中国文明发展过程中所起的作用。

先来看看以河洛地区为主的中原文明在中国早期文明形成过程中所起的核心和主导的作用。中国早期文明的形成时间大约在原始社会后期到夏朝建立这段时间,形成的标志则是文字、国家雏形、大型建筑物等事物的出现。

根据目前的考古资料来看,在原始社会晚期到夏王朝的建立这一段早期文明形成的时间段内,中国境内除了中原地区的河南龙山文化之外,还有东南地区的河姆渡文化、马家浜文化、崧泽文化、良渚文化、马桥文化,华南江汉地区的城背溪文化、大溪文化、屈家岭、石家河文化,辽西地区的小河西文化、兴隆洼文化、富河文化、赵宝沟文化、红山文化、小河沿文化、夏家店文化,此外,还有甘青地区的齐家文化,四川地区的三星堆文化,海岱地区的岳石文化,等等。正是基于中原地区以外上述重要考古界的发现,所以考古学家苏秉琦先生在 20 世纪 70 年代末期提出了著名的"区系类型理论",把中国古代文化划分为六个区域:陕豫晋邻境地区、山东及临省一部分地区、湖北及临近地区、长江下游地区、以鄱阳湖—珠江三角洲为中轴的南方地区、以长城地带为重心的北方地区。①

然而,尽管有着众多的区域文化,但这些区域文化在中国早期文明发展过程中的作用却不是完全相同的。非常显著的一点是,以河洛文化为主体的中原文化在整个中国早期文明发展过程中起了主导的作用,而其他地区的文化,除了少数地区因为地处偏远,该区域文化因而固守一隅,依然处于低水平的缓慢发展中

---

① 苏秉琦、殷玮璋:《关于考古学文化的区系类型问题》,《文物》1981 年第 5 期。

之外,其他多数地区的文化往往受到中原文化的巨大影响,改变其发展的方向,或是增加了多元化的色彩,有的甚至完全融入到中原文化之中而归于消失。

例如,有的学者认为东南地区的良渚文化失踪了,它们可能融入了中原华夏文化①;又如,江汉地区早期的文化发展脉络虽然十分清楚,从城背溪文化、大溪文化、屈家岭文化到石家河文化,应该是一脉相承发展而来的,但石家河文化之后,这里的文化序列遭到破坏,学者认为这里后来的楚人祖先可能不是石家河文化的后裔,而很有可能是从中原地区迁徙而来的。② 再如,辽西地区从小河西文化开始,后来经历了兴隆洼文化、富河文化、赵宝沟文化、红山文化,一直到小河沿文化,这些文化的发展序列也是上下连接、一脉相承。但从小河沿文化到夏家店文化之间的文化层,则明显表现出了中原地区龙山文化与小河沿文化融合的现象。③ 此外,举世闻名的三星堆文化亦受到中原文化的影响。三星堆文化是四川地区发展起来的达到高度文明程度的早期区域文明,三星堆文化对后来"西南夷文化"有着巨大影响。四川地区与中原地区有着一定的文化交流,但在交流过程中,亦可明显发现,在三星堆文明中,有着明显的中原文化的痕迹。从而说明,在交流过程中,主要是中原文化对三星堆文化的影响,而三星堆文明对中原文明几乎毫无影响。④

河洛文化对中国早期文明发展的主导作用,在二里头文化考古遗址中有更为明显的体现。众所周知,目前学术界大都认为二里头文化是夏文化的代表,国家的出现,夏王朝的建立,也即中国古代文明的形成,在二里头文化中都有重要体现。尽管二里头文化中包含有其他地区的文化因素,但发轫于河洛地区的河南龙山文化中的王湾三期文化,与二里头文化之间,有着直接的渊源、传承关系。诸如其青铜礼器、青铜兵器、玉石礼器、宫室制度、墓葬习俗等重要文化因素,无疑都是源于河南龙山文化尤其是王湾三期文化。与河南龙山文化相比,同一时

---

① 叶文宪:《举族迁徙,融入华夏——良渚文化失踪之谜》,载《南北朝前的古杭州》,浙江人民出版社1992年版。

② 杨权喜:《试谈鄂西地区古代文化的发展与楚文化的形成问题》,载《中国考古学会第二次年会论文集》,文物出版社1984年版。

③ 中国社会科学院考古研究所:《中国考古学·夏商卷》,中国社会科学出版社2003年版,第602—603页。

④ 中国社会科学院考古研究所:《中国考古学·夏商卷》,中国社会科学出版社2003年版,第506—509页。

期其他不同区域的文化,它们对二里头文化的影响,自然不能与河南龙山文化王湾同日而语。河南龙山文化在二里头文化中的核心、主体地位,是无法撼动的。

再来看看中国文明进入初步发展期之后,以河洛文化为核心的中原文明在中国文明发展过程中所起的作用。中国文明稳定发展的时期,相当于历史学上的先秦时代、考古学上的青铜时期。如果说河南龙山文化在中国早期文明形成时期发挥了关键性历史作用的话,那么,进入中国文明稳定发展的时期以后,中原文明的主导作用就更进一步地凸现出来。

中国文明进入初步发展期之后,中国境内就出现了更多的区域文化。如,中原地区有夏文化、商文化,燕山地区的夏家店下层文化、大坨头文化等,内蒙古中南部地区的朱开沟文化,辽宁地区的高台山文化、庙后山文化等,黄淮地区的岳石文化、斗鸡台文化等,东南地区的马桥文化、点将台下层文化、湖熟文化,长江中游地区的荆南寺文化、周梁玉桥文化,福建地区的黄瓜山文化、黄土仑文化等,广东珠江三角洲地区青铜时代的贝丘遗址、粤北地区的石峡中层遗存等,成都地区的三星堆文化,甘青地区的齐家文化、四坝文化、卡约文化等。[①] 在所有这些青铜时代的区域文化中,中原地区的夏商文化无疑在引领着中国文明的发展。除了前面所提到的二里头文化遗址之外,偃师商城遗址、郑州商城遗址、安阳殷墟遗址、周朝洛阳都城遗址等等,都是重要的证明。

偃师商城遗址是继二里头遗址之后发掘的又一个都城文化遗址。这里不但发现了宫城,在宫城之中又发现了中国古代都城的最早的池苑遗址,偃师商城遗址发现的"大城"与早期"小城",是目前中国发现的时代最早的郭城。[②] 郑州商城也发现了属于宫城性质的小城与郭城性质的大城。[③]

河南安阳殷墟遗址,发现有作为早期王国都城遗址的"城"、大型宫庙建筑遗址群、规模庞大的王陵区、数量众多与种类齐全的青铜礼器及其铸铜作坊遗址、出土 15 万片的刻辞甲骨(其中考古发掘的 3.5 万片),这是目前考古发现的

①　中国社会科学院考古研究所:《中国考古学·夏商卷》,中国社会科学出版社 2003 年版。

②　中国社会科学院考古研究所洛阳汉魏故城工作队:《偃师商城的初步勘探和发掘》,《考古》1984年第 6 期;中国社会科学院考古研究所河南第二工作队:《河南偃师商城小城发掘简报》,《考古》1999 年第 2 期;中国社会科学院考古研究所河南第二工作队:《河南偃师商城宫城池苑遗址》,《考古》2006 年第 6 期。

③　河南省文物考古研究所:《郑州商城》,文物出版社 2001 年版。

都城构成"因素"最为"全面"的早期王国都城遗址。①

此外,历年来东周王城及其附近地区发现的大型宫庙建筑遗址、"天子驾六"的车马坑遗迹、金村东周大墓出土的高等级青铜礼器和玉器等,其"王者之气"一目了然,这同样是同时期周边地区考古学文化所不能与之相比的。

从以上情况可以看出,青铜时代中原地区的夏文化、商文化和周文化等考古学文化,实际上是"华夏文明"或"华夏族文化"的主导考古学文化。由于中原文化的高度发展,原先一些地域色彩十分浓厚的区域文化,也淹没在中原文化的巨大辐射之中。

最后再看看中国文明进入成熟发展时期,以河洛文化为核心的中原文明在中国文明发展过程中所起的作用。以国家中央集权建立为标志,中国文明的发展进入成熟发展阶段。这一时间段也比较长,从秦汉一直到明清,都属于中国文明的成熟发展阶段。

秦始皇统一中国,废除分封制,实行郡县制度,建立了中央集权国家。承秦而起的两汉王朝通过一系列的制度建设,不仅巩固了中央集权国家的大业,而且还在华夏族的基础上,形成了新的民族——汉族。汉族是在中原地区发展起来的民族,亦是后来中华民族的主体,以中原文化为主体的汉族文化也就成了中国文明发展的主导力量。中原汉族文化的主导力量具体表现在以下几个方面:

一是汉字文化的发展为中国文明的发展起了重要作用。文字是人类文化的精髓,汉字是汉文化及以汉族为主体的中华民族的载体。中国有着几千年绵延不断的古代文明历史,汉字是其决定性因素。中国古代文字从甲骨文到金文,从象形文字到大篆、再到小篆,秦始皇的"书同文"就是推行小篆。汉代改小篆为隶书,隶书从实质上说"即现在所谓的楷书"。② 现代意义上的汉字形成于汉代,从出土的汉代简牍、帛书、青铜器铭刻、石刻、砖铭、陶文、骨签等文字,均说明汉代文字已经基本具有现代汉字的主要因素,现在我们把以汉族为主体的中华民族文字称为"汉字",很重要的一个原因是这种文字基本形成于汉代;另一个原因是主要为以汉族为主体的中华民族所使用。汉字从小篆到隶书的改革,是在

---

① 中国社会科学院考古研究所:《殷墟的发现与研究》,科学出版社 1994 年版。
② 唐兰:《中国文字学》,上海古籍出版社 1979 年版。

中原地区首先开展并推向全国的,作为汉字最早的理论著作——《说文解字》就产生在汉代中原地区。"今天的汉字系统就是《说文》所规范定立的"①,其作者许慎就是河南人。目前我们发现最早的文字——甲骨文,也主要是出土于中原地区。

二是以中原汉族文化为主体的儒家学说成为中国文明的核心思想。先秦时期发展起来的以"礼义仁智信"为核心内容的儒家学说,表达了先哲关于对人、对社会的认识,以及对社会行为规范的追求。儒家学者们强调"礼",追求"礼",即是要树立一种人类社会共同的价值观,用以调整和约束人们的社会行为。这种目的和要求,通过汉儒,尤其是宋儒的宣扬和扩大,逐渐成为国家治理的重要目标。在实践层面上,发挥了调整人们关系,构建和谐社会的主导性的文化。而儒家文化的发展,则又是与河洛地区密切相关的。周公在洛阳"制礼作乐",孔子以此为其学说之精髓,并"问学"于中原的老子。儒家学说是在西汉时代由中央政府确立下来的,东汉时代得到巩固和进一步发展。东汉都城洛阳城南郊兴建的"太学",就是中央政府建立的国家最高儒家学说的教育、研究机构。宋代著名的洛学,就是在河洛地区发展起来,后来通过杨时、游酢等人的努力,传播到东南地区,对闽学的产生起了巨大影响。后来以程朱理学为主要内容发展起来的宋明理学,对宋元以后的中国社会产生了深远影响,追溯其根源,可以上溯到中原地区的河洛文明。

三是在中原地区发展起来的国家制度文化,对中国文明的发展起到了主导性的作用。河洛地区是中国封建社会前期的都城所在地。东汉、曹魏、西晋、北魏、唐、宋皆建都在河洛地区,所以在这里发展起来的中原文化,无疑深深打上了制度文化的烙印。在中央集权体制下,这种制度文化对中国文明的发展有着十分重要的作用。我们以汉代中原铁器文化在西南地区的推广为例。新中国成立以后的40多年里,在西南地区出土了大量的汉代铁器。主要的地点有:四川的西昌、越西、喜德;贵州的清镇、平坝、兴义、兴仁、威宁、赫章、黔西;云南的晋宁、江川、昭通、大关、大理、呈贡等处。在一些边远的地区,如四川的普格、木里和云南的丽江也发现过汉代铁器。分布范围很广,铁器数量大,类型多。在西南地区

---

① 祝敏申:《〈说文解字〉与中国古文字学》,复旦大学出版社1998年版。

发现的汉代铁器,可以分为两大类。一类为标准的汉式铁器,这类铁器数量较多,各地皆有出土,在西汉到东汉的墓葬中都有发现。这类铁器在形制上与成都平原汉墓中出土者完全相同,是中原铁器文化直接传播到西南地区的结果。另一类为带有当地少数民族文化特征的铁器,但这种铁器无论在铸造技术,还是在造型方面,都受到中原文化的影响,尤其是兵器,西汉时期各少数民族墓葬中出土的铁器,主要是兵器。除部分汉式铁兵器外,带民族风格的铜铁合制兵器极可能是用汉式兵器加工而成的。[①] 汉代西南地区铁器文化的发展,与当时汉代实行的盐铁官营政策密切相关,中央政权在这里大量设置铁官,在这铸造、经营铁器,促进了中原铁器文化在这里的广泛传播。

第二节　河洛文化的发展与中原文化的播衍

一、"河洛"的地域范围

"河洛"地区作为中国传统文化的源流所在地,历代史家和学者都予以高度的关注。但在不同作品和不同语境中,"河洛"一词所包含的具体含义则略有差异。

一是黄河与洛水的并称。"河洛"亦作"河雒",就字面而言,"河洛"其实就是指黄河与洛水这两条河流。例如,《史记》:"和集周民,周民皆说,河雒之闲,人便思之。"[②]汉代班昭《东征赋》:"望河洛之交流兮,看成皋之旋门。"[③]明代方孝孺《御赐训辞记》:"虽河洛之所出,龙龟之所负,何以过于此哉?"[④]

二是指黄河与洛水两水之间的地区。司马迁在《史记·封禅书》中说:"昔三代之居,皆在河洛之间。"左思在《三都赋》中也说:"崤函有帝王之宅,河洛为王者之里。"南朝萧梁时期的江淹云:"骁雄竞奋,火烈风扫,克定中原,肃清河洛。"[⑤]《南史》记载:"时帝将镇下邳,进兵河洛,及徵使至,即日班师。"[⑥]明人赵

① 刘弘:《汉代铁器在西南夷的传播》,《四川文物》1991 年第 6 期,第 10 页。

② 《史记》卷 42《五帝本纪》,中华书局 1959 年版,第 1757 页。

③ 班昭:《东征赋》,载萧统编、李善注:《文选》卷 9,中华书局 1977 年版,第 145 页。

④ 方孝孺:《御赐训辞记》。

⑤ 江淹:《北伐诏》,载《全梁文》卷 35。

⑥ 《南史·宋纪上·武帝》。

振元云："至于青齐云扰,辍近臣于兖西。河洛丘墟,借兖衣于天左。"①清代王闿运亦云："谁谓弗彰? 河洛是仪。"②

　　三是指洛阳。洛阳位于邙山之南,洛水之滨,是河洛地区中心地域一颗璀璨的明珠。千余年间,在以洛阳为中心的东西长达 30 公里之内的洛滨沿岸,先后创建了夏都斟城、商都西亳城、周都王城、汉魏故城、隋唐东都城等五座都城,成为河洛文化的重要基地,又是河洛文明的象征。正如宋代司马光所言："若问古今兴废事,请君只看洛阳城。"③正因为洛阳地处河洛地区的中心地域,又是河洛文化的核心代表,所以有人常以洛阳指代河洛。如汉代班固云："盖闻皇汉之初经营也,尝有意乎都河洛矣。"唐朝李善注曰："东都有河南洛阳,故曰河洛也。"④唐张说《龙门西龛苏合宫等身观世音菩萨像颂》："天下之大都有五,而河洛总其中。"⑤

　　现代学者朱绍侯先生认为,河洛地区的范围又可分为地理上的和文化上的两种。地理意义上的河洛地区,应是指黄河和洛水相交汇处的这一广大地区,其具体范围,"即指以洛阳为中心,西至潼关、华阴,东至荥阳、郑州,南至汝颖,北跨黄河而至晋南、济源一带地区"。而作为文化意义上的河洛地区,其范围应该还要更大:"作为河洛文化圈,实际要超过河洛区域范围,即应该涵盖目前河南省全部地区。"⑥

　　朱绍侯先生的观点很具有启发意义。在考察"河洛地区"的范围时,至少应该分为若干层次。广义上的河洛地区,应该包括整个河洛文化所涵盖的地域,这一地域似与整个中原地区相等同;而狭义上的"河洛地区",应该是包括西起潼关、华阴,东至荥阳、郑州,南越伏牛山,北跨黄河两岸,腹含洛水、伊水、颍水、汝水等水脉,内为外方山、伏牛山脉等伊水和洛水所覆盖的流域。这一地带古称河南府,又叫河洛地。按照今天的地理概念,大致在北纬 34°—35°、东经 110°—114°的地带。无论是广义还是狭义上的"河洛地区",其最为核心的部位应该是

---

　　① 赵振元:《为袁氏祭袁石寓(袁可立子)宪副》。
　　② 王闿运:《皇中宪大夫侯官陈君墓志铭》。
　　③ 司马光:《过洛阳故城》。
　　④ 班固:《西都赋》,载萧统编、李善注《文选》卷1,中华书局1977年版,第22页。
　　⑤ 张说:《龙门西龛苏合宫等身观世音菩萨像颂》。
　　⑥ 朱绍侯:《河洛文化与河洛人、客家人》,《文史知识》1994年第3期,第40页。

以洛阳为中心的伊洛河平原。

二、"河洛"地区的生态环境

河洛地区在史前时期和文明时期为什么会产生高度的文明,学者分别从河洛地区所处的地理位置、在历代政治建设中的地位,以及中原文明的文化性质等方面,已进行过充分的阐述。在这里,仅从生态文化学的角度,谈谈河洛地区的生态环境对河洛文化的重要意义。

按照生态文化学的观点,文化是生态环境的产物,文化的产生和发展,与其所处的生态环境密切相关,不同的生态环境,产生不同的文化。人类社会的发展在一定程度上受自然地理环境的制约,生产力水平越不发达的古代受自然地理环境制约的程度就愈大。河洛文化的产生,也与河洛地区的生态环境密切相关。

从总体上来看,河洛地带属于暖温带大陆性季风气候,每年无霜期长达 7 个月以上,1 月平均气温为 - 2℃—2℃,7 月平均气温为 24℃—27℃,年平均气温为 12.2℃—14.6℃。年平均降雨量为 550—700 毫米,并集中于 6—9 月,适宜于旱地农作物的生长。其土壤为第四纪冲积次黄土,土质疏松,易于浅种直播,亦利于开渠掘井灌溉。总之,这里气候温和,四季分明,土地肥沃,雨量适中,特别适宜古代农业的开垦和发展,提供了良好的自然环境。

古代河洛地区的生态环境,若按水系来讲,可分为三大部分:以伏牛山、外方山、嵩山为界,北半部属黄河流域,以今黄河为主干,包括洛河、伊河、沁河等支流,以及卫河、漳河等古黄河的支流;以伏牛山、外方山、桐柏山、大别山为界,东南部属淮河流域,以淮河为主干,包括颍河、汝河、贾鲁河、涡河等支流;西南部属长江水系的汉水流域,以汉水为主干,包括丹江、白河、唐河等支流。按照山形水势,把河洛地区划分为豫中山地丘陵盆地区、豫西三门峡盆地区、豫西南南阳盆地区、豫南山地丘陵区、黄淮平原区、华北平原区等六个地理单元。[①] 具体到各个地理单元,则又有所不同,并且这些各个地理单元的环境差异,对河洛文化的产生和发展,又势必造成一定的影响。

---

① 参见靳松安、张进:《论自然环境对河洛地区史前文化发展的影响》,《中原文物》2004 年第 4 期,第 32 页。

豫西南地区的山地丘陵盆地区、三门峡盆地区、南阳盆地区等的地形地势形成时间早,地质运动持续稳定。① 豫西南地区的地质运动在全新世以来保持低缓、稳定的发展态势,使这一地域的地形地貌没有发生巨大变化,有利于这里古代文化的持续稳定发展。

中部和东部的华北平原区和黄淮平原区,因为有黄河的流经,虽然地貌发生了巨大变化,但丰富的黄土资源却也给这一地区的文化发展,带来了优越的土壤条件。黄土是一种优质土壤,它所含碳酸盐矿物的成分较多,尤其富含氮、磷、钾等元素,是农作物生长的重要元素。同时,黄土质地均一,土质疏松,多孔隙,有利于植物根部发育。河洛地区黄土深厚,为这里农耕文明的发育,提供了良好的自然基础。

气候条件对人类生产方式的形成也有较大影响。全新世以来,我国南北气温曾出现过数次明显的冷暖波动。② 竺可桢先生亦指出,在近5000年中的最初2000年,即从仰韶文化到安阳殷墟,大部分时间的年平均温度高于现在2℃左右。③ 又据众多的孢粉分析结果证明,在距今7500—2500年的全新世中期,气候变化总的趋势是趋于温暖湿润,是我国气候最为温暖湿润的时期,也称气候最适宜期。④ 这种气候变迁,对河洛地区乃至整个中原文化产生了巨大影响。在河洛地区一些史前时期的古文化遗址,如河南安阳鲍家堂、安阳后岗等,所发掘的文物中,就清楚反映了气候与当时农业生产和社会生活之间的密切关系。⑤

生态环境也对政治文化产生重要的影响。学者大都承认,河洛地区文化发展的原因,在很大程度上与洛阳成为众多政权的首都有密切的关系。那么多的政权都选择在这里定都,这里良好的生态环境是一个不容忽视的重要因素。

据学者研究,周平王东迁洛邑,是"以畜牧为主体经济形式的犬戎和秦人,共同压迫以农耕为主的周文化向东退却。这一变化,自有生态史的背景。而秦

---

① 黄以柱:《略论豫西地区环境的变迁与对策》,《河南大学学报》(自然科学版) 1985年第1期。
② 孔昭宸、杜乃秋、张子斌等:《北京地区10000年以来的植物群发展和气候变化》,《Journal of Integrative Plant Biology》,1982年第2期。
③ 竺可桢:《中国近五千年来气候变迁的初步研究》,《考古学报》1972年第1期,第18页。
④ 周昆叔、陈硕民、叶永英等:《中国北方全新统花粉分析与古环境》,《第四纪孢粉分析与古环境》,科学出版社1984年版。
⑤ 参见靳松安、张进:《论自然环境对河洛地区史前文化发展的影响》,《中原文物》2004年第4期,第34—35页。

'收周余民有之',逐步改变了'好马及畜'的传统经济形式,开始发展农耕,其实是后来的事。周王朝确定以河洛地区为中心的这一历史转折,应当是以自然生态条件的变化为条件的"①。北魏孝文帝迁都洛阳,也与这里气候温和,使最高统治集团便于集聚中原士人这一因素相关。②

有必要指出的是,以河洛地区为中心的北方中原地域虽然对中华早期文明作出了杰出贡献,但由于过分开发,尤其是在古代生产力水平低下的状态下的不合理开发,导致这里的自然资源和生态环境遭到极大破坏,到了宋元以后,随着中国古代经济重心的南迁,中国文明的创造中心也逐步扩散到南方地区。

三、河洛地区的文明发展与中原文化的播衍

1. 远古时期

中华民族,根在河洛。有了人,我们就开始有了人类的历史,因为人类的历史是人所创造的。同样,有了人,就有了文化,文化也是人类所创造的。

从近代的考古发现来看,早在以石器为主的旧石器时代,就有人类在这一地带居住、生息、繁衍、生产。如在三门峡市会兴镇会兴沟和水沟发现了砍斫器、大尖状器、石球、砾石石核及石片等旧石器,属于旧石器时代的初期,距今约四五十万年前③;在卢氏县横涧乡锄沟峪和洛阳市凯旋路东端,发现了距今5万—10万年的属于旧石器时代中晚期考古文物。④

如果说,把旧石器时代作为河洛文化的滥觞期的话,那么,到了新石器时代,河洛文化就呈现一种勃发的势头了。

河洛地区的裴李岗文化是中国新石器时代中期的考古学文化,也是中华民族文明起步文化。20世纪50年代后,在新郑县新村乡的裴李岗村一带,陆续出土一些石斧、石铲和石磨盘等。1977年至1982年春,考古工作者先后对新郑县的裴李岗、唐户和沙窝李遗址进行发掘,其中对裴李岗和沙窝李进行了五次较大

---

① 王子今:《河洛地区生态史与河洛文化发育的自然条件》,《洛阳工学院学报(社会科学版)》2001年第3期,第7页。

② 参见戴雨林:《北魏孝文帝迁都洛阳问题研究综述》,《洛阳大学学报》2005年第1期,第96—99页。

③ 黄慰文:《豫西三门峡地区的旧石器》,《古脊椎动物与古人类》1964年第2期。

④ 梁久淮等:《洛河岸边首次发现旧石器时代文化遗存》,《河南文博通讯》1980年第3期,第27页。

规模发掘,发掘面积 3550 多平方米,清理墓葬 146 座、灰坑 44 个、陶窑 1 座,获磨制石器 212 件、陶器 299 件;其他还有房基、窖穴、骨器和动植物残存等。考古学家将此种文化命名为裴李岗文化,其年代在 8000 年前左右。从裴李岗遗址出土的文物内涵分析,考古学家认为中国的农业革命最早在这里发生,裴李岗居民已进入锄耕农业阶段,处于以原始农业、手工业为主,以家庭饲养和渔猎业为辅的母系氏族社会。它与同时期的河北武安县的磁山文化和陕西华阴县的老官台文化相比,处于领先地位。继新郑县的裴李岗诸遗址发掘后,考古学者又在河南省境内发现 100 多处此类文化遗址。①

河洛地区又一个典型的考古文化遗址是仰韶文化,因 1921 年首次在河南省三门峡市渑池县仰韶村发现,故按照考古惯例,将此文化称为仰韶文化。距今5000—7000 年,是中国新石器时代的一种彩陶文化。主要分布于黄河中下游一带、以秦晋豫三省为核心的中原地区,以陕西大部、河南西部和山西西南的狭长地带为中心,东至河北中部,南达汉水中上游,西及甘肃洮河流域,北抵内蒙古河套地区。河洛文化在这一时期所显示的意义,除以"仰韶文化"命名而具有一整个时代意义外,从出土文物来看,突出了它的地方特色。如此时此地盛行的为白衣彩陶和双色彩陶,且彩陶纹样自成一系;又如从发现不多的墓葬中,2/3 为瓮棺葬,并葬具的多种组合等。

上承仰韶文化,下延二里头文化,把河洛文化带到一个崭新阶段的是河南龙山文化,即龙山文化的王湾类型,其主要遗址有洛阳王湾、锉李、孟津小潘沟、偃师高崖、临汝煤山及登封王城岗。其年代在公元前 2600—2000 年。这一时期的河洛文化产生了质的飞跃,业已踏上了文明的门槛,全方位地在全国率先进入了文明时代,并为尔后数千年成为中国古代文明的发祥地,作了一个最隆重的奠基礼。

例如,在登封王城岗龙山文化的灰坑,以及在洛阳王湾三期文化层和临汝煤山遗址龙山文化灰坑中,最早发现有青铜容器残片和冶铜现象,表明这一时期的河洛文化已经率先进入青铜时代了。又如,在王湾二期文化层中,出现了一对成

① 参见开封地区文物管理委员会、新郑县文物管理委员会:《河南新郑裴李岗新石器时代遗址》,《考古》1978 年第 2 期;开封地区文物管理委员会、新郑县文物管理委员会、郑州大学历史系考古专业:《裴李岗遗址一九七八年发掘简报》,《考古》1979 年第 3 期。

年男女合葬墓和一男二女合葬墓。在三期文化层中,还发现了双手背缚的死者。这些墓葬都反映了原先那种以母权为主导的婚姻关系和平等、公平的原始民主制的人际关系中,出现了新变化,意味着人奴役人、人压迫人的社会制度行将到来。①

由青铜礼器的产生为标志的生产力的发展,以及从墓葬中所体现出来的人与人之间关系和地位的巨大变化,表明中国古代社会正处于由原始社会进入奴隶社会,也是中国社会由野蛮进入文明时代的时期。上述这些文化遗址的考古发现,有力地证明了河洛地区在中国文化发展史上的巨大贡献和领先地位。

2. 夏商周时期

三代时期,中国社会发生了巨大的变化。中国第一个王朝夏朝在河洛地区诞生。河洛大地在全国率先、全方位地进入了文明时代。

夏部族是中国进入文明时代的始族,是中国第一个王朝——夏王朝的创建者,也是中国第一个阶级社会历史时代的开拓者。

据文献所载,夏部族就是黄帝部族的后裔,夏族的活动中心,最早当在今河南新郑县及共高山周围地区。

河洛不仅是夏族的发祥地,而且也是夏王朝的政治中心,都邑所在地。据文献载:"自洛汭延于伊汭,居阳无固,其有夏之居。我南望过于三途,北望过于有岳,鄙顾瞻过于河宛,瞻于伊洛。无远天室,其曰兹曰度邑。"②"夏桀之居,左河济,右泰华,伊阙在其南,羊肠在其北。"③

1959—1962 年,在河南偃师县二里头村大规模发掘出来的二里头文化,是我国迄今所发现的夏王朝时期夏部族创造和遗留下来的唯一一处物质文化遗存。从分布区域来看,大致在以今高山周围的伊、洛、颖、汝河谷平原为中心,西至渭水下游,东达豫东平原这方圆千里之内。从时间上来讲,二里头文化整个存在年代当在公元前 20 世纪至前 17 世纪之间。不管是分布的区域(空间),还是存在的年代(时间),都与文献记载的夏王朝立国的地域范围和生存年代基本相

---

① 参见洛阳博物馆:《河南临汝煤山遗址调查与试掘》,《考古》1975 年第 5 期;安金槐、李京华:《登封王城岗遗址的发掘》,《文物》1983 年第 3 期。

② 《逸周书》卷 44《度邑解》,齐鲁书社 2000 年版,第 46 页。

③ 《史记》卷 65《孙子吴起列传》,中华书局 1959 年版版,第 2166 页。

合。由此看来,二里头文化乃是河洛地带夏部族所创造的夏文化,是河洛物质文化遗存在夏代的集中体现。①

在夏王朝的黄河以北,居住着著名的先商族。《史记·殷本纪》云:"成汤,自契至汤,八迁,汤始居亳,从先王居。"据此并结合其他文献可知,先商部族自进到父系氏族之后,逐渐从山西往南迁徙,至商汤时期商人始被黄河南,并由汤和伊尹率军伐桀。夏桀败北,夏代覆亡,商汤于亳地建立起商王朝的第一个大都邑。据古本《竹书纪年》载,自商汤开始,历外丙、仲壬、大甲、沃丁、小庚、小申、雍己、大戊,凡五世九王皆都于亳(今河南商丘)。由此表明,亳地曾为商王朝长时期的政治中心区域。此外,考古界还在河南安阳、郑州和偃师等地发掘了一系列商城文化遗址,表明河洛地区在商代中国文化的发展过程中,起了重要作用。

洛阳位于我国黄河流域的中游,地处中原,形势险要,在我国历史上,一直处于非常重要的地位。西周时期,为巩固周朝统治的需要,又在洛阳营建了一座新的城市——成周,它是西周王朝重要的政治、经济和军事的中心,对于巩固西周奴隶主政权起了决定性的作用。最早提出营建洛邑的是周武王,但武王营建洛邑的愿望并未能实现,他在灭商后不久就死了。真正完成武王心愿,建成东都洛邑的,乃是武王弟弟姬旦。自此至整个东周时期,洛阳作为周朝的都城,一直存在了近 800 年。②

河洛地区因为一直是夏商周三朝的都城所在地,所以在这里所孕育的文化也对中国历史产生了深远影响。

夏商时期,礼乐制度开始出现。中国最早的礼乐产生于夏王朝。夏桀嗜好乐舞百戏,用"女乐三万人,晨噪于端门,乐闻于三衢"③。文人将乐舞百戏记录下来,藏于宫中。但直至商朝,礼乐还没有纳入道德的范畴。真正把礼乐进行制度化建设的时间,乃是在西周营建东都洛邑之后。周公旦居洛,制礼作乐,编纂"五经",并为周王制定了一整套典章制度,突出了周公"敬天"、"明德"、"保民"的思想和"以德治国"、"以道得民"的治国原则。周公旦是我国历史上对礼乐进

---

① 《河南偃师二里头发掘简报》,《考古》1965 年第 5 期;《河南二里头早商宫殿遗址发掘简报》,《考古》1974 年第 1 期;《河南偃师二里头二号宫殿遗址》,《考古》1983 年第 3 期。

② 张剑、吴少珉:《试论西周时期洛邑的历史地位》,《史学月刊》1991 年第 2 期,第 1—2 页。

③ 刘向编校:《管子》,《四库全书》大理寺卿陆锡熊家藏本,子部三,法家类,卷二十四"轻重戊"。

行加工和改造,把它纳入到道德范畴的第一人。我国成为世界上著名的"礼仪之邦",也正是从周公制礼作乐开始的。

春秋时期,青年孔子向往周文化,不远千里"入周问礼",在洛阳参观了周王朝的殿堂宫室,参阅了周守藏室的各种文化典籍。孔子回鲁后,热衷于政治活动,周游列国,宣传周礼,晚年聚徒讲学,继承和发挥了周公的"明德"、"保民"思想,提出了"礼治"和"仁政"的治国主张。孔子开创的儒家学派开始正式登上中国的历史舞台,为我国以后传统儒学的发展,奠定了坚实的基础。

中国学术另一个重要派别——道学,也是在春秋时期形成的。道学开创者老聃久居洛邑,曾任周王朝的守藏室柱下史,管理周及其前代的文物典籍,掌握了大量的文献资料。他所遗留下来的《道德经》,成为我国道家学说的经典。

三代时期,河洛地区成为全国最先进的地区,儒学在这里产生,道学在这里形成,夏商周三股文化在河洛融为一体,河洛文化得到了突飞猛进的发展,并促进了中华民族传统文化的大交流、大融合、大发展。河洛文化远远超过了中国其他区域性的文化,成为中华传统文化发展中的主线和核心。

3. 汉唐时期

汉唐时期是河洛文化高度发展的时期。体现在文化成就上,就是形成了以儒家文化为主体和核心,且又融合了佛教、道教等多种文化因素在内的文化体系,这种文化体系的形成,也成为我国传统文化体系的主体。

两汉时期,儒学思想获得巨大发展。汉武帝时,采取董仲舒"罢黜百家,独尊儒术"的主张。举凡制度、杀伐、律令等都要用儒家经学的理论来润饰。但是汉武帝时酷吏政治是出了名的,仅此一点也就表明了西汉依然还没有摒弃法家的主张,儒家学术的统治地位并没有真正完全确立。到了东汉,才真正显示出儒家文化的特质来,中国传统文化的形成,根本上是由东汉开始的。尤其值得注意的是,两汉以后独尊儒术,教化系统遍及各地,太学、国子学、州郡县乡学构成了一个有效的教育和知识传播网络。同时,私人教育并行不悖,大儒弟子往往数千,从而有效地保证了儒学的世代传承和文化的传播。由于儒学取得了官学的地位,使儒学的发展和传播十分迅速和广泛,影响华夏传统文化的各个方面,渗透了古代社会生活的各个领域。两汉以后数千年间,中国古代文学艺术、伦理道德、社会风俗等无不渗透儒学的影响。

儒学在两汉时期所取得的成就,与河洛地区在其中所发挥的作用是分不开的。前面提到东汉儒学之盛,与太学的兴建密切相关。"建武五年,乃修起太学。"①"自是游学书盛,至三万亲生。"②"四海之内,学校如林,庠序盈门。"③东汉太学建设的空前盛况,成为世界教育史上一大奇观。太学的兴建,是在河洛地区的中心洛阳。可以说,河洛地区开展儒家文化的传播和教育,起到了关键的作用。

汉唐时期,佛教文化传入和在中国广泛传播,成为中国传统文化的一部分。

佛教传入中国,时间大约在西汉末东汉初。"哀帝元寿元年,博士弟子秦景宪,受大月氏王使伊存口授浮屠经。"④南北朝时,佛教在中国获得了巨大发展。当时统治者大多信奉佛教,尤其是梁武帝萧衍,他严格戒律,亲自讲经说法,宣扬佛教神学思想,甚至还三次舍身佛寺。⑤后来,经历代高僧大德的弘扬提倡,许多帝王卿相、饱学鸿儒也都加入这个行列,终于使佛教深入社会各个阶层,"家家阿弥陀,户户观世音",正是忠实的写照;而佛教的哲理部分则与儒、道等相结合、相融会、相激荡,然后汇入了中华文化源远流长的大海里,形成了中华文化的主流之一。

佛教在中国的发展和传播,也与河洛地区密切相关。最先筑寺受经的地方,正是在河洛地区的洛阳。"孝明帝夜梦金人,顶有白光,飞行殿庭,乃访群臣,傅毅始以佛对。帝遣郎中蔡愔、博士弟子秦景宪等使于天竺,写浮屠遗范。愔乃与沙门摄摩腾,竺法兰车还洛阳。中国有沙门跪释之法,自此始也。"⑥汉明帝为了宣扬佛教,便在洛阳城内筑白马寺以存放佛经,接待僧众。白马寺的建立,不仅成为中国佛教早期传播和各项佛事活动的中心,而且为后来两千年发展中国佛教文化奠定了基础。因而,洛阳白马寺获得了中国佛教的"释源"、"祖庭"之美誉。北魏孝文帝迁都洛阳后,亦大肆崇佛,不惜耗费大量人力物力,兴建佛寺,洛阳由原来的十数所庙宇一下发展到千余所。此外,著名的洛阳龙门等地的佛教

---

① 《后汉书》卷79上《儒林传》,中华书局1965年版,第2545页。
② 《后汉书》卷79上《儒林传》,中华书局1965年版,第2547页。
③ 《后汉书》卷40下《班彪列传》,中华书局1965年版,第1368页。
④ 《魏书》卷114《释老志》,中华书局1974年版,第3025页。
⑤ 参见《梁书》卷5《本纪》,中华书局2003年版。
⑥ 《魏书》卷114《释老志》,中华书局1974年版,第3025—3026页。

石窟、雕刻佛像，就是在魏晋南北朝时期开凿出来的。

汉唐时期，道家文化也得到了巨大发展，并且这种发展与河洛地区密切相关。

道学的创始人是老子，老子姓李，名耳，春秋时代人，生于陈国厉乡曲仁里（即今河南鹿邑县）。曾任周守藏室之史，"居周久之"。东周时期洛邑为王城，所以他在洛邑生活的时间不会很短；在这里，他还写成了《道德经》，字虽不多，仅五千余言，但却为道家的思想和学说奠定了基础。

先秦老子创立的道家学说，到了西汉时期则变为黄老学和黄老道。汉初尊崇黄老学说，文献中有所反映。《史记·曹相国世家》云："胶西有盖公，善治黄、老言。"《儒林传》亦云："窦太后好黄、老之述。"西汉时河洛的黄老学之盛，从出土文物中可略见一斑。1957年，在洛阳老城西北一公里处，发掘了一座西汉末年的贵族墓葬。此墓室中有丰富多彩的壁画，其中羽化乘龙升仙图所揭示的，正反映了墓主企求升仙不死的思想。[①] 1976年，在东距上述该壁画一公里处，又发掘了同一时期的卜千秋壁画墓，也是西汉时期人们所祈求的神仙思想在艺术上得到最生动而形象地反映。[②]

实际上，黄老道创始地就在河洛。汉顺帝时，曾在河洛嵩山和北邙山修行传道的张道陵，入蜀郡鹤鸣山（今四川大邑县）修道，并造道书《老子道德经想尔注》，奉老子为教主，遂创立"五斗米道"，此被视为中国道教之始。汉桓帝延熹年间，桓帝亲自在洛阳皇宫中祠祀黄帝、老子，宫廷中立有黄老、俘屠之祠。延熹八年曾三次派中常侍到曲仁里祭老子。《后汉书·王涣传》云："延熹中，桓帝事黄老道，悉毁诸房祀。"洛阳城（汉魏故城）西北的濯龙殿是祠祀道、佛之所，汉桓帝"亲祠老子于濯龙"[③]。

道教的另一支是太平道，约产生于东汉中期。灵帝时太平道"大贤良师"张角在各地传教，十余年间，徒众数十万人，散布于青、徐、幽、冀、荆、扬、克、豫等州，其中，河洛地区也是其主要的活动中心之一。

三国时期黄老道又出现的另一支派是帛家道。它的创建者是帛和，其创造

---

① 参见河南省文化局文物工作队：《洛阳西汉壁画墓发掘报告》，《考古学报》1964年第2期。

② 参见洛阳博物馆：《洛阳西汉卜千秋壁画墓发掘简报》，《文物》1977年第6期。

③ 范晔撰、李贤等注：《后汉书·志第八祭祀（中）》，中华书局1965年版，第3188页。

道区域仍然在河洛。帛和,字仲理,益州巴郡(今重庆)人,曾学道于隆虑山(今河南林县境)。但布道地区主要在洛阳邙山,去世后亦埋葬于洛北。

迄至隋、唐、宋,南北派道教名师荟萃河洛,把道学推向了一个新的发展阶段。隋炀帝于大业元年(605)建都洛阳后,下令按照道教传说中的三神仙境修建一个大花园——西苑。他每次出游,总有僧、尼、道士、女馆随从,称为"四道场"。李唐王朝自高祖始,自称其为老子后裔,敬祖崇道,规定三教次序为:道、儒、佛。唐高宗时,在洛阳北山老子炼丹处建起了规模宏大可观的玄元皇帝庙(上清官)。①

道学和道教自产生之后,便对中国社会产生了深远的影响。尤其是在唐宋以后,由于得到统治者的支持,道学文化逐渐向海外传播,东到朝鲜、日本,南到越南及东南亚诸国,西到西南亚及欧美诸国,终于成为东方文化及全人类文化的重要组成部分。

4. 宋元以后

北宋以后,河洛文化衰落。关于衰落的原因,戴逸先生总结了三个原因:第一,游牧民族进入中原,游牧民族与农耕民族的斗争,辽金的统治造成河洛文化的衰落;第二,水耕农业代替了旱耕农业,南方经济上去了,经济中心南迁,河洛经济衰落了;第三,理学的束缚。② 在这三个原因中,我们尤其要重视经济重心的迁移对河洛文化的影响。宋元以后,南方经济的发达,经济重心的南移,必然带动文化重心的南移。经济重心的南移比较早,中唐以后,实际上南方经济已经超过了河洛地区。但文化重心的南移要晚一些时间。由于经济重心的南移,使得河洛地区逐渐在文化上失去了中心地位,从此一蹶不振。因此可以说,文化的发展,必然要有经济支持,没有经济的支持,文化就不可能得到发展。此外,游牧民族进入中原,会带来异样的文化元素,这样可能会为原有的文化增加新的活力。但这些文化水平落后,且又与中原农耕文明迥异的游牧民族的入主中原,容易出现对原有文化的建设过程缺乏继续支持,甚至还有可能破坏原有的文化结构。这些都对河洛文化的发展造成不利影响,使原先繁荣鼎盛的河洛文化难以

---

① 康骈《剧谈录》。
② 戴逸:《河洛文化:中华文化的重要源泉》,《魅力中国》2008 年第 20 期,第 79 页。

为继,最终导致了中国文化的重心逐步向南转移。

有鉴于此,故就河洛文化的时间而言,一般认为"下限至明代"。①

第三节　河洛文化与客家文化

自从 20 世纪 30 年代以来,客家问题日益引起学术界的关注和重视。其中关于客家文化的探讨更是学者关注的焦点,并且产生了十分丰富的研究成果。这些成果对客家文化的定义、性质、内容等都作了比较深刻的阐述和探讨,为后来学者进一步研究提供了十分有用的借鉴。但是,仔细检索前人的研究就会发现,他们对客家文化的论述,过分夸大了客家文化中汉文化成分或非汉文化成分,从而错误评判了客家文化的文化属性;即使有些学者已经注意到了客家文化的多元性②,但很少有人对客家文化本身存在的分层现象做出专门的分析和论述。正是由于忽视了客家文化本身存在的分层现象,片面夸大了客家文化体系中的某一成分,使得持汉文化论者与持非汉族论者各执一词,争论不休。这种忽视,不仅影响了我们正确判定客家文化的性质、客家族群的民族归属,而且还影响对客家文化资源的合理开发利用。因此,我们须对客家文化的结构层次逐一进行分析,以期能够正确解读客家文化的来源和构成。

一、客家文化的结构

根据文化学的观点,物质文化以满足人类最基本的生存需要(如衣、食、住、行)为目标,既包括人们的生产方式,又包括由人类加工自然物所创造的各种器物,是人的物质生产活动及其产品的总和。物质文化构成了整个文化创造的基础。③ 生产方式是物质文化的重要内容,那么,客家族群的生产方式又是怎样的呢? 我们知道,作为客家大本营的赣、闽、粤交界处是峻岭延绵、沟壑纵横的典型山区,世居北方平原的客家先民,面对自然环境的巨大改变,为了生存,不得不向

---

① 杨海中:《图说河洛文化》,河南人民出版社 2007 年版,第 14 页。
② 谢重光:《客家形成发展史纲》,华南理工大学出版社 2001 年版;罗勇:《略论客家文化的形成及多元因素》,《赣南师范学院学报》1998 年第 4 期;吴永章:《客家文化二元论》,《广西民族学院学报》1995 年第 2 期。
③ 张岱年、方克立主编:《中国文化理论概论》,北京师范大学出版社 2004 年版,第 4 页。

当地土著居民学习,从而导致生产方式的转型。

例如,清代学者屈大均在论述当时广东土著民族的生产方式时,用"刀耕火种"来概括,即"耕无犁锄,率以刀治土,种五谷,曰刀耕。燔林木,使灰入土,土煖而蛇虫死,以为肥,曰火耨"①。客家人至今仍在使用的耕作方式中就有"烧土肥田",即铲好草皮,晒干,然后呈圆锥形堆垒起来,中间填干稻草作为火引,让其闷燃,燃尽,连土带灰,一起挑至田里用作肥料。很显然,这种生产方式就保留了刀耕火种的痕迹。又如,客家人也学会了南方地区用石碾榨汁,先猛后温进行熬煮的提炼蔗糖的方法。此外,客家人还普遍引种畲禾(又称百日禾、棱禾,过去赣、闽、粤边区普遍种植的高产速生粮食作物)、学做土纸、用石灰撒田、伐木烧炭、养蜂酿蜜以及种茶、狩猎等。学者认为,客家地区的这些生产方式,与畲瑶之族的传统经济模式有着十分密切的渊源因袭关系。② 物态文化是物质文化另一个重要内容。在客家文化的物态方面,也保留了浓厚的当地土著民族特色。如在民居建筑上,"走马楼"是当今广东、福建、江西等客家地区常见的建筑形式。它多依山而建,主要为上下层,一层用作厨房、农具杂物间、牛栏猪圈和厕所;二层多为卧室、仓库。在二楼外部,用木料架设一条外伸悬空的骑楼式走廊。"这种房屋结构和居住习惯,与古代南方百越人,以及今天西南地区一些兄弟民族的'干栏式'住房相似。显然,这是客家人南迁后吸收了南方土著民居的优点,以适应岭南地区多山、潮湿和多虫蛇兽害等自然环境。"③在着装打扮方面,古代中原汉人一般是"束发冠带",唐末五代以来,汉族大户女子往往还有缠足的习俗。而客家男子则是"不冠不履",客家女子不仅保留"天足",而且往往还习惯于"椎髻跣足"。衣服样式也多是在衫襟边和袖口、裤脚管边缀以数条不同颜色的花边。这与南方少数民族更为相似。此外,在农业、手工业以及日常生活中也都保留了大量畲瑶等土著民族的习俗。④

由此可见,客家先民在反差十分强烈的新环境下,十分自觉地向当地土著居民学习,所以在客家文化的物质文化层次中,集中保留了大量的土著民族文化。

---

① 屈大均:《广东新语》卷7《人语·拳人》,第243页。
② 吴永章、谢开容:《客家文化与畲瑶文化关系研究》,载罗勇主编:《"赣州与客家世界"国际学术研讨会论文集》,人民日报出版社2004年版,第18—19页。
③ 丘桓兴:《客家人和客家文化》,商务印书馆1998年版,第44页。
④ 蒋炳钊:《客家与畲族的关系》,《客家研究辑刊》1994年第1期,第200—201页。

正因为如此,才使我们进入客家地区时,强烈感受到它与中原汉文化的明显不同。因此,客家文化与中原汉文化的区分,在物质层面中体现最为明显。但是,即便是在这个土著文化表现最为集中的文化层次中,仍然保留着诸如梯田、水利、围屋等,与当地"刀耕火种"的游移农业大相其异,而与北方灌溉、垦耕农业文明的联系却十分紧密。①

而在客家文化的制度和精神层面中,则是更多地反映了中原汉族文化。

先来看看制度层面。人类在社会实践中建立的各种社会规范、社会组织,构成了人类文化的制度文化层面。所谓制度,就是关于人们(个人及组织)行为的规则,是关于人们的权利、义务和禁忌的规定。这些处理人与人相互关系的准则,集中体现在社会经济制度、婚姻制度、家族制度、政治法律制度等等方面。②

我们粗略考察一下客家文化的制度层面,就会发现客家人对国家政治法律制度有着高度的认同。这在客家族谱的家法族规中有十分明显的反映,几乎在所有的族谱中,都要求族人遵守国家法令、皇帝圣谕,及时完纳国家税粮等。例如,赣南宁都黄氏族谱录圣谕衍义六条,"固常揭于家约中,每遇祭祀焚香毕宣读,俾子子孙孙知所遵守矣"③;朱氏族规也要求族人"守正法":"国家法令森严,稍不自检即罹于法而不知。究守法之方,只在守分。为父兄者诚以守分之事朝夕训诲。如所编家规一一遵行,遇官府告示更牢记在心,自不误投法网。至若钱粮租税,尤应早完,庶免拖累。"④

家族制度是汉文化的重要内容,它在商周时期就已确立。客家社会不仅保留了十分严密的宗族结构,而且宗族制度对客家社会生活有着十分重要的影响。⑤ 客家地区以姓划村,聚族而居,建祠堂、修族谱、购族产的现象十分常见。他们还修订了严谨的家族法规,要求族人严格遵守,如果有人恣意任为,将会按照家法族规受到严厉处置。

---

① 关于中原农耕文明在客家生产和生活中的诸多表现,请参见《客家聚族而居与魏晋北朝中原大家族制度——客家居处方式探源之一》(黎虎,1995)、《客家人和客家文化》(丘桓兴,1998)、《客家文化概论》(张佑周,2002)等。

② 曾小华:《文化·制度与社会变革》,中国经济出版社2004年版,第128页。

③ 《(赣南宁都)黄峭山后裔与客家文化》(先祖遗训),中华文化发展基金会出版社2004年版,第66—69页。

④ (1997年)赣南上犹崇义南康联修:《沛国堂朱氏族谱》。

⑤ 参见孔永松、李小平:《客家宗族社会》,福建教育出版社1995年版。

此外,在婚姻制度中同样也可以看出客家文化与中原汉文化的一致性。例如客家婚嫁礼仪中不仅比较完全地保留了古代中原地区的"六礼",而且还严格遵循着"同姓不藩"的遗训。"凡子孙不得与同姓为婚。如有不肖子孙违犯,通族告官离异。"①这与畲瑶等族实行族内"自相嫁娶"不与外族通婚的婚姻制度有着天壤之别。②

当然,在以规定、习俗、习惯以及其他行为准则为主的制度层面中,也存在民族交融的现象,例如,有些客家地区的初婚女子于晚上出嫁,这与中原只有寡妇再嫁才在晚上的习俗大不相同。梅州地区过去还有"买水浴尸"的习俗,即死者家属"往河浒,焚纸钱,取水浴尸"③。学者认为这些民俗现象是吸收了古越、畲瑶之俗的结果。④

但综观整个制度文化层面,中原正统文化一直是客家文化的主体,客家文化与汉文化有着高度的一致性。

再来看看客家文化的精神层面。

由人类社会实践和意识活动长期孕育出来的价值观念、审美情趣、道德观念、思维方式等,构成了文化的精神层面。它是整个文化的核心部分,也是一种文化区别于另一种文化的重要标志。

对客家精神的探讨,学者们从不同的角度,结合自己的理解和体验,对其作出了不同的概括。如勤劳与洁净、冒险与进取、俭朴与质直、刚愎与自用、纯朴保守、坚忍刻苦、崇尚忠义、尊文重教、尊重妇德、持重武术、爱国爱乡、喜斗好讼、尚鬼信巫等等。⑤ 这些归纳和总结虽不尽相同,有些甚至只能算是爱好或生活习惯,但作为对客家人的人文特质的基本概括,学术界还是比较一致认可的。作为一个民族或民系的共同心理或价值观念,应该是十分稳定的,甚至在共同地域、共同语言和共同经济生活改变之后,它也可能仍然保存下来。那么,上述所概括

① 弘农郡"四知堂"杨族史编纂委员会瑞金市分会编印:《瑞金杨氏族史》卷首《杨氏祖传族规族训》。

② 朱洪、李筱文:《广东畲族古籍资料汇编——图腾文化及其他》,中山大学出版社2001年版,第1、3、5、168页。

③ 乾隆:《嘉应州志》卷1《舆地部·风俗》,第45页。

④ 刘佐泉:《客家文化中的南方土著民族习俗因素举隅》,《客家》1994年第1期。

⑤ 冯秀珍:《客家文化大观》(中册),经济日报出版社2003年版,第698—720页。

的客家人的这些人文特质中，主要是中原汉族的精神遗传呢还是土著民族的精神遗传？我们承认，客家先民从中原故土迁移他乡，在与当地土著居民长期的生产生活中，难免会濡染当地的一些习气。例如，客家人有尚鬼信巫、迷信风水的特性，"这与古楚文化有关。楚人信巫，巫文化特别发达，这种'巫文化'势必沉淀于赣南的人文土壤中，成为客家文化的一因子"①。客家人也有喜斗争胜的民性，常常为了一些芥末小事大打出手，甚至衍生为宗族械斗。学者也认为这是接受了畲瑶等少数民族强悍民风的影响。② 尽管如此，我们还是认为，客家人所体现出来的种种人文气质，与中原汉族基本上是一致的。鬼神思想，中原文化自古就有；风水信仰，据说也是由唐末宫廷风水大师杨筠松因战乱出逃而从中原地区带到客家地区的。③ 如果我们把"喜斗好胜"理解为"刚健、有为、不愿服输"，其实，刚健有为恰是中国文化基本精神之一，"是中国人的积极的人生态度的最集中的理论概括和价值提炼"④。至于崇文重教的精神特质，对于没有文教传统的土著民族来说，他们根本谈不上崇文重教，客家人这种精神特质也不可能是传承于他们。客家其他诸如崇尚忠义、爱国爱乡、勤劳勇敢、艰苦奋斗等特质，也与中原儒家文化所提倡的道德和价值标准相一致。由此可见，在精神层面中，客家文化是以儒家文化为核心的，传承的是中原正统文化。

总之，在客家族群与土著民族长期的生产生活中，融合了大量的土著文化。由于受自然环境的影响，土著文化集中保留在客家文化的物质层面中，而作为汉民族南迁的一个支系，客家族群依然固守着自己的传统文化心理和道德、价值观念，因此在制度和精神层面，客家文化所体现出来的更多的是中原汉族文化。正因为中原汉族文化在客家文化体系中具有如此重要的作用，所以有学者还对客家文化的"多元一体"提出了进一步的理解，认为"多元一体的客家文化"中的"体"，除了含有"文化载体"的意思之外，它还应该具有"文化体统"的含义。⑤具体到客家文化体系中，儒家文化就是这个"文化体统"的主要内容，它不仅把

---

① 罗勇：《客家赣州》，江西人民出版社 2004 年版，第 116 页。
② 许怀林：《江西史稿》，江西高校出版社 1998 年版，第 352 页。
③ 罗勇：《客家与风水术》，《客家学研究》1997 年第 4 期。
④ 张岱年、方克立主编：《中国文化理论概论》，北京师范大学出版社 2004 年版，第 296 页。
⑤ 参见邹春生：《文化结构与文化分层：对客家文化特质的一点思考》，载罗勇等主编：《客家文化特质与客家精神研究》，黑龙江人民出版社 2006 年版。

各种文化成分——无论是中原汉族文化,还是各种土著文化——都整合凝聚到"客家文化"这个文化载体中,而且还是决定这个文化体系的文化属性的最为重要的依据。客家族群之所以不属于其他民族,而被公认为是汉民族的一个支系,应该是与这个文化体统密不可分的。

对客家文化结构层次的分析,对于我们认识客家文化的性质和进行客家文化资源的开发和利用有一定的理论和现实意义。

在各个层面尤其是物质层面中所保留着的大量的土著文化,恰恰是客家文化不完全等同于中原汉文化的重要体现,也是我们对客家文化资源进行开发和利用的最有价值的部分。可是,"文化的物质层是最活跃的因素,它变动不居,交流方便"①。说明物质文化在整个文化体系中是最不稳定、最容易消失的。这就要求我们应该走向田野,深入民间,积极发现和挖掘客家文化,而且还要十分注意对能够反映客家社会比较特殊且又濒临消亡的文化事象大力抢救。在客家文化的制度和精神层面里,集中体现了中原汉族文化,尤其是儒家文化,这对于确定客家族群的民族成分和客家文化的整体性质有着决定性作用。在持物质—制度—精神文化三层次论者看来,在文化体系的各层面中,"理论制度层是最权威的因素,它规定着文化的整体性质"②。这种认识十分重要,因为近年来又有人对客家族群的民族属性提出讨论,甚至对客家南迁的历史提出质疑。既然客家文化的制度层面主要集中体现了中原汉族文化,那么我们据此完全可以把客家文化确定为汉文化的一个分支,客家族群也是汉民族的一个民系。文化心理层面"是整个文化结构中最稳定的部分,是整个文化的灵魂。如果要用本末分解文化,说物质技术是末,制度理论是本的话,那么,文化心理则是本中之本,是大本"③。文化心理的这种特性,对客家文化的形成起着重要作用。客家先民历尽艰辛,从遥远的中原迁徙到客家地区,当时面临的是完全陌生的环境,而且当地土著文化十分浓郁。这个弱小的群体不仅没有被土著民族所同化,反而凭着对中原文化的挚爱,以实际的行为逐渐而强烈地影响、改变着客居之地的自然和人文,最终形成以中原文化为主导的客家文化。可以这样说,客家之所以仍然能

---

① 庞朴:《文化的民族性和时代性》,中国和平出版社 1988 年,第 93 页。
② 庞朴:《文化的民族性和时代性》,中国和平出版社 1988 年,第 83 页。
③ 庞朴:《近代以来中国人的文化认识历程》,《教学与研究》1988 年第 1 期,第 36 页。

够保持为汉民族的一个支系而没有异化为别的民族或民系,最关键的因素即在于此。同样,正因为文化心理是整个文化结构中最稳定的部分,所以无论客家人漂泊到世界的任何地方,他们都有强烈的寻根意识和热爱祖国家乡的赤诚情怀。

二、河洛文化成为客家文化内核的原因

中原汉族文化为什么能够在客家赣、闽、粤边区广泛传播并且起到如此重要的作用呢? 学者在阐述这一问题时,并没有给出令人信服的说法。

以往学者对此的解释,主要是从移民史的角度,强调人口在文化传播中的作用,认为正是由于北方人口的大量南迁,才给赣、闽、粤客家地区带来了丰富的北方中原文化。所以他们十分强调移民人口的身份结构和文化素质,提出客家先民大多是来自北方中原的望族,本身具有较高的文化素养的论点,并且不加充分考证地引用族谱进行论证。[①] 这些学者的这种做法,应该是受到了长期以来学界关于客家族源争论的影响。在关于客家族源的问题上,"客家纯粹汉族论"(即认为客家人是来自北方中原的汉人及其后裔)和"衣冠贵族论"(即认为客家先民是来自中原的名门望族)曾经长期被奉为客家学的经典,许多关于客家问题的研究都是在这一理论框架下进行。[②] 也就在这一学术背景下,学者在考察客家文化的时候,就把客家文化的形成看作是南迁汉人所挟裹的中原文化在客家地区的再植。在他们看来,由于客家人大多出自名门望族,具有较高的文化素养,且从小耳濡目染,亲身体验,所以迁移到客家地区之后,仍然按照过去中原地区的生活模式来生活,从而使客家文化形成了以中原汉族文化为主体,以儒家文化为核心的文化结构模式。

当然,这种以人口迁移为基础来解释客家文化的说法并不是没有道理的。

---

① 参见罗香林:《客家源流考》,中国华侨出版公司1989年版。

② 关于客家秉持这种解释的学者,主要是受罗香林先生的"客家五次迁移论"的启发。罗先生结合正史和地方文献材料,认为客家人在形成和发展中有五次重大迁徙。其中从东晋时期开始的"衣冠南渡",以及后来在唐末、五代、两宋时期北方中原汉人的大批向南迁徙,是客家族群的主要来源。(参见罗香林著:《客家研究导论》,(台湾)南天书局1992年版)罗香林先生的这种论述,后来被学者进一步发展成为"客家纯粹汉族论",认为客家族群就是纯之又纯的中原南迁汉人及其后裔。但随着客家研究的不断深入,客家"纯粹汉族论"和"中原贵族论"的观点不断遭到修正甚至颠覆。参见《纪念罗香林诞辰100周年学术研讨会论文集》,嘉应学院客家研究所2006年编印。

人口的流动确实是文化传播的重要途径。德国人类地理学的创立者 Friedrich Ratzel 就认为,文化要素是伴随着民族迁徙而扩散开去的,物质文化只有通过人,同人并与人的精神文化一起才能够传播。① 所以以前学者强调移民在客家文化形成中的作用,也是可以理解的。但问题是,这些南迁人口本身具备了多少系统的儒家文化知识? 并且这种系统的文化知识又是通过什么方式在客家地区广泛传播的呢?

诚然,对于曾经长期生活在儒家文化氛围浓厚的中原地区的南迁汉人来说,他们可能具备了一些来自生活体验的儒家知识。但在当时的教育条件下,唯有经济条件良好的人,才有可能接受系统的学校教育。而这些南迁汉人中,又有多少出自富门望族呢? 正如学者所指出的那样,当时南迁的中原汉人中,真正南渡到客家大本营地区的"衣冠贵族"其实是非常少的,大多则是贫困穷苦的普通百姓。② 而在唐宋时期,儒家文化虽然已经逐渐出现了由上而下的普化趋势,但当时对于儒家知识的学习主要还是通过学校教育和私人讲学,这些穷困的北方移民,不可能有很多机会去系统研习儒家文化。因此他们带到客家地区的中原文化,至多是一些来自生活体验的感性知识,而那些属于制度和精神层面的系统的儒家文化,则不可能很多。因此,单凭这群南迁移民自身所带的并不丰富的的文化知识,他们怎能建立起如此完善的以儒家为核心的客家文化体系呢?

退一步说,即使这些南迁的中原汉人确实有着较高的学识涵养和丰富的儒家生活经验,他们能够按照过去中原地区的经验来重新构建生活,进而用这种生活模式来影响当地土著居民,从而把中原的文化模式在客家地区推广开来,但是这种设想虽然在理论上是合乎逻辑的,然而在实践上却是行不通的。因为他们寓居的赣南、闽西、粤东三省交界地区,则是一个山水相隔、峰峦起伏的地理环境,并且当时南迁汉人大多过着聚族而居且又分群散居的生活方式,严重阻碍了南迁汉人与当地土著族群之间的相互交流。因此,要想单靠这些与当地土著相互隔膜的中原移民,仅凭自身生活模式来广泛传播中原文化,其作用自然就显得

---

① 夏建中:《文化人类学理论学派》,中国人民大学出版社 1997 年版,第 55—56 页。
② 关于对"客家先民是中原士族"的论调,著名学者谢重光先生早在 20 世纪 90 年代就进行了批判,并提出客家先民的基本成分应该是平民百姓。参见谢重光著:《客家源流新探》,福建教育出版社 1995 年版。

十分薄弱了。因此，对于中原汉族文化在客地广泛传播并且成为客家文化体系的主体和核心这一问题，如果单从移民史的角度，就很难给出富有说服力的解释。

如果我们转换研究的视角，把目光从移民史转到文化史，从我国传统文化本身的发展历程出发，并且结合赣、闽、粤边区的具体情况，或许对客家文化的这种文化属性的形成会有更好的解释。我们认为，中原汉族文化和儒家文化之所以能够在赣、闽、粤边区广泛传播并且成为客家文化的主体和核心，应当与以下因素有密切关系：

首先，长期以来，中原汉族文化在我国传统社会中一直居于主流文化的地位，并且得到国家权力的大力推广，从而能够成为客家文化的主体和核心。

所谓主流文化，是指体现着时代的主导思想，支配着文化的发展方向，占有统治地位的文化，它具有主导性和制度性的典型特点。主流文化的这两个特点，使它一方面能够得到政治权力的支持而获得广泛的传播；另一方面，在传播过程中，又能够依靠自身的文化优势和权力支持，对传入地区的本土文化有着巨大的渗透力和同化作用。① 由于历史的原因，以儒家文化为主的汉文化一直得到中原政权的大力支持，成为历代封建王朝的主流文化，因此，它能向赣、闽、粤边区传播，也是与中原汉族文化这种主导地位相关联的。至于其传播的方式和途径，有学者曾从学校制度、旌奖制度、祀典制度等文化制度方面，进行了尝试性的阐述，限于篇幅，本文不再重赘。② 同时，作为当时的主流文化，在政权的大力支持下，中原汉族文化在赣、闽、粤边区所起的主导作用和制度规范作用也十分明显。正如前面所述，中原汉族文化在客家文化体系中占有主体地位，就是它在客家地区传播的结果。

其次，从文化区位来看，中原地区和赣、闽、粤边区分别处于华夏文化区的中心和边缘的地位，这种区位差异，也必然导致汉族文化要从中原文化中心向边缘区域传播。

广义的"中原地区"，是指以黄河中下游地区为中心的淮水以北长城以南的

---

① 陈华文：《文化学概论》，上海文艺出版社 2001 年版，第 201—204 页。

② 参见邹春生：《神灵入典与毁禁淫祠：略论国家对客家民间信仰的控制——兼论国家权力在客家文化形成中的作用》，《赣南师范学院学报》2008 年第 1 期，第 28—33 页。

广大北方地区。黄河流域是华夏文化的发源地,在很早以前就成为古代中国的文化中心。在文化学理论中,文化有中心和边缘的区别。所谓文化中心,就是指一个文化区特有的文化特质最集中、处于主导地位且具有向周边辐射功能的部分;所谓文化边缘,主要是指一个文化中心区的边缘地区,它处于次要的、受容的地位。一般情况下,文化中心由于处于文化的密集区,其政治、经济、制度等方面信息流量大,而且对周边地区的文化必然产生直接或间接的影响,带动文化向前发展,而文化边缘总是受到文化中心的控制和影响。[1] 文化中心所具有的这种强烈的文化辐射作用,是推动中原汉族文化向赣、闽、粤边区的传播的文化本身的动力,它对客家文化的形成也起到了十分重要的作用。唐宋以前,中原地区所取得的文化成就自不待言,而同一时期赣、闽、粤边区又是处在什么样的发展水平呢?据史籍记载,当时居住在这个区域的主体居民是"俚"、"越"、"畲"、"峒"等土著民族,在隋代,这些土人还处于"俱无君长,随山洞而居"[2]的原始时代。在这三个区域中,赣南由于地近中原,且有当时成为连接岭南与中原主要大动脉的赣江——大庾岭通道贯穿其中,所以开发程度要远远高于其他两个地区。即便如此,甚至到了宋代,赣南仍然是"驿路荒远,室庐稀疏,往来无所庇"[3]。这种状况,与当时辉煌的中原文明相比,简直不可相提并论。文化本身具有流动性,在这两种文明发展程度差距悬殊的情况下,以中原地区为主的北方强势文化必然要向客家大本营地区扩展渗透。

再次,唐宋以后中原汉族文化之所以向赣、闽、粤边区大力传播,还与当时全国经济重心南移和赣江—大庾岭通道的开凿使该地区的交通地位日益上升有关。

唐宋以来,中国经济重心正在经历着从北方黄河流域向长江流域乃至整个南方地区的历史大迁移,南方地区的经济地位逐渐超过北方,到明清时期,南方地区的商品经济的发展,使得东南各省在全国经济中的地位更加瞩目。[4] 由于

---

① 陈华文:《文化学概论》,上海文艺出版社 2001 年版,第 211—216 页。

② 《隋书》卷 82《南蛮传》。

③ 《宋史》卷 328《蔡挺传》。

④ 参见齐涛:《中国古代经济史》,山东大学出版社 1999 年版;孙健:《中国经济通史》(上卷),中国人民大学出版社 2000 年版;郑学檬:《中国古代经济重心南移和唐宋江南经济研究》,岳麓书社 2003 年版。

作为沟通南北经济甚至海外贸易的大庾岭—赣江—大运河商道贯穿境内，赣、闽、粤边区在国家经济发展和交通贸易中的重要性也日益凸现。[①] 此外，地域经济的发展也吸引了北方移民的大量迁入。但是，这种大规模的自发性的人口盲流的迁入，使"为壤既瘠且贫，无金锡之珍，鱼盐之阜，畜牧驹骡之饶，织文机巧工技之利"[②]的赣、闽、粤边区的生存状况更加恶劣，从而引起了与土著族群之间的激烈冲突。[③] 在族群冲突空前剧烈的情况下，国家为了维护这一地区的社会稳定，确保关系国家南北经济动脉的畅通，势必要加强对该区域包括民间信仰在内的整个社会秩序的控制。因此，在历史上，中央曾经派遣过诸如岳飞、王守仁、施琅这样的当朝名将重臣前来镇压这里的民变和动乱。但是在运用军事手段进行残酷镇压后，也深感"破山中贼易，破心中贼难"，所以在这里大力兴建学校、移风易俗，旨在加强对他们思想改造的文化运动。在这种历史背景下，中原汉族文化也就在赣、闽、粤边区广泛传播开来了。

在中原文化向客家地区传播以及客家文化形成问题上，我们还必须特别强调"国家"的作用。著名学者陈春声先生曾经说过，在传统中国的区域社会研究中，"国家"的存在是研究者无法回避的核心问题之一："对于中国这样一个保存有数千年历史文献，关于历代王朝的典章制度记载相当完备，国家的权力和使用文字的传统深入民间社会，具有极大差异的'地方社会'长期拥有共同的'文化'的国度来说，地方社会的各种活动和组织方式，差不多都可以在儒学的文献中找到其文化上的'根源'，或者在朝廷的典章制度中发现其'合理性'的解释。"[④]

尽管陈先生说这段话是为了批评一些学者用众所周知的历史知识来归纳"地方特性"的做法，然而这段话却也揭示了我国传统社会的一个重要特征：即国家权力对地方秩序的构建和地方性知识的产生，不可避免地给予巨大影响。这段话也告诉我们，如果在研究客家问题时忽略了这个历史传统，也很难真正揭示出诸多客家文化现象的内在本质。

在推行主流文化的过程中，"国家"的军事活动和行政措施十分重要。战争

---

① 参见胡水凤：《繁华的大庾岭古商道》，《江西师范大学学报》1992 年第 4 期，第 60—65 页。
② 《国朝张尚瑗喜丰堂记》，同治《赣州府志》卷 8《舆地志·官廨》，第 352 页。
③ 黄志繁：《"贼"民之间：12—18 世纪赣南地域社会》，生活·读书·新知三联书店 2006 年版。
④ 陈春声：《走向历史现场》，《读书》2006 年第 9 期，第 25 页。

是文化传播的最原始往往也是最快捷的办法。战争带来的灾难是巨大的,但战争在客观上又促进了文化的交流与传播。具体到赣、闽、粤边区客家族群文化形成问题上,中央政府在军事征服过程中,向赣、闽、粤边区的土著族群充分展示了汉族文化的先进性,并且军事征服结束后,中央政府在赣、闽、粤边区建立了直接统治,增设了许多县治,把中原文化当中的政治文化广泛传播到赣、闽、粤边区。政府强制要求原来"不纳租税"的溪峒蛮族交纳赋税,并把那些"逋赋"、"脱籍"人口重新纳入到户籍控制中,尽管激起了他们长期的反抗,但这些人群最后还是认同了他们的政治文化,接受了中原汉族王朝的统治。战争的另一个结果是促进了赣、闽、粤边区不同族群的融合。从宋元以至明清,赣、闽、粤边区经历了许多规模不等的各种动乱。在这风云激荡的岁月中,赣、闽、粤边区的族群融合又得到进一步发展:一方面,因战乱引发的人口流动,使得赣南、闽西、粤东这三个区域的族群交流十分频繁,从而促进了三地之间的族群融合;另一方面,在动乱中,越来越多的溪峒蛮族被卷入战争之中,与汉族其他族群一起进行各种军事行动,从而促进了蛮汉之间的族群交流与融合。例如王阳明在镇压以赣南为中心,波及赣、闽、粤湘广大地区的以谢志珊、蓝天凤为首的畲民大起义后,奏割赣南的上犹、南康、大庾三县的部分土地新建崇义县,并且为了"破心中贼",把理学提到压倒一切的地位:订立乡规民约,兴办书院、社学,刻印儒学经典,甚至亲自授徒讲学,不遗余力地推行他的理学思想。在闽西,元朝末年黄华、陈吊眼、李志甫等畲民相继领导了一系列大规模起义,元朝政府在镇压这些起义后,强令畲民与汉人杂居,发遣畲军出山屯田,并采取以蛮治蛮的策略,对畲蛮酋长授以官职,代理中央政府治理当地,强令他们熟悉官府律令,遵行汉族礼仪,学习儒家纲常,接受汉族的生产方式和文化礼仪,促使他们迅速汉化。这些由于战争所引发的种种文化传播现象,对于中原文化进入客家大本营地区,成为客家文化的主体,起了重要作用。

再来看看在赣、闽、粤边区推行的"儒化"措施。中原王朝为什么十分热衷于在赣、闽、粤边区推行"儒化"政策?"一种政权为了维护其利益或是为了达到这种政权的政治目标,往往要维持一种认同。这种认同的维持可以使政权获得稳定并具有凝聚力。因为一种政权所要维持及倡导的认同与其政治内涵及需要是一致的,因而当人们认同了一种政权所倡导的认同后,那么也就有可能顺从这一政权。"①因为儒家文化所倡导的"君君,臣臣,父父,子子"和"仁、义、礼、智、信"符合王朝统治的需要,尤其是唐宋以来,儒家学术发生"重治"到"重教"的转变,对于构建乡村社会秩序十分有用,所以得到中央政府的大力推广。为了推广儒家思想,政府官员和士大夫大力兴办学校,表彰在忠勇、孝悌、贞烈和义善等方面的卓著行为,大力推行"祀典制度"等措施,使儒家文化迅速在赣、闽、粤边区广泛传播开来。儒家思想文化之所以能够在山重水隔,居民点分散的赣、闽、粤边区广泛传播,并得到客家族群的普遍认同,政权的推动应该是最为重要的因素。

实际上,"国家"对客家族群文化的重要作用,还突出表现在它在土著文化的兴衰存亡方面,往往握有生杀予夺的大权。如据方志所载,康熙年间,县令于作霖在安远县严厉禁止当地"闹洞房"的习俗,就是因为这种习俗严重违背了儒家思想的婚姻家庭伦理:"闹房之俗,亟宜通禁也。夫婚姻乃人道之始,室风为风化之原,自不容内外无分,而流于戏嫚,亦岂可亲疏不辨,而近于邪靡。何江右陋习,一家新娶,众行闹房。或拉乃翁而登高座,使之花面峨冠;或驱新妇而拜群宾,无不淫词艳曲。而且烧花、窃履,酣饮连宵。不独安远一邑为然,而安远尤甚。职莅任之后,即刊刻条约,禁止其事。"②

《宁都直隶州志》也记载了禁止当地上演采茶戏的条例,主要是因为这种地方小戏"妖态淫声,引入邪僻":"禁搬演采茶,蛊人耳目。查采茶一名三脚班,妖态淫声,引入邪僻,最为地方之害。向来老成绅耆及公正之乡约每相诫不许入境,远近传为善俗。近来竟有听许搬演者,应拘该管约保重惩,以息此风。"③

有学者曾撰文介绍了官方对待赣、闽、粤边区民间神明信仰的三种方式:纳入官方祭祀体系、毁禁、允许其继续存在并加强监控。④ 这也充分表现了国家在民间信仰的生存和发展方面的关键作用:把民间神明纳入祀典化,可以使这个民间神明取得合法的资格而广泛流传开来,把某个神明斥之为"淫祠"、"淫祀"并加以毁禁,则极有可能使这种信仰自此终止而逐渐退出历史舞台。"国家"对待

---

① 郑晓云:《文化认同与文化变迁》,中国社会科学出版社1992年版,第174页。
② 同治《安远县志》,卷9《艺文·文移》。
③ 道光《宁都直隶州志》卷11《风俗志》附"应禁各条",第223页。
④ 邹春生:《神灵入典与毁禁淫祠:略论国家对客家民间信仰的控制》,《赣南师范学院学报》2008年第1期,第28—33页。

这些习俗、神明的标准，主要是以儒家道德价值观念为标准。那些被严厉禁止的，往往就是因为它与儒家道德价值观念发生了严重冲突。风俗习惯和宗教信仰属于文化结构中制度和心理层次的内容，对文化性质的确定具有重要意义。从官方对待赣、闽、粤边区风俗习惯和神明信仰的措施中，我们可以清楚看到"国家"在客家族群文化形成中的巨大作用："国家"不仅规定着土著文化的发展方向，而且也保证了汉族文化在客家族群文化中的主导地位。

综上所述，可以得到这样的认识：以儒学为主的中原汉族文化之所以能够在赣、闽、粤边区广泛传播，并且成为客家文化的主体和核心，是由于文化本身的力量和文化外部的力量在当时的历史背景下得到了充分发挥的结果。在这一过程中，中原地区和赣、闽、粤边区在文化发展序列上的差异，使得中原汉族文化本身就已存在一种向文化边缘地区扩展的张力，这是源自于文化本身的内在动力。同时，由于中原文化一直以来就得到了国家权力的大力支持，从而使它能够在赣、闽、粤边区广泛传播并且继续发挥主导性和制度性的作用，这是源于文化外部的动力。而唐宋以来经济重心的南移、客家先民的南迁、赣、闽、粤边区的族群冲突等特殊的历史背景，则是促使这两种力量进一步结合的催化剂。正是在这些因素的共同作用下，中原汉族文化才能够在赣、闽、粤边区传播并且促进了客家文化的形成。

第二章　客家文化生成的背景

客家文化形成于江西、福建和广东相连接的赣南、闽西和粤东地区。赣南是江西南部的通称,行政区划隶属于赣州市,辖18县、市、区,土地面积3.9万多平方公里,约占江西土地面积的1/4;人口930余万,约占江西总人口的1/5,是江西省最大的行政区。闽西指古八闽最西端的州郡——汀州,即今福建最西边的龙岩的大部分及三明的西南部,主要包括永定、长汀、上杭、武平、清流、连城、归化、宁化等县市。粤东主要指古循、梅地域,即位于广东东北部的今梅州市的全部、河源市的大部分以及揭阳市的揭西等县。赣、闽、粤三角区是客家人的基本居住地,亦被称为客家人的"大本营"。

客家文化是在唐末至明清漫长的历史时期内逐渐形成和完善的,毫无疑问,孕育这一产儿的母体就是赣、闽、粤客家大本营地区。在这一特定的时空范围条件下,诸多因素对客家文化的形成和完善起了作用,择其大端,其中最为重要的有三个方面。

首先,唐末至宋末的移民运动是客家文化形成的直接动因。这一时期,由于战乱等原因,大量的汉民从江淮、荆湖、两浙乃至中原迁入赣、闽、粤三角区,由此打破了这一区域长期处于原始封闭的状态和古越族的后裔山都木客以及畲瑶等少数民族为主体的居民格局,给这一区域注入了新鲜血液和勃勃生机。一方面,汉民们把先进的生产方式和生活方式带入这一地区,使这一地区得到较快开发,迅速改变着往昔那种"人烟稀少,林菁深密,野兽横行,瘴疬肆虐"的面貌。另一方面,汉民们与畲瑶等少数民族交错杂居在一起,势必以自己优势的物质文化和精神文化对他们发生方方面面的影响以致最后同化他们。杨澜《临汀汇考》描述了长汀、宁化等地原来"刀耕火种"的畲瑶等少数民族被汉族同化后的情况，"于是负耒者，皆望九龙山而来。至贞元(785—804)后，风土之见于诗者有曰：山乡只有输蕉户，水镇应多养鸭栏，隐然东南一乐土矣"。上述两个方面便促使赣、闽、粤三角区发生着历史性的变化，以至到了宋代，这里人文蔚起，一个以中原传统文化为核心同时又蕴涵着其他因子的新的文化形态——客家文化便初步形成了。

其次，赣、闽、粤边区独特的地理环境为客家文化的形成创造了条件。一方面，客家先民从北方迁到南方，从平原地带入居山区丘陵，他们虽然远离了动乱与战火，却面临新的生存劣境。因此，他们不得不对原来的思维方式和生活模式作某些调整以适应新的环境。由此久之而形成新的风俗习惯，如温仲和在《嘉应州志》中写道："州俗土瘠民贫，山多地少，男子谋生多抱四方之志，而家事多任之妇人。故乡村妇女，耕田、采樵、缉麻、缝纫、中馈之事，无不为之，絜之于古，盖女工男工皆兼之矣。"这是与中原地区传统的"男耕女织"很不相同的新的男女分工格局，由此也就铸就了客家妇女吃苦耐劳、精明强干的优良品格和不缠足、不束胸的健劲气习。又如，赣、闽、粤山区不宜种麦子磨面粉，客家人就在豆腐里面塞上肉馅做成酿豆腐，形似饺子，这便是北方人吃饺子习俗的一种承传和变异。另一方面，客家大本营地区四面环山，交通不便，成为一个相对独立的地理单元，为客家文化保存其浓郁的地方特色和民系个性创造了条件。如客家方言中保留着较多唐宋时期的中原古韵和古汉语词汇，就是一个典型实例。

再次，赣、闽、粤边区土著居民的文化给客家文化的形成以重大影响。从人类发展的通则来看，不同民族间文化的影响和融合是双向式的。如前所述，南来汉民在进入客家大本营地区后，以自己优势的文化去融合、征服土著居民，那么，土著居民也势必以自己固有的文化去迎接这种外来文化，双方便在这种不断地撞击中激荡和交融，最终孕育出一种新文化，即客家文化。根据民族学的研究成果，一般认为赣、闽、粤三角区的土著居民即是古越族的后裔和畲瑶等少数民族。因此，客家文化在形成过程中受到古越族和畲瑶等少数民族文化的强烈影响，这一点是肯定的，也是不容否认的历史事实。

第一节　客家基本住地的原生态环境

一、地理环境

关于赣、闽、粤边区的历史地理环境,民谚有"七山一水一分田,还有半分道路和庄园"的说法,它形象地概括了这一地域地理环境的特点。

一是"大山长谷"、"崇岗复岭"。这里除了横亘着南北走向的武夷山脉和南岭两大山系之外,境内还分布着许多大小山峦。例如,赣南境内有九连山、罗霄山、雩山等山系;闽西境内有玳瑁山、彩眉山、博平岭、松毛岭等山脉;粤东北境内有罗浮山、莲花山和阴那山等山系。明代嘉靖年间南赣巡抚虞守愚在谈到赣、闽、粤边区的地理环境时这样概括:"臣所辖地方,俱系江湖闽广边界去处。高山大谷,接岭连峰。"①相似的描述,在其他的文献中亦有记载。如,"汀州西临章贡,南接海湄,山深林密,岩谷阻峻"②。"汀州为郡,崇岗复岭,居山谷斗绝之地。"③连城"居稠山之中,崇冈复岭,东控莲峰屹立之雄,西拥旗石宝嶂之胜,南案银屏秀出之障,中抱文溪九曲之流,他若金鸡诸岫插汉昂霄,天马群峰如仗如笏"④。"虔州,江南地最旷,大山长谷,荒翳险阻。"⑤"崇义据西江之上游,乃南安之新邑,律诸大庾、南康,厥山益峻,厥水益驶。穷林邃谷,盘礴深窈。"⑥光绪《嘉应州志》在谈到过去嘉应州的自然环境时也说,"嘉应峻岭巨嶂,四围阻隔,与濒海不同,有前此人物稀少,林莽丛杂,时多瘴雾"⑦。

二是"河流众多"、"水急滩险"。由于山高谷深,林莽丛杂,于是形成了许许多多的溪水河流,而鲜有大江大河。

赣州境内大小河流 1270 条,汇合成上犹江、章水、梅江、琴江、绵江、湘江、濂江、平江、桃江 9 条较大支流。其中上犹江、章水汇合成章江;其余 7 条支流汇合

---

① 嘉靖《虔台续志》卷 4《事纪》。
② 《元一统志》卷八《江浙等处行中书省·汀州路》,中华书局 1966 年版,第 629 页。
③ 嘉靖《汀州府志》卷 1《地理·形胜》。
④ 连城县地方志编纂委员会编:《连城县志》(康熙版点校本)卷二《舆地志·形胜》,方志出版社 1997 年版。
⑤ 王安石:《虔州学记》,《临川文集》卷 82。四库本。
⑥ 嘉靖三十二年《崇义县志》引郑乔《序》。
⑦ 光绪《嘉应州志》卷 3《暑度·气候》,第 43 页。

成贡江。章贡两江在千年古城赣州的八境台下汇合成赣江,浩浩荡荡,冲破十八滩,北注鄱阳湖,汇入长江,纵贯江西全省,成为江西的母亲河。

闽西境内亦是溪河众多,分别汇入汀江、九龙江北溪、闽江沙溪和梅江等水系。其中,发源于武夷山南段东南的汀江,流经长汀、武平、上杭、永定4县,在永定出境进入广东,至大埔县三河坝与梅江汇合成韩江。因它的流向从北向南,按八卦方位,称为"丁水",后"丁"加水成"汀",这就是"汀江"的得名。

粤东境内主要河流有韩江、梅江、东江以及琴江、五华河、宁江、程江、石窟河、梅潭河、松源河、丰良河等。

穿行在崇山峡谷中的溪水河流,形成了无数大大小小的激流险滩。其中尤以赣江"十八滩"最为凶险。赣江十八滩,是指赣江从赣州城下流至万安县域段。其间河道曲折,河面时窄时宽,河床中多处怪石交错,古有二十四滩之称,经宋代以来多次疏导,而以十八险滩著名于世。这十八滩从赣州顺流而下依次为:储滩、鳖滩、横弦滩、天柱滩、小湖滩、铜盆滩、阴滩、阳滩、会神滩、良口滩、昆仑滩、晓滩、武朔(武术)滩、小廖滩、大廖滩、棉津滩、漂神滩、惶恐(原名黄公)滩。十八滩滩滩奇险,特别是最后一个锁口大滩——惶恐滩,更令行船走水的人心惊胆寒。自古以来,不知有多少船只在险滩上遭险遇难!因此之故,亦留下了许多文人墨客为之叹咏的诗句,其中,尤以宋人徐鹿卿的《徐鹿卿之官过赣滩诗》最为著名,诗云:"玉局诗中惶恐滩,闻之已为骨毛寒。那知武索并天柱,更向前头作怒澜。滩声嘈杂怒轰雷,顽石参差拔不开。行客尽言滩路险,谁教君向险中来?"[①]描绘了诗人在过十八滩时亲历的奇险。更有民谣云:"十八滩,鬼门关,十船过滩九船翻。"诉说了历史上无数遇险殉难者的实情,也反映了古代客家大本营地区水路交通的艰难。

三是可耕面积少。赣、闽、粤边区由于"崇岗复岭"、"山深林密"的地形特点,造成土地资源相对较少,且开垦成本高的情况,我们可以从方志中了解一些信息。如,龙岩全区中山面积7250.87平方公里,占总土地面积的38.06%;低山面积7713.49平方公里,占土地总面积的40.49%;全区丘陵面积3100.44平方公里,占土地总面积的16.28%;平地面积为985.20平方公里,占全区土地总

---

① 同治《赣州府志》卷6《舆地志·水》,第241页。

面积的 5.17%,其中耕地面积 201.50 万亩,占全区总面积的 7.05%①;梅州山地面积 754304 公顷,占总面积的 47.49%,丘陵面积 622931 公顷,占总面积的 39.22%,平原(盆地)面积 79063 公顷,占全区总面积的 4.98%,其他面积(包括台地、阶地、河流水库)132102 公顷,占总面积的 8.31%②,其中,耕地 189.12 万亩,占总面积的 8%③;赣南山地面积 8620.14 平方公里,占全区总面积 21.89%,丘陵面积 24220.68 平方公里,占全区总面积 61.08%,盆地面积 6705.13 平方公里,占全区总面积 17.03%,其中耕地面积 5369.42 万亩,占全区总面积的 9.09%。④

从上列数字中我们可以清楚地看到,赣、闽、粤边区的山地丘陵面积占了全区面积的 70% 以上,而耕地面积则不到 10%。这与周边地区闽南三角洲、珠江流域和赣江中下游地区相比起来,耕地面积是很少的。

赣、闽、粤边区历史上这种"崇岗复岭"、"山深林密"、溪急滩险、山多田少的地形地貌,一方面使得这里各种自然灾害频发,病疫易于流行,生存环境艰苦;另一方面由于土地资源相对较少,且为山岗所隔,所以形成小盆地的农耕经济。加上山路崎岖,内部交通极为不便,形成一个相对封闭落后的区域。

这种封闭的山区地理环境,为客家民系和客家文化的形成带来了某些特点。诚如罗香林在《客家研究导论》所言:

> 山脉绵亘的结果,使客家地方发生两种极其明显的特性:其一为耕地的缺乏,粮食的不足;其二为交通的艰阻不便,外力的难以入侵。前者可以驱迫客家不断地外向发展,后者比较能够保存他们固有的语言和习惯。客家一般精壮的男子多数都出外经营工商各业,或从事军政学各界的活动与服务,向外扩展的精神为国内任何民系所不及,而其家内一切琐事及农作,则十九委以一般的妇女;这是因为他们居住地域,山岭太多,出产太少,要想维

---

① 龙岩地区地方志编纂委员会编:《龙岩地区志》卷 2《自然环境·地貌》,上海人民出版社 1992 年版。

② 梅州市地方志编纂委员会:《梅州市志·自然环境》,广东人民出版社 1999 年版,第 275—280 页。

③ 广东国土资源年鉴编纂委员会:《广东国土资源年鉴(2002 年)》,广东省地图出版社 2003 年版。

④ 赣州地区志编纂委员会:《赣南概况·自然条件》,人民出版社 1989 年版,第 7 页。

持一家大小的生存和温饱,只好努力地向外发展以求改善经济地位的缘故;妇女们呢,已然难得男子们成年地在家主持,又因为要维持日常的生计,不能抛弃农务,于是只好举耕织烹饪都一身任之了,日子久了,成为惯性,社会舆论遂以为妇女们是应该耕田作地的,不会耕作的女人是可耻的;客家妇女除少数新式女学生不计外,其余难得几个都还不兼事耕种,就是拥资十万以上的人家,其妇女大体都还不能放弃农务,这不能不说是一种特别的优点;客家的语言习俗,一般都说它比较富保守意味,这亦是纯由他们的居住山岭过多所致;因为,山岭繁多,则可依照天然形势使之成为无数聚族而居的村落,各依其固有的风俗,度其生活,系外人们,极不易向其地发展各种业务,

崇义上堡梯田

天车

即能发展亦不愿久居其地,因此外系的势力或潮流,昔时已不能向其地长期连续不断地鼓荡或进攻,只能由他们自身提吸与仿效……要之客家居地的山多田少,是支配客家一部分活动的势力,这是很显明的。①

二、原住居民

历史时期里,赣、闽、粤交接的三角地域曾经生活着古越族及其后裔山都木客的原住居民以及后来迁入的畲瑶等少数民族,他们与不同时期迁入的北来汉民在长期的杂居交往中逐渐发生融合,最终形成为客家民系。

根据历史古籍的记载,夏、商、周三代,整个中国东南部,包括今赣、闽、粤三角地区,均属"扬州"。如《尚书·禹贡》曰:"淮、海惟扬州";《周礼·职方》曰:"东南曰扬州";《尔雅·释地》曰:"江南曰扬州。"这些古籍把全国分为九州,扬州只不过是其中的一州。"扬州"一名的来源,据《晋书·地理志》的解释是:"州界多水,水波扬也。"这反映了我国东南部地区多水的特点,取名比较确切。但这不是行政区划,而是一个模糊的地理概念。

春秋战国时期,赣、闽、粤边区先后属楚、吴、越,后又属楚。清同治《赣州府志·舆地志》云:"赣在春秋为百越之地。楚使吴起南平百粤,赣地属焉。"说明先秦时期,赣南的土著居民是百越族。

百越,又称百粤,是我国东南和南方地区古代民族的泛称,分布于今浙江、江西、福建、广东、广西、海南及苏南、皖南广大地区。百越族文化有显著特征:其一,断发纹身;其二,刺臂而盟;其三,多食水产;其四,架木而居;其五,擅长舟楫水战;其六,语言不同于华夏族,也不同于楚人。② 战国时已有"百越"之称,《吕氏春秋·恃君篇》:"扬汉之南,百越之际。"称"百越",言其族类繁多,如,有"瓯越"、"骆越"、"扬越"、"于越"、"南越"、"闽越"等等。春秋战国时期,江西境内的主要居民便是百越族。从考古发掘的文物来看,北到九江瑞昌,西到萍乡,东至贵溪,南到赣南,都发现了属于古越民族文化特征的遗址和遗物。③ 而考古学界普遍认为,"印纹陶文化"就是百越民族文化的共同特征之一。"印纹陶文化"

---

①　罗香林:《客家研究导论》,(台湾)南天书局1992年版,第106—107页。

②　参见林惠祥:《中国民族史(上册)》,商务印书馆2002年版。

③　参见陈文华、陈荣华主编:《江西通史》,江西人民出版社1999年版。

的发生、发展历史与百越民族的产生、发展和消亡的历史是大致相符的。① 1975年,在赣南于都县禾丰上湖塘遗址出土的陶片中有多组印纹陶纹饰。同年,赣县白鹭官村发现的商周遗址,印纹陶以细方格、云雷、曲折纹为多,组合纹样较少。而1993年省文物考古研究所和赣州地、市博物馆在对京九铁路沿线的赣州市沙石镇新路村竹园下商周遗址进行发掘中,发现了颇具特色的印纹陶鱼篓罐,以方格纹、曲折纹为主体纹样的装饰风格与江西吴城文化第三期和广东石峡遗址中层文化接近。② 这些印纹陶文化的发现,也印证了赣南先秦时期的土著居民就是百越族。

　　但是,和江南其他地方一样,赣南在先秦时期也受到楚文化的强烈影响。春秋战国时期,楚国一直是一支影响和控制江西地区的重要力量。大约在春秋中后期,楚人的势力就曾达到了江西的西北部和北部,而到战国时期,楚国国力渐强,并往南发展,逐渐控制了江西的许多地方。楚灭越时,曾逼使一部分于越人南迁,《史记·越王勾践世家》云:"越以此散,诸族子争立,或为王,或为君,滨于江南海上,朝服于楚。"与此同时,有相当一部分楚人随着征伐军队来到江西这一地区,建立他们的统治据点,与当地的土著居民竞争和融合。楚人是一个在文化上较越族先进的民族,他们的入赣,必然给赣南地区古代文化的发展以重大影响。如,楚人信巫,巫文化特别发达。《论语·子路》记孔子云:"南人有言曰:'人而无恒,不可以作巫、医。'善乎!"南人即楚人。可见,孔子这位儒宗也关注和赞赏楚巫。巫跟后起的宗教有所不同,尽管两者都是有神论,但宗教力图使神左右人,而巫术力图使人左右神。宗教的前提是人与天相分,巫术的前提是人与天相合。南方的自然环境和人文背景均十分适合巫文化的生长。所以,赣南受巫文化的影响也是久远和广泛的。直至明清时期,这种影响的遗风还比比皆在。如,清同治《赣州府志》卷二十《舆地志·风俗》云:"赣俗信巫。婚则用以押嫁,葬则用以押丧,有巫师角术之患。"而清同治《南安府志》卷之二"疆域·土俗"讲到当时大余的情况则是:"乃犹波靡楚俗,崇信巫鬼,至明张东海守郡教之学医,革其锢习,迷惘于是乎始觉。"

---

① 蒋炳钊:《东南民族研究》,厦门大学出版社2002年版,第69页。

② 赣南地方历史文化研究室:《赣南文物考古五十年》,《南方文物》2001年第4期,第101页。

战国时期，随着兼并战争的加剧，中原华夏文化圈的势力也迅速向长江流域、珠江流域和闽江流域广大地区扩张。公元前221年，秦翦灭六国，完成统一。世世代代生活在长、珠、闽地区的古越族，其统治地位发生了根本变化，并逐渐走向消亡。

秦汉时期，统治者对待百越各族，采取了不同的统治政策。其一是，强迫将越人从原住地向汉区迁徙。如，秦始皇统一于越后，"是时徙大越民置余杭伊攻口障，而乌程、余杭、黝、歙、芜湖、石城县以南，皆故大越徙民也"①。汉武帝对东越和闽越也采取了同样措施，"于是天子曰，东越狭多阻，闽越悍，数反复，诏军吏皆将其民徙处江淮间。东越地遂虚"②。其二是，采取移民实边政策，即强行把中原人迁徙到百越地区去，与越人杂处。如，秦始皇进兵岭南时，除派出五十万军队外，又于"三十三年（214），发诸尝逋亡人、赘婿、贾人略取陆梁地，为桂林、象郡、南海，以适遣戍"③。又派尉赵佗逾五岭攻百越，"尉佗知中国劳极，止王不来，使人上书，求女无夫家者三万人，以为士卒衣补。秦皇帝可其万五千人"④。此外，秦汉王朝还在岭南越人区设置郡县，派出官吏进行管理。汉族统治者入主越人区，汉人便大量迁入。至王莽时，又徙"中国罪人"杂处其间。随着汉人的不断迁入，汉文化在越人区得到传播。汉文化不仅代表当时统治者的思想意识，而且是一种比较先进的文化，它对越人的汉化过程起了积极的推动作用。总之，由于秦汉的全国统一，在封建集权制的统治下，百越族有的被汉族强迫同化，成为当地汉族的一个重要来源；有的则发展成为其他少数民族。因此，百越民族名称自汉以后在史书上便逐渐消失了。然而，作为"百越"的后裔仍有一部分继续繁衍下来。由于历史的发展变化，他们则演变为现在的一些少数民族了。

魏晋南北朝至唐宋时期，在一些历史文献中，常常提到赣、闽、粤山区有"山都"、"木客"。如，晋郭璞在《山海经注》中，就说到当时赣南一带，把秦汉时的"赣巨人"，叫作"山都"。⑤

---

① 《越绝书·越绝外传》。
② 《史记》卷114《东越列传》，中华书局1959年版，第2984页。
③ 《史记》卷6《秦始皇本纪》，中华书局1959年版，第253页。
④ 《史记》卷118《淮南衡山列传》，中华书局1959年版，第3086页。
⑤ 《山海经·海内南经》第十，郭璞注。

又如,宋乐史《太平寰宇记》引南北朝时雩都人邓德明《南康记》的记载说,雩都盘古山北五十里有石山,上有玉台,方广数十丈,又有自然石室如屋形。风雨之后,景气明净,颇闻山上鼓吹之声,山都木客为其舞唱之节。①

宋李昉《太平御览》引《舆地志》的记载说,赣县上洛山(今属兴国)多木客,样子像人,说话的声音也像人,远远可以看见他,走近时他就躲起来了。能砍杉枋,聚居于高山峻岭之上。会与汉人交市,用木头换汉人的刀斧。交易的时候,你把东西放在枋下,然后躲开来。一会儿,木客就会来取东西,把枋卸下来给交易人,随便东西多少,特别信直而不欺诈。有人死了,他们也会哭泣殡葬,曾经有走山路的汉人碰到了他们的葬日,他们就拿出酒食来招待这个过路人。②

又引南北朝时著名科学家祖冲之《述异记》说,南康和赣县均有山都,在深山树中作巢居住,隐身,难得看见他们。并记载了一个故事:赣县西北十五里有古塘,名余公塘,上有大梓树,约二十围,树老中空,有山都巢。宋元嘉元年,县治民哀道训、道虚兄弟二人伐倒此树,取巢还家。被山都看见了,对二人说,我处在荒野,碍你们什么事? 大木材有的是,难道还不够用? 树上有我的窝,而你们却故意把它砍倒了。今天我要报复,把你们的房子烧掉! 果然,至深夜二更中,内外屋一时火起,整个房子被焚烧荡尽。③

此外,《太平寰宇记》还记载说,唐末时,木客尝就民间饮酒为诗:"酒尽君莫沽,壶顷我当发,城市多嚣尘,还山弄明月。"对此,宋大诗人苏东坡《八境图》诗之八亦云:"回峰乱嶂郁参差,云外高人世得知。谁向空中弄明月,山中木客解吟诗。"可见,直到唐宋时期,赣南地域仍有山都木客活动的踪迹。

不仅赣南有山都木客,据有关资料的记载,山都木客还广泛分布于福建、江西、广东、安徽、浙江、湖南、广西和四川等省,尤以闽粤赣交接的客家基本住地最为活跃。其生活特点是:居深山密林间,有树居也有室居的,少与他人接触,即所谓隐形。其身体特征,有的记载身材高大,有的说个子矮小,肤色黝黑。能劳动,会制木器;有语言和婚丧习俗。使用乐器,善歌舞以及喜吃虾蟹等。可见,山都木客明显是人,而不是神鬼怪物!

---

① 见宋乐史:《太平寰宇记》卷180《江南西道六·虔州·雩都县》。
② 见宋李昉:《太平御览》卷48《上洛山》。
③ 见宋李昉:《太平御览》卷884"神鬼部"四。

学者们根据历史文献往往山都木客并称,且所记山都、木客的居住特点、身体特征、经济生活均相同等信息,认为山都木客是同一个民族概念。虽然有的书上只言山都,有的只称木客,有的山都木客并称,但从未见过有倒称"木客山都"的。所以,山都木客是全称,其他为简称,并不是指两个不同的民族。[①]

那么,山都木客为何族属呢?

学者们经过研究,认为山都木客的来源同古代越族有关。因为,其一,早在汉代的文献中,就明确记载了木客是越国的伐木工人,长期被调往外地伐木,终不得归,而被称为木客。[②]其二,从山都木客的分布地域看,主要在南方诸省,这些地区正是古代百越分布的范围。其三,从文化特征看,山都木客与古越族有着密切的渊源关系。所以,山都木客是古越族的后裔,是一个现已消亡了的古代民族。从其活动的历史看,唐宋时代记载较多,明代只有广西有木客记载,其他地区已不见了,这可能已被同化到汉族和其他民族中去了。

由上可知,古越族与山都木客均是赣、闽、粤客家基本住地历史上不同时期原住居民的名称;他们受南迁北方汉族文化的影响而与时俱变,以至最后为汉族文化所完全同化,成为客家民系的一因子。从这个意义上说,他们也是"客家先民"。

第二节　北风南渐与赣、闽、粤边区的初步开发

在中原文化从源地向四周扩散、传播的过程中,一个最为主要的趋向就是"北风南渐",即由北向南的传播。而在这一过程中,人口迁移是一个十分重要的因素。在古代社会,由于传播媒介和交通工具的局限,文化的传播和扩散在很大程度上依赖于人类自身的迁徙和流动。在我国历史上,这种人口迁徙往往导致文化从一个地区扩散、传播到另一个地区。汉文化圈扩大的每一环,几乎都与人口的迁移密不可分。

从公元前221年秦王朝建立开始,到公元220年东汉灭亡为止的400余年

---

① 参见蒋炳钊:《东南民族研究》,厦门大学出版社2002年版,第117—118页。

② 见汉袁康:《越绝书》卷八。

中,经历了秦(前221—前206)、西汉(前206—8)、东汉(25—220)三个朝代和一个短命的王莽政权(8—24)。这个时期是中国历史上特别重要的时代,也是北方汉人逐渐南迁,江南文化和岭南文化接受中原文化的影响并与之融合的重要时期。

一、汉民入迁与人文初兴

据有关史籍的记载,从秦代起,就有北方汉民涉足赣南。如秦始皇二十三年(前224),秦始皇命尉屠睢率50万大军分五路征岭南百越,其中一路就经赣南而进驻今梅岭"守南埜之界"。(《淮南子·人间训》)这批戍卒有无留居赣南并传下后裔,已无从稽考。西汉初,赣南已设南埜、赣县、雩都三县,三国时又新增揭阳、阳都、平阳、南安四县,共计七县。按理,"一地方至于创建县治,大致即可以表示该地开发已臻成熟"①,当时赣南地已设七县,表明有相当的人口数量,其中除了当地土著(古越族)外,自然亦有一定数量的汉族人口。但是,今天赣南已经找不到三国以前入居的老姓氏。我们只能从考古资料和地方志的传说资料中寻觅秦汉时期汉民的踪迹。

如,考古资料方面:1982年赣州地区文博部门在进行文物普查时,在大余池江长江村寨上发现许多汉代南埜古城遗物。1996年,又在城址旁边发现了一只变形的汉代青釉釜,首次发现赣南汉代窑址弃物。赣南的西汉墓没有完整的出土资料,仅1982年南康县蓉江镇杉树岭西汉土坑墓出土了一批硬陶青釉四方壶等。东汉墓葬则在赣南发现较多。比较重要的有:1980年在赣州市蟠龙镇武陵狮子山清理发掘的东汉初墓葬,其墓画像砖上印有:二骑二从的官吏武士出行图及一官吏盘腿端坐,侍女跪地执扇,旁立武士,一人匍匐朝拜的两幅图案,反映了墓主人的生前地位。据考,墓主人当是食三百石的赣县县官。1995年赣州地区博物馆在定南蕉坑清理发掘一座东汉墓,墓曾被盗,仅得一枚陶纺轮,但墓画像砖上印的虬须人面图案,却十分精彩。1996年在南康三益荒塘清理发掘的东汉晚期墓葬,出土了一批珍贵的青铜器,其精美程度当为赣南之冠。从出土推断,

---

① 谭其骧:《浙江省历代行政区域——兼论浙江各地区的开发过程》,《长水集》(上),人民出版社1987年版,第422页。

墓主人应是当地贵族。[①]

　　传说资料方面,如,明宋濂《江东庙记》记载了赣地一个名叫石固的人,生于秦代,死了以后,能发祥为神。于是百姓立庙祭祀他。庙叫圣济庙(现赣州城区江东庙),初兴于赣地,后流布于四方,所在郡多有之。[②] 清光绪《赣州府志》"人物志·仙释"记载了一个名叫刘瑶英的人,生于秦朝末年。跟随父亲刘华避乱至石城琉璃山,因吞食异果,容貌顿改。于是独自一人栖居于县城西二十里的山上,常跨一白鹤往来,后竟成仙而去。因此,名其山为"仙姑岭"[③]。清光绪《宁都直隶州志》"山川志"则记载了一个关于宁都金精山的故事。故事说,汉时里人张芒有个女儿叫丽英,十五岁入山得道,长沙王吴芮听说后要娶她为妻。丽英不同意,于是升到高处骗吴芮说:山中有石室,中间有洞能通天,如果你能把它凿开,我们就能相见。于是,吴芮大举发兵攻凿。终于把洞凿通了,只见一女子乘紫云在半空中说:"我是金星之精,下到凡间治理此山。"说完飘然而去。山因此而名金精山。[④]

　　以上几则虽系传说故事,却也传递出秦汉时期赣南地域汉人居住的有关信息,弥足珍视。

　　继秦汉四百多年的大统一局面后,历史进入了三国两晋南北朝时期。这是一个战乱频繁、分裂割据的动荡的时代。为避战乱,出现了中国历史上第一次中原人民南迁的高潮。这次中原移民南迁持续的时间长,人数多,影响也十分深远。

　　西晋后期,统治集团已极度腐朽,贪污、奢侈、荒淫、抢夺、残杀等,一时司空见惯。司马氏集团横行险诈,贾后专权,政治十分黑暗。晋武帝死后,宫廷内大乱,后又扩大为诸王之间的混战,史称"八王之乱"。"八王之乱"以后,匈奴贵族刘氏趁虚侵入中原,公元311年,攻占洛阳,俘晋怀帝;公元316年,又攻破长安,俘晋愍帝,西晋灭亡。此后,北方陷入十六国大乱,南方则是东晋王朝偏安江左,再后来是南北朝对峙,使中国北方陷入300年的战乱和分裂,给黄河流域人民带

---

① 赣南地方历史文化研究室:《赣南文物考古五十年》,《南方文物》2001年第4期,第102页。
② 参见宋濂:《江东庙记》,载嘉靖《赣州府志》卷11《艺文志》,第41—45页。
③ 参见光绪《赣州府志》卷60《人物志·仙释》,第1708页。
④ 参见光绪《宁都直隶州志》卷5《山川志》,第111页。

来了深重的灾难。在战乱中，出现"人相食，死者大半"①的惨状。卖人为奴婢、奔逃流徙的现象更是十分普遍："人多饥乏，更相鬻卖，奔进流移，不可胜数。"②为了逃避战祸，中原人民纷纷携家往南迁徙。这些"流人"，除了平民百姓外，还有不少世家望族："东晋南朝，衣冠望族向南而迁，占籍各郡。"③"闽越遐阻，僻在一隅，永嘉之后，帝室东迁，衣冠避难，多所萃止。"④这些"衣冠望族"，来自陕西、山西、河北、河南、山东、安徽等地，是魏晋以来形成的上层贵族阶层的士族地主，其中有一些是两晋统治集团的成员。他们在战祸中，不仅无法维持名门世家的地位，而且随时有杀身之祸，因而不得已举家南迁，落籍江南乃至岭南。

据对客家姓氏谱籍资料的调查，发现目前客家地域最古老的姓氏就是从晋代开始入居的。如：

宁都赖氏，据桴源忠诚公墓碑及《松阳赖氏重修族谱》载：西晋"永嘉之乱"，赖功行之子赖忠诚从浙江处州迁高山丛林的肖田桴源，是宁都有文字可查的最早南迁中原汉民。其玄孙光公由桴源官任浙江松阳，遇公为江东太守，赖姓始改松阳郡。硕公字仲方，官任太常少卿，于东晋末又避乱辞官归隐桴源。南朝元嘉初因遭水患，仲方漂流至雪竹坪（今梅江镇）定居。这是宁都县城最早的开基姓氏。⑤

石城郑氏，据石城《井溪村郑氏六修族谱》载："晋怀帝五年，海内大乱，独江东差安，中国士民避乱者多南迁奔吴，（郑氏）避居豫章西山龙园梅井坪"，至"晋义熙八年壬子（412），兄弟迁南康郡揭阳县石鼓逯速（今石城小松镇脑）……后移居南桥岭"。这是石城现存最古老的姓氏。

又据赖际熙《崇正同人系谱》卷2《氏族》"钟氏"条载："东晋末，有钟简者，世居颍州，生三子：长曰善，次曰圣，三曰贤。元熙二年（420），避寇南迁……贤则徙居江西赣州。"钟氏在赣州居住了一个时期，后移居宁化石壁，成为钟氏入闽始祖。

---

①　《晋书·孝愍帝纪》。
②　《晋书·食货志》。
③　道光《广东通志》卷92。
④　马端临：《文献通考·舆地考》。
⑤　赖启华主编：《早期客家摇篮——宁都》，中华国际出版社2000年版，第39页。

二、唐以前入迁汉民综述

整个南北朝时期直至唐初,由于政治动荡,不断有北方汉民流入客家地区。如:钟氏,其先人本为中原世家大族,因避"五胡之乱"而南迁,侨居金陵(今南京)。南朝时,因"侯景之乱",钟氏再度南迁,其中一支转辗来到虔州(赣州)孝义坊(今孝义巷),后又迁居兴国篮田里。[①]

又如:南康蓉江镇东门村秋千坪袁氏、岭背奚氏都是隋末从河南迁入的。(新编《南康县志》)宁都管氏,始祖石码公于唐前期从浙江龙泉县徙肖田带源开基;卢氏,宗泰公于唐开元癸丑年(713)从湖南桃源县徙居怀德乡清音里韶坊(即洛口麻田);蒙氏,富一公于唐贞观五年(631)从东蒙山(在山东)徙虔化县,其云公于唐大和年间(823—835)移居赖村蒙坊;宁氏,显凝公于唐开元年间(713—741)从建宁县宁家源徙小布梨树排。[②]廖氏,唐贞观年间由山西迁浙江,再迁今宁都县城西门鹅鸭塘;邱氏,唐开元年间由河南洛阳迁今宁都洛口乡灵村定居。[③]石城温氏,唐开元年间温㓤为虔化令,有惠政,百姓戴之,遂家于万田;居六世,少四郎于唐开成元年(836)徙石城丰义。朱氏,世居河南亳州,三十九世牧于唐开元十七年(729)迁虔州郁孤台下,后因寇乱避于石城之耸冈。此外,因为石城位于赣闽两省交界的武夷山脉中段西麓,与福建长汀、宁化两县隔山而居,自古以来是进入闽西北直至粤东的主要通道,素有"闽粤通衢"之称,所以,不少姓氏曾在石城驻足或繁衍数代,再外迁的。如:黄、刘、张、李、邓、许、吴、曾、王、何、谢、周、杨、朱、白、邹、傅、巫、范、程、钟、余、连、黎、彭、宋、蔡等姓氏都曾于唐代迁入石城,后外迁,复于宋明时期迁入石城的。[④]

在文物考古方面,这一时期的墓葬发掘也逐渐增多。如,1980年在兴国永丰马良发现一座东晋墓,出土的花纹砖上印有"平固令"、"寿六十岁功臣平固令"、"府君"等铭文。根据《兴国县志》"晋武帝太康元年置平固县"的记载,考知该墓主人即为东晋平固县的县令。南朝墓葬,在赣州市河东片的章贡区、赣

[①] 梅州客家联谊会办公室编:《客家姓氏渊源》第一集,1989年版,第203页。

[②] 以上参见丘常松编撰:《宁都姓氏考略》,江西省地名学研究会,1988年12月印。

[③] 参见赖启华主编:《早期客家摇篮——宁都》,中华国际出版社2000年版,第37—40页。

[④] 参见朱祖振编撰:《石城客家姓氏》第一部分"石城客家姓氏源流考略",石城县档案史志馆1993年版。

县、于都、兴国、宁都、会昌,以及河西片的大余、上犹、信丰等县均有发现,且以纪年墓较多。如:赣县白鹭官村的齐建武四年(497)方氏墓、储潭乡罗溪村宋景平年(423—424)胡氏墓、上高村宋元嘉七年(430)胡氏墓;于都石上乡池布村大同七年(541)梁朝墓;兴国大明六年(462)南朝宋墓、永明二年(484)南朝齐墓、天监十六年(517)南朝梁墓等等。①

　　这一时期,官方文献也开始有了关于赣南方面人口资料的单列记载,其中最早的是西晋太康年间的统计。当时赣南已设立南康郡,治所在雩都。据《晋书·地理志》的记载,太康三年,南康郡在籍户口1400户,人口失考。时南康郡下辖赣、雩都、平固、南康、揭阳五县,每县平均户数为280户。而当时全国每县平均户数为2037.68户,南康郡所在的扬州每县平均户数1794.22户,相邻的庐陵郡每县平均户数则为1220户,均大大超过南康郡的每县平均户数,可见当时赣南人口尚少! 到南朝刘宋大明八年(464),南康郡有户数4493户,口数34684口。时南康郡下辖7县,每县平均户数为641.86户,比全国每县平均户数743.42户尚差一百来户。而到隋大业五年(609),南康郡户数已上升为11168户,较两晋和南朝时期有了较大的增长。②

　　这一时期,赣南开始有了被载于史籍的文化名人。如,邓德明,南朝刘宋时期南康郡(今赣州)人。他自幼刻苦求学,曾于宋文帝元嘉末(约445)不远千里,投师于当时的著名学者、豫章(今南昌)人雷次宗名下,从此学业大进,以广闻博识、贯通古今见称。他以毕生精力写成《南康记》一书,以《尚书·禹贡》为据,参考后世有关山经水志方面的著作,兼用考据、叙述、描写、议论等方法,综合介绍了家乡南康(今赣州)的山川胜迹、自然景物、社会风俗,以至奇闻轶事。这是一部赣南最早的山水人文志。明代天启年间郡人谢诏主编的《赣州府志》盛赞此书为"此邦文献之冠",称邓德明为赣州全境第一个学者,把他列于《赣州府志·文苑》之首。

　　然而,综合以上诸方面的资料,我们可以看出,就整体来说,两晋南朝直至唐以前,迁入赣南的北方汉民是零散的,且"人数无多"③,对于"地大山深"的赣南

　　①　以上参见赣南地方历史文化研究室撰:《赣南文物考古五十年》,《南方文物》2001年第4期。
　　②　梁方仲:《中国历代户口、田地、田赋统计》,上海人民出版社1980年版。
　　③　罗香林:《客家源流考》,中国华侨出版公司1989年版。

来说,唐以前的人口是稀少的,其开发是很不够的。无怪乎清顺治年间为《赣州府志》(谢志)作序的分守岭北道道台大人汤斌在着意描绘了赣南的形胜"赣之为郡,处江右上游,地大山深,疆隅绣错,握闽楚之枢纽,扼百粤之咽喉"以后,不无伤感,叹曰:"汉唐以前,率以荒服视之!"其言其叹未免偏颇,却也道出了唐以前赣南的荒凉程度。

三、唐代前期赣、闽、粤边的开发

在赣、闽、粤三角区中,赣南因为地处北端而较早接受到中原文化的影响。但赣南得到较大开发则是从唐代开始的,这与大庾岭古道的凿拓是紧密相关的。

大庾岭又名台岭、东峤、连溪山、塞岭、梅岭、凉热山,位于大余县西南 25 里,赣粤分界岭,素有"江广襟喉"①之称。岭巅的梅关是古代中原通往岭南的第一座关隘,地理位置十分险要。民国 8 年版《大余县志》序文论此地形险要时云:"庾岭蜿蜒,形胜天堑。一夫当关,万夫莫敌,伊古兵学家,谓之赣南之门户。"秦始皇统一六国后,派大军进攻南越,其中一路军队"守南壄之界",在此开辟一条

大余梅关古驿道

---

① 周礼:《重修梅岭路记》,载同治《南安府志》卷 19《艺文(二)》,第 485 页。

通道,驻扎军队,将此山作为军事要塞,秦人称之为塞岭。从此,大庾岭路得以开通。由秦汉至南朝,大庾山路不断地开拓行走,成了沟通岭南岭北的交通要道。

隋朝统一后,出于政治和经济上的需要,征发大量民力物力,开凿大运河,沟通了黄河与长江水系,成为南北交通的大动脉。长江是横贯东西中部的交通干线,由于大运河的开凿,我国运销国外的商品由原来从古都长安运往西域诸国之商道改从中原沿大运河南下,经扬州溯长江入鄱阳湖,逆赣江过庾岭顺浈水入广州。这条水道北起通州,南达广州,是长安与岭南联系的主道。

唐代,我国封建社会经济进入高度繁荣发展时期,中国与世界各国商贸交往更加频繁,"海外诸国,日以通商"①,广州港逐渐成为全国对外贸易的大都会和重要港口。从中原经过江西境内运往广州的商品必须经过大庾岭通道。然而,当时大庾岭山路崎岖难行的状况并没有大的改变,"人苦峻极……以载则曾不容轨,以运则负之以背",商旅过往十分不便,已不能适应南北交往的需要。于是,唐朝政府决定凿拓大庾岭驿路。受命主持这项工程的是客家先贤、韶州曲江人张九龄(676—740)。张九龄于武则天时进士及第,是唐代著名的政治家和诗人,在唐玄宗时历任要职,曾做过宰相。因家住大庾岭南面,赴京城科考和做官都要经过大庾岭古道,因此,张九龄熟悉大庾岭地形,并对这条古道阻塞的困境有切肤之痛。出于为国家发展建功立业和为家乡人民做点实事的双重使命感,玄宗开元四年(716),时任左拾遗、内供奉官的张九龄上书皇帝,建议新辟大庾岭驿路。玄宗皇帝准其奏,并任其为开路主管。张九龄受命后,即"缘磴道,披灌丛,相其山谷之宜,革其坂险之故",进行实地勘测。又乘冬季农闲期间,征调农民服役,抓紧施工,终于开出了一条新道(大梅关)。这条新道全长30多里,路宽5丈,并在路旁植树,使公私贩运大为改观,于是乎"坦坦而方五轨,阗阗而走四通;转输以之化劳,高深为之失险",大大方便行走与运输了。由于岭路的拓宽,使赣江与大庾岭的水陆联运更加顺畅,因之赣江航运与北江航运的联系也就更趋紧密了。

赣江航道上还有赣石险滩,即赣县至万安之间的十八滩,是舟船航行的一大障碍。凡来往船只均需雇请赣石水工,才能比较有把握地通过。德宗贞元初

---

① 苏诜:《开凿大庾岭路序》,载同治《南安府志》卷18《艺文(一)》,第416页。

(785)，虔州刺史路应，"凿赣石梗险，以通舟道"，使"赣石三百里，沿洄千障间"的滩石航道，更为安全些了。

赣江航道畅通了，北接长江航运，南联大庾岭驿路，从广州经洪州至扬州，转运河西至洛阳，入关至长安，这条交通主干道便全线贯通，于是南北联系更加密切，中原经济文化对江南乃至岭南的影响愈加明显。作为这条交通要道必经地区的虔州，开始有了较大的开发。

唐初，虔州辖赣、虔化、南康、雩都4县，太宗贞观年间只有户口8994户（据639年统计）。而到天宝年间（742—755），则增至37647户①，较前增加了四倍多。以旧有的4县统领显然显得太松散，于是就有了新县之设。高宗永淳元年（682），析南康更置南安县，"以其地接岭南，人安物阜，谓之南安"②。玄宗天宝元年（742）统一全国县名，因泉州（今福建）有南安县，改名信丰，取"人信物丰"之义。经济发展，人口增殖是南安（信丰）设县的重要原因。到中宗神龙元年（705），以南安地域过广，遂割南安县地置大庾（今大余），以其"当五岭之一也"③，意在加强对梅岭边上过往商人的管理。安远析自雩都，原因是"雩都是以地辟人稀，每有赋徭，动逾星岁"，贞元四年（788），刺史路应奏请析雩都三乡并信丰一里再置。④

随着经济的发展和人口的增长，唐前期，赣南"始有士"，在科考上有了起色，出现了影响全国的政治人物和文化名人。如：

钟绍京，字可大，唐代赣县人（后籍兴国），系三国时著名书法家、魏国太傅钟繇的十五世孙，工书法，人比钟繇，号称"小钟"。其远祖本为中原世家大族，因避"五胡之乱"而南迁，侨居金陵（今南京）。南朝时，因"侯景之乱"，钟氏再度南迁，其中一支辗转来到虔州（赣州）孝义坊，后又迁居今兴国篮田里。钟绍京于武则天时入朝做官，初为司农录事，因书法出众，旋被擅长书法的礼部尚书裴行俭荐入凤阁（武则天当政时的中书省）当差，专为朝廷题写宫殿门榜匾额。中宗景龙年间，又被提升为宫苑总监（从五品），虽官位不高，但既入内廷，便为

①　《旧唐书》卷40《地理志》。
②　乐史：《太平寰宇记》卷180"江南西道六"。
③　乐史：《太平寰宇记》卷180《江南西道六》。
④　参见《新唐书》卷41《地理志》。

他了解朝政,日后参与机要创造了条件。当时,中宗懦弱,韦皇后与武三思相与勾结,操纵朝政,毒死中宗,企图效仿武则天,由韦后当女皇。钟绍京身处宫苑,把这一切看在眼里,藏在心里。时临淄王李隆基英武有大志,见绍京机智可用,遂阴与之谋,抢先行动,攻入太极殿,诛灭韦后及其党羽,恢复了唐睿宗李旦的帝位。当晚,钟绍京因功晋封为中书侍郎,参与机要事务的决策。次日,又进拜中书令,封越国公,成为唐代江南第一位宰相。钟绍京死后归葬乡里,现兴国仍存钟绍京墓和越国公祠。

江南第一宰相兴国钟绍京墓

綦毋潜,字孝通,南康县人,开元十四年(726)进士。授宜寿(今陕西周至)尉,迁左拾遗,终官著作郎。他不仅是江西全省第一个进士及第的著名诗人,而且也是唐代的著名诗人,《全唐诗》收录他的诗计1卷,共26首;《河岳英灵集》则录6首,在唐代诗坛获得了殊荣。

闽西与赣南毗邻,亦为山区地带。这里河流众多,经江西南丰和抚州入鄱阳湖的抚河,以及经闽中明溪、三明而入闽江的沙溪,其源头都在宁化县境。赣江东源的贡水和经闽西长汀、上杭、永定而入广东大埔成为韩江的汀江,其源头则在古长汀县境。① 虽有武夷山之隔,但自古赣南、闽西两地交通便利。仅陆路而言,从赣南东端的石城县城至闽西,就有三条大路:一条自南门二十五里至大畲

---

① 同治《赣州府志》卷6《舆地志·水》云:"贡水之源,发于汀州之新乐山(今属赣州瑞金和石城)",第231页。

桥宁化县交界,为东陆大路;一条自南门九十五里至迳口长汀县黄竹岭交界,为南陆大路;还有一条自东门五十五里至宁化堑头交界。① 而瑞金地近闽、广,"有黄沙隘路通汀州,平坦可据以守;其车断、陈峯、日东、黄竹、湖陂、平地六隘,路通长汀等县;桐木、新中、新迳、蹋迳、桃杨五隘,路通武平等县"②。这些通道,把赣南闽西紧紧联系在一起,虽有地界之分,但在文化地理上却是你中有我,我中有你。闽西设治迟于赣南,西晋时始设县治。至唐代,正式置汀州。玄宗开元年间,汀州领长汀、宁化二县,有户4680户③,亦有了一定的开发。

粤东的河源虽早在秦时已置龙川县,但河源历史上曾经是越人居住区,又在很长的时期里隶属南海郡,越文化的影响深远,以致首任龙川县令赵佗后来也自称"蛮夷大长"④,接受了越文化。因此,秦置龙川至唐代的历史过程并不直接催生客家文化。⑤ 而据有关史志的记载,处于比闽赣边区更纵深的山区地域的梅州,直到唐代中叶,仍处于比较荒野的状态,所谓"人烟稀少,林菁深密,野象横行,鳄鱼肆虐,瘴气熏人"。这里跟潮州一带一样,主要居民是"蛮僚"(畲族的前身),汉人极少。如唐名相李德裕于唐宣宗大中二年(848)被贬潮州路经此地,曾用"五月畲田收火米"的诗句来描述这些土著居民的古老生产耕作方式。⑥ 说明这一地区的开发迟于赣南和闽西。

第三节　中原战乱与客家先民的大批南迁

目前,学界一种主导的观点认为,客家民系至迟在南宋时已经初步形成。在客家民系形成之前,历史上渐次南下进入赣、闽、粤三角区的北来汉民,我们称之为"客家先民"。

唐中后期至五代,先后发生了安史之乱、唐末农民大起义和五代纷争等重大

---

① 见道光《石城县志》卷1《舆地志·疆域》,第18页。
② 道光《宁都直隶州志》卷3《形势志·瑞金县·隘所》,第68页。
③ 见《太平寰宇记》。
④ 《史记》卷113《南越列传第五十三》,中华书局1959年版,第297页。
⑤ 参见罗勇:《河源古域与客家文化建构》,《第二十三届世界客属恳亲大会国际客家文化学术研讨会论文集》,黑龙江人民出版社2010年版,第218—224页。
⑥ 李栢林:《梅州史迹纵览》,广东人民出版社1989年版,第24页。

变乱,由此造成西晋丧乱以来的第二次移民高潮,也为客家先民的大批进入客家地区带来了契机。

在赣、闽、粤边客家大本营中,地处赣江源头的赣南因其"南抚百越,北望中州"、"据五岭之要会,扼赣、闽、粤湘之咽喉"的重要地理位置,成为接纳北来客家先民的第一站。

一、安史之乱与北民的南迁

唐玄宗后期,由于陶醉于"开元盛世"的巨大成功,已经丧失了前期励精图治的作风,开始滋长了骄傲情绪和享乐思想。742 年,唐玄宗改元"天宝",进尊号为"开元天宝圣文神武皇帝",并虚构了天赐灵符的奇迹,以表示自己深受神佑,能文能武,能圣能神。这些做法,反映了他在思想上已丧失了政治警惕,认为可以无忧无虑地把自己的统治继续下去。晚年的唐玄宗不再愿意过问政事,听任李林甫擅权,自己只想安逸享乐。天宝三年(744),玄宗纳杨太真为贵妃,更加沉溺于声色之中,过着"春宵苦短日高起,从此君王不早朝"的腐化生活。

杨贵妃的三个姐姐和两个堂兄都被赐第京师。不学无术的杨国忠官至宰相,身兼四十余职,整天发号施令,胡乱处理朝政。由于杨国忠与李林甫不和,相互拆台,勾心斗角,搞得朝政乌烟瘴气。

唐玄宗晚年最大的社会问题是边镇的军事力量不断扩大。唐朝从高宗以来,边疆一直有重兵屯戍。到玄宗统治前期,为了加强边疆的防御,又在边境的若干重要地区增设军镇。军镇管辖几个州,主将叫作节度使。节度使起初只管军事,后来兼管行政和财政,权力很大,他们是和宰相地位相近的重臣。宰相往往出任节度使,节度使有功也往往入朝作宰相,这就是所谓的"出将入相"。天宝初年,边境的十个节度使共拥兵四十九万,而唐中央禁军不过十二万。

那时候,一身兼任平卢(治所在营州,今辽宁朝阳)、范阳(治所在幽州,今北京市)、河东(治所在太原,今山西太原市西南)三镇节度使的安禄山,拥兵 18 万,势力雄厚。安禄山的父亲是西域人,母亲是突厥族人。他曾几次入长安朝见唐玄宗,并被杨贵妃收为养子。安禄山看到唐朝中央政治腐败,内地兵力空虚,玄宗整日在宫中饮酒作乐,认为有机可乘,阴谋叛乱,夺取唐朝的天下。他一面常常向玄宗进贡财物,并总是说"无异材可用,愿以身为陛下死",骗取玄宗的信任;另一面却暗中招兵买马,准备反叛。安禄山在范阳修筑了一座雄武城,用来收藏兵器和粮食,还大量扩充军队,收编北方少数民族的降兵,又从中挑选骁勇善战的青年八千人做亲兵,畜养高大健壮的战马几万匹。他用胡将代替汉将,也收用一些汉族地主,为他策划叛乱。

天宝十四年(755)冬,安禄山举兵范阳,以奉密旨讨杨国忠为名,率 15 万叛军南下。

"渔阳鼙鼓动地来,惊破霓裳羽衣曲。"承平日久的局面被猝然打破,无论对统治者还是对广大人民来说,事变都来得很突然,引起了他们心理上的极大恐慌。唐玄宗得到了军报,还以为是假的,不相信安禄山真会反叛。叛军长驱直下,淡漠了战备意识的河北各地陷于混乱。叛军很快就渡过了黄河,不过三个月的时间,安禄山占领了洛阳,自称大燕皇帝,公开建立起了割据政权。

安史之乱前后经历了 8 年之久,战乱几乎遍及整个黄河中下游地区。叛军所到之处,烧杀掳掠,对北方造成极大的危害,"大兵之后,民无畜积,饿殍相枕"①,"人多逃窜他邑以避祸"②,"编户转徙,庐井半空"③。黄淮地区"人烟断绝,千里萧条",几乎成了荒原。大诗人李白当时正辗转江南一带,亲眼目睹了这一情景,他在诗中描绘道:"三川北虏乱如麻,四海南奔似永嘉。"④不管是官宦人家,还是平民百姓,纷纷南迁避难。

叛军曾有过南下江淮的打算。但是,其东线被挡在了睢阳。当时,真源(今河南鹿邑)县令张巡与睢阳(今河南商丘)太守许远合兵死守睢阳,使"贼锋挫衄,不至江淮"。其西线亦受阻于襄阳,使"南夏得以保全",对阻挡叛军南下起了重要作用。于是,避难的北方移民便在淮汉以南各地驻足下来。

江西地处长江中下游交界的南岸,北接湖北和安徽,它作为这股南来的人流落脚重要地区之一,吸引了大量的人口。有学者指出,经过安史之乱,江南地区的人口普遍上升,其中江西境内增长1/4。⑤

江西成为"安史之乱"后移民聚集区之一,其中一个最明显的标志就是户口

————————

①　《册府元龟》卷406《将帅部·清俭》。

②　《旧唐书》卷122《曲环传》。

③　《册府元龟》卷678《牧宋部·兴得》。

④　《永王东巡歌十一首》之二,载《全唐诗》卷167。

⑤　胡焕庸、张善余:《中国人口地理》,华东师范大学出版社1984年版。

数有了增加。唐李吉甫的《元和郡县图志》记下了有关唐后期分州户口的珍贵资料。就江西而言,洪、吉、饶 3 州及新置的信州户口在开元(713—741)、元和(806—820)之际的变化具有典型意义,反映出北人迁赣之所趋:

洪州,开元年间 55405 户,元和年间 91129 户。吉州,开元年间 34481 户,元和年间 41025 户。饶州,开元年间 14062 户,元和年间 46116 户。信州,开元年间尚未设州,元和年间 28711 户。

洪州元和比开元之际增 35000 余户,净增数达 64% ;到贞元十六年洪州刺史李巽鉴于户口激增的情况,奏请分武宁县西界置分宁(今修水)县,这与北方人口南来促使这一地区人口增加有着密切的关系。

饶州位于赣东北鄱江和信江流域,自安史之乱第四年,即乾元元年(758)至永泰元年(765),这里接连分置了上饶、永丰、贵溪 3 县,这 3 县合以饶州的弋阳县与衢州(今浙江衢县)的玉山县建立一个新州——信州。天宝间饶州有户 4 万挂零,到元和时期,饶、信 2 州合计有户近 75000 户,以开元间饶州的地域范围计,元和时户数净增 83% 之多。

吉州位于赣江中游。吉泰盆地是著名的产粮区,也吸引了不少南来的北方移民,其元和户口比开元户口增加近 10% 。

洪州和饶州增设的新县都位于山区,即集中在信江和修水的上游,这一方面说明山区是避乱的理想之所,同时也表明,洪、饶 2 州所在的鄱阳湖周围平原地区开发程度已较高,人口也较密集,所以新来移民遂聚居于条件稍差的山区。这一流动趋向在五代及宋朝仍在延续。洪、饶、吉 3 州面积占赣中赣北的 2/3,又地处江西条件最好的农业区域,元和间这 3 州户口的大量增加,表明安史之乱期间有大批北方移民到此定居。① 他们成为"客家先民"的直接源头之一。

而同一时期,江西南部的虔州户口反而减少,从天宝年间的 37647 户减少到元和年间的 26260 户,减少了 11000 多户。对照同一时期全国户数由天宝十四年(755)的 8914709 户,减少至元和十五年(820)的 2375499 户,元和户数只及天宝时的 26% ,而虔州元和户数为天宝户数的 69% ,下降幅度远较全国平均水

---

①　陈文华、陈荣华:《江西通史》,江西人民出版社 1999 年版,第 202—206 页。

平低。① 这一方面说明，这一时期赣南户口的减少与唐朝经济由盛转衰的大背景是一致的；另一方面也可以看出，其时赣南受战乱影响较小，非正常死亡和逃离的较少，且还接受了一部分来自战祸最惨烈的中原和江淮的逃户。如：宁都曾氏，唐天宝年间由山东迁江西乐安再迁宁都东韶；宋氏，唐天宝年间由河南开封迁宁都湛田；朱氏，唐乾元年间（758—760）由河南迁抚州再迁宁都洛口；管氏，唐中期由山东迁浙江再迁宁都肖田带源；谭氏，唐元和年间（806—820）由山东迁抚州再迁宁都石上斫柴岗；黎氏，唐宝历年间（825—827）由陕西迁宁都东韶；古氏，唐文宗年间（827—840）由山西迁洪州再迁宁都县城；崔氏，唐会昌年间（841—846）由河北迁石城再迁宁都黄石营底；等等。② 他们都成为了"客家先民"的一部分。

二、唐末战乱与客家先民大批进入赣、闽、粤边

如果说，安史之乱引起的北民南徙的迁入地主要在江淮和赣中赣北，进入客家地区的尚属少数的话，那么，唐朝末年农民战争带来的移民则是大量进入到客家地区了。下面，就让我们来对这一过程作些具体的阐述。

经过安史之乱的打击，唐朝从此由盛转衰，朝政亦日趋腐败。唐朝后期，宦官在中央掌权，藩镇在地方割据，社会更加黑暗。随着土地兼并的加剧，大土地私有制不断发展，均田制已遭破坏。到唐末，大量土地集中于贵族、官僚之手，而全国半数以上农民失去土地，大批农民沦为逃户。唐懿宗咸通十四年（873），潼关以东直到海滨的广大地区遭大旱，小麦只有一半收成，秋粮几乎颗粒无收。入冬，农民只得吃草根、槐叶，很多人饿死。灾情这样重，官府却照样催逼赋税，加紧剥削，致使阶级矛盾迅速激化。当时，山东一带就流传着一首歌谣说："金色蛤蟆争努（怒）眼，翻却曹州（今山东曹县北）天下反。"③这预示着一场大规模的起义风暴就要来临。

唐僖宗乾符元年（874）春，濮州（今山东濮县东）私盐贩王仙芝首先在长垣（今属河南）起义，自称"天补均平大将军兼海内诸豪都统"，发布檄文，声讨官府

---

① 谢重光：《客家形成发展史纲》，华南理工大学出版社 2001 年版，第 44 页。
② 赖启华主编：《早期客家摇篮——宁都》，中华国际出版社 2000 年版，第 14—15 页。
③ 《旧唐书》卷 200（下）《黄巢传》。

的黑暗和赋役的沉重。冤句（今山东曹县北）人黄巢起兵响应，队伍发展到数万人，在王仙芝、黄巢领导下出山东，转战淮南荆襄间。王仙芝不幸战死，黄巢成为起义军的领袖，展开了更大范围的流动作战。农民军先南渡长江进入江西，进军虔（赣州）、吉（吉安）、饶（波阳县）、信（上饶）等州。又转抵浙东，开仙霞岭700里山路进入福建。接着攻占广州，稍事休整后挥师北上，向长安进军。到荆门（今属湖北）时受阻，又转战到江西。调整部署后，由采石（今安徽马鞍山西南）渡长江北上。攻下东都洛阳，又西破潼关，直入长安。起义军的纪律好，民众夹路观看，一点也不惊慌。黄巢的将领向民众宣告说：黄王起兵，是为拯救百姓，不像李家不爱惜你们，大家应当照常安居乐业。① 黄巢在长安即帝位，国号大齐。

因为起义军流动作战，没有建立根据地，不能巩固战果。起义军打了很多胜仗，但并没有完全解决唐朝的主力部队。在黄巢称帝的同时，唐朝已调集各路兵马，包围长安，使长安城里的粮食供应发生了严重困难。

僖宗广明二年（881），黄巢派兵进攻凤翔，想要打开被包围的困境，但被唐军打败。这时，起义军的组织已经涣散，手中有实力的各部首领开始各自为战，不听黄巢的指挥。原属起义军的朱温，率领部下叛投唐朝。唐朝又招来李克用的沙陀兵，配合作战。李克用于883年从山西省北部渡过黄河，攻下一些州县后，逼近长安。黄巢率领起义军残部往东退到河南，战斗了一段时间，又退到山东。僖宗中和四年（884），黄巢被围困于泰山狼虎谷，自刎而死，起义失败。

这次起义前后经历十年，转战半个中国，对社会的震荡是空前的。起义失败后，紧接着是藩镇之间的相互攻战和并吞，搞得国无宁日，这一情况在唐朝统治的中心区域——北方显得更为激烈。不堪忍受战争之祸的广大人民，只有避难逃亡。因此，由安史之乱造成的人口流动趋势一直在延续着。

黄巢农民军虽然两次进入江西，但均系流动性的，停留的时间很短，且波及面不大。第一次进军路线是：由北渡江至江州（九江），至洪州（南昌），再沿着赣江边至吉州、虔州；然后原路北返至洪州，又东折饶州、信州，再往浙江东而去。第二次由浙江进至饶州、信州，很快便北往安徽方向流走了。对于广大农村，特别是山区，几乎没有造成大的危害。所以，相对于中原和江淮来说，江西仍是较

---

① 《资治通鉴》卷254"广明元年十二月"。

为平安的区域,吸引了不少北方流人来此避难。如,赣境腹地的泰和县,当唐末战乱之际,"四方大姓避地者辐辏而至,曾自长沙,张自洛阳,陈、严、王、萧、刘、倪等族,皆自金陵而占籍焉,而生齿之繁,遂倍蓰于旧"①。

处于"地大山深"中的赣、闽、粤三角区,受战争影响更小。因为农民军在由浙江往福建、广东的流动过程中,越仙霞岭而直插建州,攻克福州;尔后循着漳州、潮州向广州方向流动。攻克广州后,因不服水土,又回军北上,经湖南、湖北而入中原。其进军路线均在赣、闽、粤三角区外围,这一区域可说是相安无事,堪称乐土。于是,大批移民从中原、江淮、荆襄乃至赣北赣中进入这一地区,成为了"客家先民"。而赣南处于赣、闽、粤三角区的北部,得接纳北来汉民之先,又成了"客家先民"南迁的第一站。正如罗香林先生所言:"其地址踞闽赣要冲,客家先民,人抵本自中原南下徙赣,再由赣徙闽,复由闽徙粤,其与宁化石壁发生寄居关系。"②如:

罗氏:"迨下唐僖宗之末,黄巢作乱,我祖仪贞公,致仕隐吉,因家吉丰。长子景新,徙赣州府宁都州(即今赣州市宁都县,此处名称错用——引者),历数十年,又迁闽省汀州府宁化县石壁村,成家立业。"(《江西罗氏大成谱》)

钟氏:"向公为江阴太守,时因军乱大变,自颍川逃难,在江西于都县竹子坝阱□乡住。后流在福建宁化县白虎村,安家乐业。"(《松口钟氏族谱》)

吴氏:蓉江迎恩坊吴姓因避黄巢之乱,由安徽凤阳迁虔州,宋隆兴中(1163—1164)复迁蓉江。(《南康吴氏族谱》)

孙中山的远祖孙誗,也是唐末因黄巢之乱迁居于宁都的,历五代至宋,子孙寝多,散布于赣、闽、粤各地。③ 现宁都县城边仍保存着孙誗墓。

又,宁都李氏,唐末由抚州迁东韶琳池;刘氏,唐末由陕西迁安福马迹;胡氏,唐末由永丰迁小布、黄陂;戴氏,唐末由金陵迁肖田坪湖岭;许氏,唐末由金陵迁石城乌都陀;严氏,唐末由浙江迁洛口厚田。④

兴国王氏,唐末从吉安富田迁高兴小春;刘氏,唐末从福建迁社富东韶。⑤

---

① 光绪《泰和县志》卷6《户役》。
② 罗香林:《唐代黄巢变乱与宁化石壁村》,《说文月刊》第四卷合刊本。
③ 参见《宁都富春孙氏伯房十二修族谱》卷首《大王房分支源流便览》。
④ 赖启华主编:《早期客家摇篮——宁都》,中华国际出版社2000年版,第35、38、41、45、55页。
⑤ 《江西省兴国县地名志》,兴国县地名办公室编印,内部发行,1984年。

宁都孙谪墓

南康吴氏,唐末从遂川和年迁横市田心;卢氏,唐末从福建堪下迁唐江卢屋村。① 大坪南良邓姓,唐末从河南新野迁入;凤岗下雨塘陈姓,唐末从泰河柳溪迁入。②

……

这一时期进入闽西的客家先民亦不少。一方面是因为闽西紧贴赣南,自古两地交通便利。如:素有"闽粤通衢"之称的石城县,其县城距宁化县城仅一百里之遥;"客家祖地"石壁村就在两县城的中间,距石城县城仅五十里,可谓"鸡犬相闻"了。瑞金有黄沙隘等七大古隘口路通汀州。会昌则有著名的筠门岭古道直达武平。所以,一部分客家先民在抵达赣南后,继续前行而进入闽西。另一方面,这一时期还增加了一条从浙江方向进入闽西的道路,这就是前文提到的黄巢农民军开出的仙霞岭山道。公元 878 年,黄巢农民军在由浙江向福建进军时,在浙、闽交界处,绵延二百多里、海拔一千五百米的仙霞岭山区,挡住了大军去路。黄巢于是下令劈山开路,在一个月之内,修通了从衢州(今浙江衢县)到建州(今福建建瓯)的七百里山路。这条山路以后成为浙闽山区的重要通道。一部分客家先民正是顺着这条山路,沿武夷山东麓南行,进入闽西地区。如:

嘉应《刘氏族谱》首册《刘氏世系行实传》云:"一百二十一世祖讳祥公,姓张氏。唐末僖宗乾符间,黄巢作乱,携子及孙,避居福建汀州府宁化县石壁洞……"

《崇正同人系谱》卷二《氏族》"李氏"条云:"……而南来之祖,则溯始于唐

---

① 《江西省南康县地名志》,南康县地名办公室编印,内部发行,1984 年。
② 新编《南康县志》卷 30《方言》,新华出版社 1993 年版,第 548 页。

之末年,有宗室李孟,因避黄巢之乱,由长安迁于汴梁,继迁福建宁化石壁乡
……"

同书温氏条云:"至九郎公(原住江西南昌)因避黄巢之乱,转徙闽汀之上杭。"①

大埔《范氏族谱》载:"六十一世坤……唐僖宗元年(874),因乱,家口十八人居浙江杭州钱塘,后移南剑州沙县孟兰峡(即南京桥头),再徙福建汀州宁化黄竹径开基。"②

……

客家地区流传着一则"黄巢与葛藤坑"的历史传说,很能反映这场农民战争与客家先民的关系。故事说:

黄巢造反的时候,到处杀人。当时有一位妇女,带着两个男孩,出外逃难,路上遇到了黄巢。黄巢看到她把更大的孩子背在身上,反而牵着更小的孩子走,感到很奇怪,就问她这是为什么。这位妇女不知道是黄巢,就回答说:听说黄巢造反,到处杀人,早晚就要到这里了。这大点的孩子是我的侄子,父母都死了,我怕他落到贼人的手里,断了哥哥一脉的香火,所以把他背在身上;这个更小的是我自己的儿子,不敢放下侄子来背他,只好牵着走了。黄巢听了很感动,夸奖这位妇女深明大义,并安慰她说:不要怕! 黄巢等邪乱,怕葛藤。你赶快回家,把葛藤挂在门上,黄巢的部队看到了,就不会屠杀了。妇女回到村子,赶忙在山坑路口,挂满葛藤。黄巢的部队从村旁经过,因为黄巢曾下令不要屠杀挂葛藤的村子的人,所以都不敢进村骚扰,一坑男女,因此得以存活下来,后人于是把这个地方叫作葛藤坑。后来各地客家,其先祖都是葛藤坑居民。③

这是一则非常有意思的传说,从民俗学的角度讲,也是一则十分有价值的口碑资料。它生动地反映了客家先民因黄巢农民战争而避难迁入赣、闽、粤客家地区的历史背景。现在,赣、闽、粤客家地区仍保留着不少"葛藤坑"、"葛藤坳"、"葛坳"之类的地名,这说明,黄巢农民战争引起的客家先民南迁进入客家地区,不仅数量是大批的,而且其对于客家民系的影响也是重大的、深远的。

---

① 罗香林:《客家研究导论》,(台湾)南天书局1992年版,第47—49页。
② 梅州客家联谊会办公室编:《客家姓氏渊源》第一集,1989年版,第77页。
③ 罗香林:《客家源流考》,中国华侨出版公司1989年版,第38页。

三、五代纷争与客家先民的南迁

黄巢起义失败后,唐朝在风雨飘摇中又延存了 20 多年。在这期间,原来的藩镇问题和宦官专权问题继续存在,并且交织在一起愈演愈烈,最终葬送了唐王朝。

藩镇将帅中有在农民起义中拥兵自保,趁机扩大了自己实力的旧镇,也有在战乱中新起家的,史称唐末时"藩镇废置,不自朝廷",割据的倾向更为明显了。其中势力最大的是背叛黄巢、投降朝廷后发展起来的宣武军节度使朱温,以及在镇压黄巢农民军中发展起来的沙陀贵族河东节度使李克用。

公元 907 年 4 月,朱温废除唐哀帝,自立为帝,建立后梁,宣告了唐朝的灭亡,"五代十国"的历史由此开始。"五代"是指相继统治着中国北方黄河流域的五个封建王朝;"十国"是指与此同时在南方和河东地区先后存在过十个割据政权。五代十国的大分裂,是唐朝后期藩镇割据的继续和发展。北方伴随着五代政权的更替,新老军阀不断兼并混战,广大人民备受兵燹之苦。战争使西起关中,东至山东,南及荆楚,北亘山西的广大北方地区人烟稀少,洛阳里"城邑残破,户不满百"①。契丹贵族侵袭过的河北诸地,更是"自涿州至幽州百里,人迹断绝"②。人们被迫离开家园,逃亡外地,使唐末以来的北民南迁运动,像波浪一样地持续着。

五代数十年中,江西先后为杨吴与南唐所据有,政治局面相对安宁,加上优越的自然环境,成为人口流动的重点区域之一。而地处赣江源头的赣南,更是避难者的理想乐园,招徕了一批又一批的流寓之人。如:

宁都廖氏,原居浙江松阳,五代后唐同光二年立籍肖田黄泥排;谢氏,五代后晋开运年间从吉州河口徙赖村女冠。③ 彭氏,五代后唐从江苏永丰迁蔡江山梨迳;王氏,五代后唐由豫章迁大沽牛角湾;徐氏,五代后唐由豫章迁石城。④

石城毕氏,五代南唐保大十三年(955)避兵乱从抚州乐安迁石邑毕家屋;龚

---

① 《新五代史》卷 45《张全义传》。

② 《新五代史》卷 74《四夷附录》。

③ 邱常松:《宁都姓氏考略》,江西省地名学研究会,1988 年印。

④ 赖启华:《早期客家摇篮——宁都》,中华国际出版社 2000 年版,第 42、44、50 页。

氏,五代南唐初从浙江迁石城屏山龚坊建村。①

……

这一时期,迁入与赣南相邻的闽西的姓氏也不少。如:

吴氏,后晋天福间(936—944)从四川阆州迁江西临川县之石井,再迁汀州宁化、永定等地。何氏,五代后梁时由庐江迁武平县。张氏,后晋天福年间从江苏姑苏迁宁化县。曾氏,南唐保大年间(943—958)由江西永丰迁石城,再迁福建宁化。沈氏,唐末五代初由吴兴郡(浙江)随王潮入闽居汀洲。②

客家先民南迁纪念鼎(赣州)

唐末五代时期,迁达粤东部东北部的也有,如罗香林先生在《客家源流考》中所列举的19姓中就有两姓,即古姓和罗姓。然而跟赣南闽西相比,仍属少数。

总之,由安史之乱特别是唐末黄巢农民战争造成的客家先民的南迁,其过程一直延续至五代之季。先民们成批进入赣、闽、粤三角区,成为客家民系的直接源头,对于客家民系的形成具有十分重要的意义。

第四节　赣、闽、粤边区的畲族与汉畲民族交融

唐、宋、元、明时期,赣、闽、粤边区活跃着被称为畲族的少数民族,他们在与

---

① 邱锋:《石城县主要姓氏来历》,《石城文史资料》第3辑。
② 谢重光:《客家源流新探》,福建教育出版社1995年版,第57—70页。

汉族的长期接触和交往中,互相学习,互相适应,最后融为一体,成为客家民系的一分子。

畲族的名称,最早见于南宋刘克庄的《后村先生大全集》卷九三《漳州谕畲》,其文曰:"畲民不悦(役),畲田不税,其来久矣。"文天祥的《文山先生全集》卷一一《知潮州寺丞东岩先生洪公行状》载:"潮与漳汀接壤,盐寇、輋民,群聚剽劫,累政。"可见当时"畲民"与"輋民"两词并用,潮州所称"輋民",与漳州的"畲民",均同样指今日之畲族。

"畲族"名称虽然最早见于南宋,但并不等于畲族也是在这个时期才产生的。"其来久矣",说明它经过了一个长期的发展过程。根据文献记载,赣、闽、粤边区在"畲民"名称之前还出现过"峒蛮"、"蛮僚"等少数民族名称。如:《资治通鉴》卷二五九《唐纪》七五云:"(唐昭宗乾宁元年)是岁,黄连峒蛮二万围汀州(黄连洞在汀州宁化县南),福建观察使王潮遣其将李永勋将万人击之,蛮解去……"清嘉庆《云霄厅志》曰:"高宗总章二年(669),泉、潮间蛮僚啸乱。"学者们经过研究认为,不论是"峒蛮"还是"蛮僚",都是说的同一个民族,即指"畲民"的先民。

关于畲族的族源,说法较多,基本上有三种说法:(1)越人后裔说;(2)畲、瑶同源于汉晋时代的"武陵蛮"说;(3)"南蛮"说。① 笔者赞同第二种,即主张畲族不是赣、闽、粤边区的土著,而是外地迁入的少数民族。畲与瑶、苗同源共祖,最早可溯源于远古的"荆蛮",他们生息于古荆州地区。楚国时,居于楚境内的部分蛮族被迫向南、向西迁徙,从而加速了蛮族重心南移的过程。② 汉代,畲与瑶、苗的先人,被称作"盘瓠蛮"。盘瓠蛮的得名,因盘瓠传说而来。盘瓠传说,最早可溯源于《山海经》。《山海经·海内北经》卷一二说:"有人曰大行伯,把戈。其东有犬封国。"郭璞注:"昔盘瓠杀戎王,高辛以美女妻之,不可以训,乃浮之会稽东海中,得三百里地封之,生男为狗,女为美人,是为狗封之国也。"此即盘瓠传说之雏形。东汉应劭的《风俗通义》,东晋郭璞的《玄中记》和干宝的《搜神记》、《晋记》,北魏郦道元的《水经注》等,都有类似的记载。南朝宋人范晔将这一神

---

① 参见施联朱:《关于畲族来源与迁徙》,《中央民族大学学报》1983年第2期,第34页。

② 吴永章:《畲族与瑶苗比较研究》,福建人民出版社2002年版,第1页。

话传说载入正史《后汉书·南蛮列传》,足见汉至南北朝其流传已相当广泛,颇具影响。

盘瓠传说,不仅载诸史籍,而且还被编成史诗,在畲、瑶、苗等族民间广为流传。保留在畲族人民中的《盘瓠王歌》,又称《高皇歌》、《麟豹王歌》、《盘古歌》,就是一篇七言的历史叙事诗歌,歌词长达 400 多行①,内容涉及畲族的起源、迁徙、经济生活、政治斗争、文化习俗和宗教信仰等方面,被誉为畲族人民的"传家宝"。其关于畲族起源的情节大致如下:

上古时期,高辛皇后患耳疾三年,宫廷太医从她耳中挑出一条似蚕金虫,皇后耳疾顿消。于是将金虫育于盘中,天天盼着它长大。不久,金虫变成了一条长一丈二的龙犬。龙犬遍体斑纹,毫光显现,高辛帝见之大喜,赐名龙麒,号曰盘瓠。当时番王数侵边境,高辛帝遣将征讨,均不能擒胜。于是下诏求贤,告示天下:有能平番者,赐金千斤,封邑万户,并妻以第三公主。龙犬得知,即揭榜奔赴敌国,忍辱负重,服侍番王三年,使番王丧失警惕。一日,龙犬乘番王酒醉之际,咬断其头,渡海衔归,献于高辛皇帝。帝大喜,但因龙犬貌丑,欲食前言,不愿将公主下嫁。正在为难之际,龙犬忽作人语:"将我放在金钟内,七日七夜便可变成人。"入钟六日,公主怕龙犬饿死,就打开金钟,结果龙犬身子已变成人形,头却未来得及变。于是盘瓠与公主结婚。婚后,入居深山,开山种地为业。先后生下三男一女。长子出生后,用盘子装着去见高辛帝,帝即赐姓"盘",名"自能";次子出生后,用篮子装着去见高辛帝,帝即赐姓"篮",名"光辉";三子出生抱去见高辛帝时,正逢天上打雷,遂赐姓"雷",名"巨祐";女儿长大后招钟智深为驸马,其后裔遂姓"钟"。从此,盘、篮、雷、钟畲族子孙繁衍。

汉、晋时期,盘瓠蛮主要活动于洞庭湖西南的武陵(湖南常德)一带,因地名族,故名"武陵蛮"。由于受到汉族封建统治者的压迫,他们开始向外迁移,并在迁移过程中,逐渐发生分离。其中较早往西迁徙,进入黔北黔西、川南、滇东、桂西的一支,后来演化成了苗族。于隋唐时期进入赣、闽、粤三省交界地区的一支,后来形成为畲族。而唐宋时期由湘南越南岭,分道进入广东、广西的则成为瑶

---

① 其中浙江省民族事务委员会编印的《畲族高皇歌》(中国少数民族古籍之一)中收录的《高皇歌》共 112 段 448 行(见《畲族历史与文化》附录一,中央民族大学出版社 1995 年版)。

族。

隋唐开始进入赣、闽、粤交界区的武陵蛮,其迁徙的路线是:从洞庭湖边出发,沿着衡州、郴州等区域南行至南岭北麓,不逾岭而东折湘赣边,入赣中赣南,再至闽西南而粤东,广泛散布于赣、闽、粤三角区,逐渐形成畲族族群。①

畲族在赣、闽、粤三角区流徙的过程中,曾结集于潮州(隋、唐时期的潮州辖境包括今梅州的大部分县市)的凤凰山一带,并作了较长时期的住留。所以,畲族中流传着关于祖居地凤凰山的传说。如著名史诗《高皇歌》咏道:"龙麒起身去广东,文武朝官都来送;凤凰山上去落业,山场地土由其种。……蓝雷钟姓出广东,广东原来住祖宗……广东路上去安葬,广东路上是祖坟;走落潮州凤凰山,住在广东已多年……"原来,畲族因居住山林,刀耕火种,是不需交粮纳税的。正如《高皇歌》所咏:"当初掌(畲语称'住'为'掌')在凤凰山,做得何(畲语称'有'为'何')食是清闲;离天三丈无粮纳,离木三丈便种山。"所以,唐宋时期,畲族人口发展很快,几乎占领整个粤东地区。清光绪《嘉应州志》云"梅地古为畲、瑶所居"。可见畲族对粤东地区的影响是很深的。

宋元时期,由于畲族人口急剧增加,加上其他政治、经济等原因,畲族复又由粤东向赣南、闽西等地迁移。流传在闽东、浙南畲族中的《畲族祖先传说》这样说:

"随着人口的急剧增加,凤凰山的名气越来越大。官府知道了,要他们按地纳粮,照人抽税。他们交不起粮税,官府派兵围剿。在交战中阿郎和爱莲(畲族的男女祖先——引者)不幸牺牲。他们的劳动成果被官府霸占,迫使其子孙逃离凤凰山。"②

子孙后裔虽然迁走了,但结集地烙下的信息却是深刻的。因此,凤凰山之与畲族,就像宁化石壁之与客家人、南雄珠玑巷之与广府人、洪洞大槐树之与华北人一样,都是移民史上象征意义极强的"祖居地"。

畲族与历史时期迁入的汉族一样,对于赣、闽、粤这片广袤的山区地域来说,也是移民。因此,他们与不同时期迁入的汉族构成了杂居错处的格局。如:

---

① 吴永章:《畲族与瑶苗比较研究》,福建人民出版社2002年版,第21页。
② 蒋炳钊:《畲族史稿》,厦门大学出版社1988年版,第249页。

　　赣南,据清光绪《江西通志》卷四八"南安府条"载:"当五岭最东为交广襟喉,地多瘴,与輋人杂居。"又,"崇义俗杂五方,虽风气与三邑略同,而輋人附居,多射猎为食"。《衢志》卷八"风俗志"载:"龙南山中有畲客,其妇恒终岁赤足与南子杂居作度日,不与汉族通婚……盘瓠死后,由闽粤播迁处之深山丛中,渐渐阑入衢境。"

　　闽西,据清杨澜《临汀汇考》卷三载:"唐时初置汀州,徙内地民居之,而本土之苗仍杂处其间,今汀人呼为畲客。"

　　粤东,据宋人编撰的《太平寰宇记》载:梅地宋代的民族,"主为畲瑶,客为汉族"。

　　……

　　杂居错处必然打破民族界限,促进汉畲人民的接触和交往,而这种接触和交往的过程,便是汉畲民族融合的开始。民族融合的规律告诉我们,在阶级社会里,被压迫阶级反抗统治的斗争往往成为民族融合的催速剂。宋元时期,畲民反抗统治或起义之事屡见于史,且有些斗争是跟汉族的下层平民百姓结合在一起的。如:绍兴五年(1135),虔州、梅州以及汀漳等地蛮僚相继起义。宁宗嘉定元年(1208),"值江西峒寇李元励窃发","众数万,连被吉、彬诸县",后又向广东南雄挺进,并进逼赣州、南安军,兵威闽粤赣地区。最后宋王朝"诏以重赏,募人讨之",起义坚持四年之久而失败。理宗景定二年(1261)漳州爆发了大规模的畲民起义,"群盗益深,距城仅二十里,郡岌岌危矣"。后朝廷采取剿抚并举的方针,才把这次起义平息下去。通过这场起义,"畲民"这一名称才首次在刘克庄《漳州谕畲》一文中出现。①

　　畲民反抗统治阶级的起义和斗争,加速了汉畲人民的交往和融合。特别是宋末元初,面对蒙古铁蹄的侵扰,汉畲人民联合起来进行抗元斗争,演出了悲壮的一幕。

　　如,宋恭宗德祐元年(1275),元兵攻破鄂州,挥师渡江,南宋震惊,诏诸路勤王。时任赣州知府的文天祥"捧诏涕泣",起兵勤王,"使陈继周(宁都人)发郡中

---

　　①　蒋炳钊:《客家文化是畲汉两族文化互动的产物》,《第四届国际客家学研讨会论文集》,台北,2000 年。

豪杰,并结溪洞蛮;使方兴招吉州兵,诸豪杰响应,有众万人"①。

文天祥的妹婿彭震龙也组织畲民参加抗元队伍,"乃结峒獠起兵。天祥兵出岭,震龙接应,复永新县"②。

当时另一位抗元大臣张世杰的队伍中也有一支由畲族首领陈吊眼和畲民妇许夫人率领的"畲军"配合作战。他们"聚众十万,连五十余寨,扼险自固",斗争持续六年之久。陈吊眼在广东畲民中享有崇高的威望,至今仍广泛流传着陈吊王抗元斗争的英雄事迹。传说他后来退守在凤凰山的一座山头上壮烈牺牲,今凤凰山区(广东潮安县)仍保存着历史遗迹"陈吊王寨"。许夫人也是一位畲民中的巾帼英雄,战死在抗元疆场。民国38年版《潮州志》有载:"许夫人,潮州畲妇也。景炎元年,宋帝趋潮州,张世杰招义军,夫人倡率诸峒畲妇应命。二年六月,世杰自将淮兵讨蒲寿庚,夫人率所部往会,兵势稍振。后帝泊浅湾,夫人复率兵海上援之,至百丈埔,遇元兵与战死焉,土人义而祀之。"

继陈吊眼之后,又有黄华和钟明亮领导的畲民起义,他们打出"复宋"旗帜,予元统治者以沉重的打击。这种"抗元"、"复宋"的斗争,一方面反映了汉畲民族融合的成果,另一方面它又将大大促进汉畲之间的更加团结和走向融合。

有明一代,各地畲民起义时有发生,如洪武十八年(1385)和成化十四年(1478),钟子仁、钟三领导的闽西上杭畲民起义;嘉靖四十二年(1563)蓝松三领导的粤东大埔、程乡畲民起义;等等。这一时期起义的一个重要特点,就是畲汉人民联合斗争,其中以正德年间爆发于赣南横水、左溪、桶岗等地(今崇义县)以谢志珊、蓝天凤为首的畲汉民起义规模最大。谢志珊、蓝天凤"自称盘皇子孙,收有传统宝印画像"。他们"原系广东流来,先年奉巡抚都御史金泽行令安插于此,不过砍山耕活;年深日久,生长日蕃,羽翼渐多,居民受其杀戮,田地被其占据,又且潜引万安、龙泉等县避役逃民并百工技艺游食之人,杂处于内,分群聚堂,动以万计"③。正德十一年(1516),谢志珊、蓝天凤以横水、左溪、桶岗为中心,发动起义,旋在下新地、稳下、义安等地设营寨80余处,并与广东高快马、湖南龚福全等起义相互声援,转战于湖南的桂阳、郴县、宜章和江西的遂川、万安、

① 《宋史》卷418《文天祥传》。
② 《宋史》卷454《忠义传》。
③ 王守仁:《立崇义县治疏》,载同治《南安府志》卷24《艺文(七)疏》,第621—622页。

泰和、永新等地,纵横千里,声震朝廷。于是,明朝廷任命王守仁为南赣巡抚,节制赣、粤、闽、湘四省八府的兵力,采取剿抚并举的方针,才把这次起义给镇压下去。这次起义,表明汉畲民族融合进入了一个新阶段。此后,为防范汉畲人民再度造反,王守仁上奏朝廷设立崇义县治,县衙就在横水镇。又采取一系列措施对畲民进行压迫和限制。从此,畲民不敢聚居于一起,一些畲民隐瞒族性或依附汉姓;客家地区畲族的族性迅速走向消失,以致有清一代直至民国时期,地方文献资料里面已很难找到关于畲民起事的记载,在广大的客家地区,也罕有完整的畲族村落。这表明,汉畲民族融合最后完成,客家文化形态已完全成熟。

河源畲族招兵节

第五节　客家文化形成的脉络

客家民系经历了一个从孕育到形成再到发展壮大的动态历史过程。而这一历史过程的每一个阶段都显示出地域性的特点。从地理上和移民史实上看,赣南是客家大本营地区接受北来汉族移民的第一站;许多客家姓氏源流资料也昭示,他们的祖先在赣南繁衍生息了若干代,后来才进一步往闽西、粤东迁移的。

从秦汉开始,已经有北方汉民涉足赣南。魏晋南北朝至隋唐时期,伴随着中原战乱和移民运动,亦不断有中原汉民迁入赣南;但就整体来说,这种迁入是零散的、人数不多的。唐中后期至五代的变乱,带来了客家先民的大批南迁,他们在赣南驻足乃至生息繁衍。闽西毗邻赣南,自古两地交通便利,加上唐末又开出了仙霞岭山道,因此,也吸引了一批批客家先民避难于此。于是,广袤的赣闽边区,成为唐末五代客家先民的主要集结地。

北方汉民的大量入迁,促进了赣闽边区的进一步开发。于是,北宋时期,出现了第一个经济文化的繁荣时期。两地不仅设治增加,而且户口大盛。赣南,唐元和中(816—820)有户26260户(《元和郡县志》)。北宋太宗淳化元年(990),从虔州析出南安军,两州军共领13县。至元丰年间(1018—1085),在籍户口(主、客),南安军35799户,虔州98130户,两州军共计133929户(《元丰九域志》卷六),是唐元和中的5倍多。闽西,唐元和中有户2618户(《元和郡县志》)。北宋淳化五年(994),增设上杭、武平二县,共领4县。至元丰年间,共有主客户81454户(《元丰九域志》卷六),是唐元和中的30多倍。赣南闽西两地元丰间户数共计215383户。北宋末年,赣南人口继续增长。据崇宁元年(1102)的统计,虔州有户272432户,南安军有户37721户,两州军共计310159户(此时不见汀州的户口统计)。如果按每户5口计算[①],则此时赣南人口已经达到155万。如果加上接壤地汀州的人口,其数字当突破200万。这么多的户口,这么大的一个群体,处于这么一片山区地域,四周又早已形成为不同的汉方言区,因此而独立成为一系也就是很自然的了。

此时,入迁汉族已与当地土著——古越族及其后裔山都木客发生了初步融合,以至宋代以后,山都木客就在客家地区逐渐消失了。

此时,一些重要的客家文化事象也初步形成。

如崇文重教的传统。这一客家人的风尚,早在北宋时期的赣南闽西就已经遍地开花结果。究其原因,一方面是因为客家先民来自中原,深受儒家文化之浸染,向存读书为贵之观念;另一方面因为赣南闽西山多田少,耕作困难,随着人口的繁衍发展,已不足生计,不能不从事仕宦和经商等行业以谋求更好的出路,而

---

① 吴松弟先生研究认为:"宋代的平均家庭规模,最保守的估计也应在5口以上。"《中国人口史》第三卷,复旦大学出版社2000年版,第162页。

这两者都是离不开文化知识的。因此,重教兴学便在赣南闽西这偏僻的山区里渐成风气。并且,随着客家民系向纵深发展,这种风气很快又波及于梅州地区。于是,耕读并举的经济生活模式成为宋代以来逐渐形成的客家人的基本生活模式。

这种崇文重教的文化事象,表现在当时赣南闽西两地学校的兴盛、科举名额的增多和著名人物的涌现等各个方面。

史载,宋代的赣南"虽荒服郡县,必有学"①。如南安府学,"宋淳化(990—994)间建"②;"赣州文教始盛于宋"③,9 所县学,其中 8 所创建于北宋前期的太宗、仁宗时期,1 所创建于北宋后期的哲宗时期。④ 除府县学外,建于北宋的书院赣南有 3 处,它们分别是石城的琴江书院、大余的道源书院和赣州的濂溪书院。⑤ 仁宗时,理学始祖周敦颐曾在赣南做地方官,先后讲学于南安的道源书院和虔州的玉虚观,当时的兴国县令程珦把他的两个儿子送去做学生,这就是程颢和程颐,他们后来都成了理学的重要代表人物。据此,封建时代就有人认为"伊洛文献之传,渊源实肇始于此"⑥。苏东坡曾称誉"南安之学甲于江西"⑦。而据《汀州府志》的记载,闽西地区在北宋前期也就有了官学,如汀州府学创建于真宗咸平二年(999);宁化县学则创始于仁宗天圣年间(1023—1032)。⑧

由于崇文重教,使赣南、闽西两地科举名额大量增加。仅以进士为例,宋代以前赣南中进士者仅 3 人,汀州仅 1 人。而两宋时期赣南共有进士 234 人(其中北宋 92 人,南宋 142 人)⑨;汀州共有进士 168 人⑩,两地共计 402 人,比此前的 4 人增加了近 100 倍。梅州经济、文教则起步较晚,两宋仅有进士 10 名⑪,说明客

---

① 苏轼:《南安军学记》,载同治《南安府志》卷 20《艺文(三)》,第 499 页。
② 同治《南安府志》卷 5《庙学》,第 100 页。
③ 同治《赣州府志》卷 23《经政志·学校》,第 791 页。
④ 参见同治《南安府志》,同治《赣州府志》。
⑤ 参见道光《宁都直隶州志》,同治《南安府志》,同治《赣州府志》。
⑥ 汤斌:《重刊〈谢志〉序》,清顺治十七年庚子(1660),载同治《赣州府志》卷首《旧序》,第 14 页。
　　按:《谢志》即明天启元年谢诏编纂的《赣州府志》。
⑦ 苏轼:《南安军学记》,载同治《南安府志》卷 20《艺文(三)》,第 499 页。
⑧ 康熙《宁化县志》卷 6《庙学志》引赖世隆《学记》曰:"宁自天圣始有学"。
⑨ 数据根据同治《赣州府志》、《南安府志》和道光《宁都直隶州志》统计。
⑩ 转引自叶伟才《客家教育初探》。
⑪ 转引自叶伟才《客家教育初探》。

家势力还没有大面积地占领这一地区。

除科举名额大增以外，北宋时期客家地区还涌现出一批影响全国的著名人物，其中尤以赣南为多。如政治人物有石城的陈恕、陈执中父子；他们先后于太宗朝和真宗朝出任参知政事和枢密使，班列执宰，政绩斐然。学者有北宋赣南名门"四曾"的开创人物赣县人曾准（著名爱国诗人曾几之父），宋代理学的创始者周敦颐十分赏识他，把他视为知己，并亲自为他作传序，云："虔州曾子忠，实开儒术之先，厥后，曾氏一门皆文学之选"；有为官清正，治学严谨，"不为空言"，为著名理学家程颐赏识的兴国人李潜。文学家有为苏东坡推崇，两人成为至交挚友的上犹人阳孝本；有曾任国子祭酒（中央教育机构总管），被《宋史》誉为"天下高其名"的兴国人李朴。还有文学家兼政治家的赣南第一个状元，宁都人郑獬，他曾知开封府，后入集贤院，主持修撰皇帝起居注，起草诏诰，对朝政多有进谏；且善诗文，《宋史》称其"词章豪伟峭整，流辈莫敢望"。

客家人崇文重教的氛围，使得本来没有多少人问津的赣闽山区，在北宋时成为"文人栖身，学者盘桓，谪官流寓，名人荟萃"的热闹地方。如"合肥包拯，字希仁。过虔，师事邑人陈晦之于崆峒山中"。"眉山苏洵，字明允。尝南游至虔，与赣人钟棐友善。……其后洵子轼、辙过虔，必造访棐；又与棐子志仁、志行、志远游，敦通家之好。"其中苏轼两次过虔，寓居虔州水南，一次留月余，一次留40余日，与州人阳孝本、孙志举游，又与季倅赓等和郁孤台诗，可谓留连忘返。① 稍后，宋代名宦、学者刘安世、张九成、刘黻、江公望等贬官后，都曾经在赣南谪居，并留下了大量的著述。

如风水术和风水观念。风水术是唐朝末年随着客家先民的南迁而传入赣南的。从客家地区风水术士们世代相传的口碑资料中，我们知道，将风水术带入客家地区的主要是杨筠松。杨筠松继承和发展了风水术中的形法理论，创立了江西形势派（实际上是赣南派）。他的主要弟子曾文辿、刘江东二人均为于都县人。自从杨筠松在赣南授业传徒之后，风水术士就成为客家地区世代相传的职业，杨筠松也因此成了风水术士共同尊奉的祖师。两宋时期，赣南风水术大盛，名流辈出，如廖瑀、谢世南、赖文俊、刘潜、傅伯通、邹宽等人便是。这些风水术士

---

① 参见同治《赣州府志》卷59《人物志·寓贤》，第1701页。

不仅在本地看风水,而且声名远播,甚至闻达于朝廷,奉诏为朝廷看风水。

北宋后期至南宋时期,形势派风水术向福建传播,并从中衍生出一个新的流派——理法派。随后,风水术进一步往粤东粤北等地传播。至明清时期,风水活动已经成为一种风俗普及于赣、闽、粤广大客家地区,并随着客家人的漂洋过海而根植于港澳台和东南亚地区。风水观念则作为一种文化积淀深深浸透于客家人心灵之中。

再如客家山歌。她也是随着客家先民的迁入赣闽山区而产生的。她萌芽于唐末五代,至宋代,因深受唐宋诗词的影响而趋于成熟,并广为流传。她既保留了古朴的中原音韵,又颇具浓郁的客家情趣。随着客家民系向赣西南、闽西南及粤东粤北的发展,客家山歌也流传到更为广大的地区。

此时,古虔州城作为客家经济文化中心城市的地位也初步确立起来。有宋一代,是赣州城历史上最为辉煌的时期,航运发达,商贸繁荣,其税收量是当时江西十三个州军里面最多的一个。在手工业方面,东郊的七里镇瓷窑,生产规模宏大,产量极高,其产品还远销到了日本和南朝鲜等地。宋代赣州的造船业在全国也独占鳌头,最高年产量达650艘之多,日均几乎达到2艘。在城市建设方面,宋代的赣州城修建了高大的砖城(始建于北宋嘉祐年间,全长6900米,现存3600多米),开辟了六条大街,章贡两江架设了三座浮桥(现仍存一座),城内八境台、郁孤台、拜将台等名胜古迹交相辉映,寺院内佛塔耸立,通天岩摩崖佛像栩栩如生。宋代的赣州,史称为中国三十大州之一。

时至今日,赣州城依旧保持着宋代城市格局的历史风貌,它是我国江南地区保存最为完好的一座宋城。由于赣州城至今仍保留有大量的宋代文物古迹,其中还不乏全国宋代文物中的精品与孤品,因而被专家学者称誉为"宋城博物馆"。1994年1月,国务院将赣州公布为全国历史文化名城。

宋代赣州城的繁荣,离不开客家先民的辛勤劳动与艰苦奋斗;也是客家民系及其文化孕育成长的标志。

成长中的事物可塑性是很强的,其发展的空间是非常大的。客家民系在形成的过程中必然要吸收许多新鲜血液,纳入许多新的因素,以不断壮大自己。

正当宋代客家民系在赣闽边区酝酿形成之际,北方由于受辽、夏、金政权的侵扰,仍是不得安宁,于是又有不少姓氏相继入迁赣闽边区。如赣南宁都,北宋入迁的姓氏计有肖、杨、郭、邓、陈、姜、池、周、毛、艾、袁等十一姓;南宋入迁的姓氏计有包、康、符、鄢、叶、万、张、赵等八姓。① 石城两宋入迁的姓氏共计七十五姓,其中半数以上外迁,至今邑境还留下后裔的有温、黄、陈、刘、赖、宋、郭、杨、朱、邓、熊、邱、吴、童、王、蓝、蔡、龚、魏、何、郑、胡、许、廖、徐、罗、高、毕、巫、潘、张等三十一姓。② 从人口史的资料中,也可看出这一时期赣闽边区入迁人口之众。吴松弟先生在《中国移民史·卷四》一书中作过一项统计,其结果指出:"高宗绍兴年间赣州户近12.1万,孝宗淳熙年间为29.3万,年平均增长率达25.6‰,高于全国平均增长率几十倍";"汀州在孝宗隆兴二年(1164)户数为174517户,较元丰年间增加9.3万户,年平均增长率达9.1‰。这些地区人口的增加,一定程度上要归之于外来人口的迁入"。③ 这么多人口的新迁入,自然要对还在孕育形成的客家民系发生重大影响,这也加速着客家民系的成长进程。

影响客家民系形成的另一重要因素是,北宋末至南宋时期,畲族已广泛分布于赣、闽、粤三角区,且与汉族形成杂居错处的格局。畲汉人民在长期的接触和交往中互相认同,并共同参加反抗封建统治和压迫的斗争,从而大大加速了汉畲人民的融合。特别是宋末元初文天祥率领汉畲人民联合进行抗元斗争,以及广东畲民首领陈吊眼和畲民妇许夫人率领的"畲军"配合张世杰参加抗元斗争,更是汉畲交融史上的佳话。当然,这种汉畲融合的过程一直到明清时期才最后完成。

随着赣、闽、粤三角区的进一步开发和人口的壮大,以及汉族与畲瑶等少数民族融合的加深,至南宋后期,客家民系已在赣、闽、粤这片广袤的山区地域成长起来,其最重要的标志就是客家方言的形成。目前,多数语言学者主张客家方言形成于南宋的观点。诚如谢重光先生在《从客家方言的形成看客家民系的形成——再论客家民系形成于南宋时期》一文中所言:"语言学者中关于客家方言形成于南宋的观点是比较符合历史实际的。客家方言之独立,即标志着客家民系业已形成(引张卫东语)。"④因此,南宋是客家民系的形成期;赣南、闽西和粤

---

①　赖启华主编:《早期客家摇篮——宁都》,中华国际出版社2000年版,第16—17页。

②　朱祖振编撰:《石城客家姓氏》,石城县档案史志馆1993年印,第1页。

③　葛剑雄主编、吴松弟著:《中国移民史·卷四》,福建人民出版社1997年版。

④　见黄玉钊主编:《客从何来》,广东经济出版社1998年版,第392—397页。

宁化石壁客家公祠(牌坊)

东在客家民系的形成期中都具有不可忽视的重要地位。民系是文化的载体,客家民系之成立,也即意味着客家文化之形成。

第三章　客家文化面面观

客家文化是以汉民族传统文化为主体,融合了古越族和畲、瑶等少数民族文化而形成的一种多元文化。赣、闽、粤三角区是客家民系的重要发祥地和客家人的最大聚居地,所以,这里也是客家文化的发祥地和荟萃地。赣南、闽西和粤东分别享有"客家摇篮"、"客家祖地"和"世界客都"的美誉,这充分反映了三地在客家民系形成和发展中所处的重要地位和所起的重要作用,也揭示出客家文化是一个有机的整体,紧密相依,缺一不可。客家文化不仅物质文化形态内涵丰富,而且非物质文化亦多姿多彩,是中华文化的一枝奇葩!

第一节　客家人的生产生活方式

一、小盆地农耕生产生活方式

客家人的生产生活方式是紧紧依附于客家传统社会的。我们这里所说的客家传统社会,主要是指客家乡村宗族社会。它由一个或几个血缘和地缘结合得十分紧密的宗族小社会构成自然村落,若干个自然村落便构成一个客家乡村社区。传统的客家乡村社会有两个明显特征:即以拓荒、种植为基础的小盆地农耕生产和生活方式以及建立在这种方式之上的"聚族而居"的家族制度。客家传统社会的上述特征,是受历史时期社会环境和自然环境诸多因素影响而逐渐形成的。

作为汉民族的一个独特支系,客家先民的主体成分是唐宋以来迁入赣、闽、粤三角区的中原汉族。由北到南的长距离迁徙,对于安土重迁的中原汉人来说,实属无奈之举！他们不得不抛弃许多东西，却不可能从根本上背离祖祖辈辈所赖于维系其生存的基本手段——以农耕为基础的生产和生活方式。他们来到赣、闽、粤边区，同时也就把这一生产和生活方式带入了这一地区。然而，对于客家先民们来说，赣、闽、粤边区又是一个经济和文化都远远落后于中原地区的陌生之地。这里"地大山深，疆隅绣错"，没有北方那样广袤可耕的良田熟地和灌溉系统，有的只是丘林密布和溪水纵横而形成的无数个大小不等的盆地。在客家先民大批到来之前，这里的原住居民主要是古越族及其后裔畲瑶等少数民族，他们过着洞居和"刀耕火耘"的原始生活。因此，客家先民来到这里后，一切必须从头做起，他们必须向荒山要土地，要衣食住行！于是，一个以拓荒、种植为基础的小盆地农耕文明便在赣、闽、粤边区孕育和发展起来。随着客家人口的生息繁衍，这一文明圈的范围也不断伸延扩大，以致最终占领了整个赣、闽、粤三角区。这种以拓荒、种植为基础的小盆地农耕生产生活方式，成为客家传统社会的最重要的经济特征。

小盆地的农耕生产生活方式，因其规模的狭小和水准的低下，使一家一户的几个劳动力就能承担起一切，而无需大规模的社会分工和协作。生产过程的这种分散性和独立性，为客家人的家族制度提供了物质前提。而赣、闽、粤山多地少的地理格局，又给客家人的家族制度带来独立性和封闭性的特点。因为群山环抱中的小盆地，无法像平原地区那样，为成百上千人提供同一个村落，而更便于一村一族进行聚居和耕作。也就是便于一个自然村居住着有血缘关系的同姓氏族，进行土地的开垦与经营。这种居住模式与耕作模式的血缘属性，形成稳定的社会经济文化结构。所以，客家人的传统聚落往往是单姓的、聚族而居的。"聚族而居"的家族制度成为客家传统社会的重要政治特征。

二、耕读传家的传统

过去，在广大的客家乡村，每当清风月明之夜，常常会听到孩子们传诵着这样一首童谣：

> 月光光，秀才郎，骑白马，过莲塘……放条鲤嫲八尺长。鲤嫲头上撑灯盏，鲤嫲肚里做学堂。做个学堂四四方，兜张凳子写文章……

月光光，秀才郎

这首童谣在客家地区普遍流行，寄托着长辈们对子弟读书仕进的热切期望，形象地体现了客家人耕读传家的文化传统。

亦耕亦读，耕读传家，这是客家人的基本生产生活方式。之所以选择这样的方式，究其原因：一是沿袭了中原的传统。客家先民来自中原，势必把中原儒家讲究重农抑商、崇德尚学的传统带入客家地区。二是客家人所处赣、闽、粤边区均属山区地域，自然环境恶劣，"大山长谷，荒翳险阻"，山多田少，交通不便，商业在这里难于找到滋生发展的土壤，客家人世世代代经营着简单粗放型的山地农业。长期的生产生活实践，使他们认识到：要生存，只有勤于耕稼；要发展，只有读书仕进，舍此别无他途。石城县岩岭乡上柏熊氏古村，保留着一处明代遗迹，石门斗上赫然刻着"耕读处"三字，其两边对联曰："力耕可以无饥，开篇自然有益"，不正是客家人这种历史心态的真实写照吗？于是，崇文重教、耕读传家传统在客家人中代代相传，成为客家人的传家宝。

耕读传家是客家人的基本生产生活方式，也是客家宗族兴旺之本。正如罗香林先生所言："刻苦耐劳所以树立事功，容物覃人所以敬业乐群。而耕田读书所以稳定生计与处世立身，关系尤大。有生计，能立身，自然就可久可大，客家人的社会,普通可说都是耕读人家,这在过去为然,现在还未全改,所以在他们普通人家的家庭分子来说,总有人能做到可进可退,可行可藏的地步。这在社会遗业的观点看来,可说是一群迁民经过了生存奋斗而累积了无数经验的优者。"①因而,许多宗族都非常重视耕读传家传统的教育与传承,把这方面的内容列入家法族规而使之"法定化"和"永久化"。如兴国刘氏族规中写道:

> 家门之隆替,视人材之盛衰;人材之盛衰,视父兄之培植。每见世家大族箕裘克绍,簪缨不替,端自读书始。凡我族中子弟,姿禀英敏者固宜督之肄业,赋性钝者亦须教之识字。②

明确把读书识字作为教育后代成才,使家族兴旺的根本。

又如,《南康严氏族谱》立族规十条,其中第一条就是《勉读书》,要求:

> 族中子弟无论贫富皆当使之就学,严其教令,陶其性情。③

可见其对宗族子弟读书向学问题是何等地重视!

为了鼓励子弟读书仕进,大大小小的客家家族都从族田中划出一部分作为专门的"学田";学田所得田租即为"学谷",专门用于资助和奖励子弟读书。如,宁都李氏规定:族中子弟考上秀才的,由祠堂出谷12担,以资奖励。赣县温氏宗祠规定,族内子弟外出参加考试的,提供路费;考取的,祠堂出资助学。赣县夏府戚氏宗祠则规定:考上秀才奖励24担谷,中了举人的,奖给50担谷,参加县考录取入学的,一年给予12担谷作为奖励和资助,考上大学的,一次性奖给100担稻谷。此外,许多宗族还设立了奖掖读书的各种经济组织。如上犹营前上湾黄氏成立了以祠堂为单位的"宾兴会"(当地客家姓氏均有之),专门筹集读书经费。黄氏宗族还有"众"这一经济组织形式。"众"即支脉分家时留作公用的资产,主要是土地。每个公头都有一个"众"。"众"有众谷(收租所得),用以做公益事

---

① 罗香林:《客家源流考》,中国华侨出版社公司1989年版,第105页。
② 兴国《龙兴祠刘氏联修族谱》,民国36年刻本,卷1《族规》。
③ 《南康严氏族谱》。

业,年节祭祖扫墓,资助子弟读书等。如,有子弟考上学校,就从"众"里拨给一定数量的田给其家无偿耕种,毕业后收回归"众"。对于孤苦无靠者,"众"亦给予救济,如其去世无钱安葬,则由"众"费支付解决;如其有遗产(如房屋等)亦收归"众","众"可将其掂卖,所得归"众"。"众"由众内族人选出2人管理,其职责是负责收租和各项费用的开支,并向族人公布收支账目。又如,宁都黄陂廖氏设有"文昌众",专门用以奖励本族士子:凡族中考取各种功名的,分等级予以奖励;在校就读学生则按照学校等级以及本房众产的多少分别享受"学租"。

此外,在有条件的地方,一些宗族还纷纷办起了"社学"和"义学",有的甚至开办书院。如上犹县钟氏宗族,于乾隆九年(1744)创办"永清书院",其规模:

> 前为大门,进内为会文堂,上造牌楼;又进为大墀,墀内建碑亭二,左右为玲珑墙。由耳门入,东西书室各四楹。又进为尊道堂,左右书室各二楹。堂后为墀,历级而上,为四贤祠。上造奎星阁,左为掌教斋;右为藏书府,外两旁为厨房。又由墀内东耳门出,环旋到岭上,左为光霁亭,右为敬业斋……共计为屋一十三栋,为房四十五间……南北长二十九丈,东西前阔二十四丈,后阔一十七丈二尺。藏书数千卷,几榻、器皿俱备。①

真是蔚为大观,比之官办书院,恐亦毫不逊色。

在客家传统社会里,如果说重教兴学、耕读传家是宗族兴旺发达根本所系的话,那么对于个人来说,惟读惟耕则似乎成了现实生活的必然选择。如前文所说,因为山多田少,因为商业不发达,要生存,惟有力耕;要出人头地,惟有读书仕进。于是祖辈们训诫后人:

> 教子两行正路,惟读惟耕。

有钱人家固然要送子弟读书,没有钱的人家"砸锅卖铁"、"卖屎缸也要让子女读书"! 一句客家谚语这样说:

---

① 光绪《上犹县志》卷3《建置志·学校》。

地瘦栽松柏,家贫子读书。

家贫本是读不起书的,但富有进取精神的客家人不甘心一辈子穷,越是贫穷,越是想改变这贫穷面貌,子弟就越是要读书仕进:

读书肯用功,茅寮里面出相公。

这成了客家人坚定的信条,生活的准则,普遍的价值观念!

于是,久而久之,在广大的客家地区,重教兴学蔚为风气,谁能读书,谁就受到家庭、宗族乃至社会的褒扬,反之,则为人所瞧不起:

天光唔起误一日,少年唔学误一生。

目不识丁,枉费一生。

耕田爱(要)养猪,养子爱读书。

子弟唔读书,好比冇眼珠。

生子唔读书,不如养头猪。

唔识字,一只猪,唔识字,蚯蚓一粪箕。

唔识诗书,有目无珠。

……

这些在客家地区广为流传的谚语,犹如一个个高音喇叭,形成一股强大的舆论压力:不读书,无以成人! 不读书,无以立身!

更有一首著名的童谣这样说:

蟾蜍罗,咯咯咯,唔读书,冇老婆。山鹁鸠,咕咕咕,唔读书,大番薯。

不会读书,笨得像个大番薯,连老婆都讨不到,又怎么去传宗接代,怎么去延续香火呢? 这对祖宗观念极强的客家人来说,是最惧怕的事情。于是,这又把读书与个人的生存和宗族的兴旺发达联系在了一起。可见,客家人从小就被灌输了多么强烈的崇文尚学、耕读传家的观念呵!

在客家地区,到处可以看到用石柱雕成的旗杆,或者用两根石柱中间镶嵌的木旗杆子,这是一种功名的象征,客俗语云:"三年中一举,旗杆夹石。"这种旗杆,又被称为客家人的"华表"。相传尧舜时代,就有"华表",那时在交通要道竖立雕刻精美的柱子,作为识别道路的标志,称之为"华表",而后沿袭下来,多在宫殿、城垣和桥梁或陵墓竖立。客家人的"华表",多在祠堂前竖立,一般长约五六米至 10 米不等,其基座一般为长形石条凿成的方形或圆形状的石柱。石柱上雕刻着各种装饰图案,各节石柱又以石榫相衔接而成,尾部逐渐细小,矗立起来就像是大旗杆似的,故人们称它为"石旗杆"。能竖上这种旗杆,是家族的荣耀。在我国科举盛行的时代,若是哪家的读书人金榜题名,考上了"进士",或是获得其他上品位的官职,宗族便请来手艺高超的工匠,精选石料,制作石旗杆。旗杆上凿上获得功名者的姓名、科次、功名、业绩、生平、官衔、品位、年代等,并刻上龙凤呈祥或狮虎相争等吉祥物装饰图案。到了清代,有的客家宗族又立有族规,凡考上秀才、举人者,祠堂也可竖立"石旗杆"。为了表示区别,主要依功名高下、品位大小及文武科名之分,来决定石旗杆的长短,以长者为上。另外,旗杆的底座式样和雕饰图案亦有一定的区别,底座一般有四角、六角、八角形之分,以角多为尊。人们从石龙旗的长短及底座和装饰图案的不同,即可知其功名及品位的大小。石旗杆凿成后,家族要举行热烈庄重的竖旗仪式,全村人均要敲锣打鼓来祝贺,以借此彰显家声。谁家的祖祠前石旗杆越多,就说明谁家出的人才越多,宗族越兴旺发达。而一个地方的石旗杆越多,说明这个地方越人才辈出,人杰地灵。石旗杆,古色古香,栉风沐雨而巍然挺立,它向世人昭示的不仅仅是往昔宗族的荣耀,更是客家人重教兴学、人文鹊起的文化传统和精神风貌。

第二节　客家居住文化

客家民居大致可分为两种类型,即"厅屋组合式"民居和"围屋"民居。"组合式"民居分布于广大客家地区,是客家民居的主流形态。"围屋"是客家一种特殊的民居形式,分方围、土楼、围龙屋三种类型。方围主要分布于赣南的定南、

祠堂门前的石旗杆

龙南、全南、寻乌、安远、信丰等县;土楼,也称客家土围楼,主要分布在福建省的龙岩、漳州以及广东饶平、大埔等县;围龙屋分布于粤东、粤北的广大客家地区,尤以梅州最为集中。

一、厅屋组合式民居

客家人一般称堂为"厅"或"厅厦","堂"专指祠堂。称一栋房子为"屋",一间房子为"房"。厅是屋的中心,许多栋"正屋"和"横屋"连在一起便组合成了一幢"大屋场",这种民居实质上脱胎于古代中原庭院府第式民居。客家民居以此为主流,广泛分布于赣、闽、粤边各县市,其中尤以"九厅十八井"最具典型意义。

（一）结构特点

"厅屋组合式"民居最简单的组合单元是:"四扇三间",也称"三间过",即一明二暗的三间房。明间为厅,次间为室,厨房、牲舍、厕所等一般傍房搭建或另建,这是客家最普遍的民居。稍富有者一般是前后两栋,每栋三间或五间,之间隔一横向天井,并通过腋廊将前后两栋连在一起。两栋屋的明间便成了前厅（门厅）和后厅（上厅）,前后厅也合称"正厅"。前厅次间为厢房,后厅次间为正房。这样便构成了一幢封闭式的由两个单元组合成的"正屋",通称"两堂式",俗称"上三下三"、"上五下五"。

客家普通民居

在此基础上,如果以后需要扩大规模,便在正屋两侧扩建"横屋"。横屋的进深与正屋等齐或前部凸出两间,平面呈倒"凹"字形。正屋与横屋间留一通衢,称"巷"或"塞口",闽粤称"横坪"。通衢前后对开小门,巷中相应留竖向天井,以采光排水。横屋各房间门均朝巷道开。正屋从腋廊处开门通往巷。这样便以正屋的正厅为中轴线,加上两侧的巷和横屋,构成了一幢通称为"两堂两横"式房屋。这种民居还需要扩建的话,便可在横屋外侧对称继续增加类似的巷和横屋,这可相应称两堂四横、六横……也可在正屋之前隔以天井、腋廊,再建一栋三间或五间式正屋,使原来的前栋和前厅变为中栋和中厅,而后建的这栋则称为前栋和前厅,同时再将两侧的巷和横屋向前推齐。这种由三栋正屋和两排横屋组成的房屋,便称"三堂两横"式。这是此类民居中最具代表性的形式。

随着宗族的发展和人口的增长,三堂两横式还可扩建为"三堂四横"、"三堂六横"等等,直至发展为民间所说的"九井十八厅"或"九厅十八井"这样的大屋场。"九井十八厅"或"九厅十八井"虽说法不一,但从规模上说,都是进深和面阔方面的拓展,是客家人建房追求的最高境界。

由于赣、闽、粤三角区为山区丘陵地带,地广人稀,商业不发达,"虽无冻馁之苦,亦鲜巨室之家",所以,民居一般采用土木结构。土木结构,又可分为土砖

(土坯)和夯土木结构,其中夯土结构民居南部又多于北部。砖木结构的民居一般见于富裕之家的住宅或祠庙建筑。传统的砖木结构民居,一般是青砖灰瓦,清水墙面(过去客家地区不烧制红砖)。其中又以北部的砖房多于南部。无论砖石墙还是生土墙皆承重。柱的使用不广,主要用于厅内,因这种民居的厅是敞厅(后厅无前檐墙,前厅无后檐墙),且一般不设楼层,一些空间大的正厅或有门廊的厅为了支撑挑檐和天花,便在减了檐墙的位置上设两根檐柱。

一般两堂两横式以上的民居,屋前往往有因取土做砖而形成的水塘和禾坪。这水塘、禾坪既是居民洗涤、晾晒物件的场所,又自然成了其继续朝前发展的势力范围。以两堂或三堂两横式房屋为基本单位组合,向前后左右不断扩建,可达数十百间,乃至形成一村一姓的大屋场。至今,客家地区尚存不少古村落,就是这种民居的典型代表。

"九厅十八井"府第式大屋

(二)宅居风水

过去,客家地区盛行风水观念,每做宅居,既请地理先生择基定向,还要选择吉日动土、奠基、安门和上梁。房屋宅地大多取南北坐向,俗云:"坐北朝南,有食清闲(音 han);坐南朝北,神仙住呒得。"地理先生所操风水术讲究所谓龙、局、水,认为"龙主人丁,局主功名,水主财路"。所以每堪风水,首看龙之生旺死绝;水口在某字上,生山生水。看龙脉,又首看来龙之祖山,再看来龙,还有分龙、过龙等等。又说,龙要发脉雄壮,奔腾有势。为接应来龙,后龙山必树木成林,郁郁葱葱。局为总脉分出的支脉山峰,须重重环绕,似公堂格局,有旗有鼓,印案兼备,坐镇宅地,犹如元帅升帐一般气派。水即指前方水势,不得直来直去,冲走财源。为使水口回环,于是筑坝、植树等。所以,客家人的村落,一般都有水口和林木茂密的后龙山。

(三)"门榜"文化

此外,客家还盛行"门榜"风气,即在广大农村甚至一些城镇保留着这样一种习俗:在厅堂上方,画一匾额,书之四字(有的三字),称之曰"门榜"。门榜的内容各姓氏家族有很大的不同,大体上可分为如下几类。一是昭示本姓氏家族的渊源。如黄姓的"江夏渊源",昭示了黄姓的发祥地是古代的江夏郡;陈、钟、赖、邬、庾等姓的"颍川世第",说的是以上几姓均望出颍川郡;罗姓的"豫章遗风",昭示了罗姓望出豫章郡。二是显示本姓氏谱系的高贵家风或门第,如孔姓的"尼山流芳",说的是春秋时期孔氏大思想家孔丘诞生于山东的曲阜尼山,其事迹和思想彪炳史册,流芳千古。钟姓的"越国家声",说的是唐睿宗时期,钟绍京因助李隆基平定韦后之乱,爵封越国公的历史事实。张姓的"曲江风度"、"相国遗风",说的均是张姓先人张九龄的故事。张九龄为唐时韶州曲江(今韶关)人,唐玄宗时迁中书令。此外,某些姓氏的"大夫第"、"司马第"等等,则是显示其高贵门第的。三是反映本姓氏谱系中名人先贤的事迹。如钟姓的"知音高风"、"飞鸿舞鹤",前者记录下了春秋时期钟子期和俞伯牙"高山流水"觅知音的千古佳话,后者记录了三国时期魏太傅钟繇的书法独树一帜,其书"若飞鸿戏海,舞鹤游天"的事迹。刘姓的"校书世第"、"禄阁光辉"指的都是西汉刘向奉汉成帝之命校正五经异同于天禄阁。张姓的"金鉴千秋"指的是唐相张九龄向玄宗上《千秋金鉴录》的史实。王姓的"三槐世德"叙述了这样的事实:宋朝王祐曾在庭院中植槐三棵,预言子孙必然显贵,后次子王旦果于太平兴国年间考中进士,后出任宰相。田姓的"紫荆传芳"说的是临潼有个田真,兄弟三人分家,财产均分后,尚剩屋前一株紫荆树未分,约定次日斫分为三,各得其一。谁知次日早上,树已枯萎待毙,田真对两个兄弟说:"树木同株,闻将分斫,所以憔悴,是人不如木也。"说完悲不自胜。兄弟相感,不再分家,屋前的紫荆又繁茂起来。四是显示本姓氏谱系先贤品格高尚。如黄姓的"叔度高风",反映了东汉黄叔度的高尚品行,其品行"汪洋若千顷波,澄之不清,淆之不浊"。杨姓的"清白传家"叙述了东汉杨震为官清廉,一生清白。曾有人夜怀十金,向他行贿,杨震不接受。行贿人说："暮夜无知者。"杨震回答说："天知，地知，子知，我知，何谓无知？"终不受贿。曾姓的"三省传家"取之于《论语·学而》中曾子所说的一句话："吾日三省吾身——为人谋而不忠乎？与朋友交而不信乎？传不习乎？"以此垂诫后人要像曾子那样严格要求自己。五是显示门风纯朴、吉祥、兴盛。如书写"忠厚传家"、"耕读传家"、"勤俭持家"、"艰苦奋斗"、"紫气东来"、"和为贵"、"得我所"、"安其居"以及"春秋鼎盛"、"风华正茂"、"桂馥兰馨"、"竹苞松茂"、"兰桂腾芳"等等。

总之，"门榜"虽仅三四字，然其内容丰富，寓意深远。第一，每一块门榜都是一部"微型族谱"，其里面蕴涵着大量的历史信息，是客家人尊宗念祖、家族兴旺的重要标志，也是我们研究家族史、客家迁徙史、民族史的珍贵史料。第二，"门榜"是客家崇祖意识的产物，而分支别居的客家人，在他们离开了自己的亲人和祖居地以后，不免感到空虚和孤独。这时，门榜又起着激唤崇祖意识的作用，使分支别居的客家人感到自己的亲人就在身边，脚底下的这块新居地就是祖居地，于是，大大坚定了在新居地干一番事业的决心和信心。第三，通过门榜来取得同宗群体的归属感，并提高分支别居者的社会地位。过去，"门榜"曾像一根红线，把同宗同谱人的思想感情连接在一起，不管分居多远，他们总是心心相印；也不管是否相识，只要看见"门榜"并能道出点"本家"的世系源流来，就会受到东道主的热情款待，胜若久久出门在外回到自己家里一样。而远方的宗族来访，东道主也倍感荣耀。来访的宗亲越多，说明他的家族势力越大。在中国封建社会里，这一点对分支别居者非常重要，因为那是一个土客矛盾、宗姓矛盾和阶级矛盾交织在一起的时代。家族势力大，也就意味着后盾强大，而不至于遭受土著或别的姓氏的欺凌。当然，在那种矛盾斗争中，成为牺牲品的总是各宗族的贫民百姓。今天，旧社会那样的土客矛盾、宗姓矛盾和阶级矛盾已经消除，但是"门榜"联络同宗同谱系的人的思想感情这一个功能依然存在。第四，"门榜"具有教育后代的作用。如前所述，有些"门榜"是显示其品格高尚、门风纯朴、艰苦创业，用于垂训后代的，门榜的这种积极意义，各个姓氏宗族都很重视，它在造就一代又一代人的优秀品德中，也确实起着不可忽视的作用。今天，我们可以将门榜的这种积极作用加以利用，把它纳入社会主义的道德规范，让它为社会主义服务。因此，"门榜"文化也是客家民居的一大特色。

二、围屋民居

围屋,顾名思义,就是由厚厚的外墙包围着的屋子,这是客家民居的一种特殊形式。赣南方围与闽西土楼、粤东围龙屋一起,构成了客家民居的一大奇观。

(一)赣南围屋

1. 分布状况

赣南围屋主要分布在"三南"(定南、全南、龙南),以及寻乌、安远、信丰的南部,其中以龙南县最为集中;其他县份则呈零星分布。据万幼楠先生调查研究,龙南全县现有围屋200座以上,有些山谷村庄,往往一个自然村便有七八座围屋。形制上,除大量方形围屋外,还有半圆形的围垅屋式围屋、近圆形围屋,以及八卦形和不规则的村围;结构上,既有三合土和鹅卵石构筑的,也有青砖、条石垒砌的;体量上,既有赣南最大的围屋——关西新围,也有最小的围屋——里仁白围(俗称"猫柜围",形容其小如养猫之笼)。定南县几乎各乡镇均有围屋,但较零散,精品少,多用生土夯筑墙体,故屋顶形式也多为悬山,此为别县所少见。全南县围屋基本上采用鹅卵石垒砌墙体,为了争取到多一层的射击高度,大部分围屋顶上四周砌有女儿墙和射击孔,以便必要时上屋顶作殊死抵抗。安远县围屋主要分布在以镇岗、孔田为中心的南部各乡镇,现存100余座。信丰县围屋较破残,今多存见于小江乡。寻乌县属珠江水系,一向受粤东文化影响,故这里南部乡镇多是正面两隅设炮楼的围龙屋式围屋。以上各县围屋,估计总数在600座以上。①

2. 结构与功能

典型的围屋,平面为方形,四角构筑有朝外凸出1米左右的炮楼(碉堡),外墙厚0.8—1.5米。围屋立面高二至四层,四角炮楼又高出一层。外墙上一般不设窗,仅在顶层墙上设有一排排枪眼,有的还有炮孔。屋顶形式以硬山为主。围内设有一至两口水井。围门一般为一孔,大者则有两孔。围屋平面主要有"口"和"国"字形两种形式。前者即除四周围屋外,围内别无房屋,此数量较少,规模也较少;后者则在围屋内,还建有一座带祖堂的厅屋组合式主体建筑,小者或一

---

① 万幼楠:《赣南围屋与围屋背景》,载《客家研究辑刊》1997年第1期,第88页。

赣南围屋

明二暗,但更多的是三堂两横中轴线对称的厅屋组合式民居,大者面积近万平方米。围屋外墙体多采用俗称为"金包银"的砌法,即1/3厚的外墙体用砖或石砌,3/2厚的内墙体则用土坯或夯土垒筑;也有的外墙用三合土垒筑而成,即用石灰、黄泥和沙,或石灰、黄泥和鹅卵石相拌(有的还掺入桐油、红糖、糯米浆等黏性物)筑墙,此种围屋墙体的坚韧耐久性毫不逊色于钢筋混凝土墙。

围屋具有极强的防御功能。它的外墙厚1至3米,高三四层约10至15米,四角向外凸出建有炮楼;炮楼和四周围墙均设有瞭望孔和射击孔。围屋一层作厨房、柴草间、牛猪栏;二、三层为贮藏室和寝室;四楼即顶层楼是战略用房,既不住人也不置放杂物,且间间有门连通;其走马楼上下环行四通八达。一座围屋一般只有一扇外门供进出(个别大围如龙南关西围有两扇外门)。此门是整个围屋的安危所在,故门墙特别加厚,门框亦为巨石制成,并备有横竖栅栏杆,以防不测。厚实的门板包以铁皮,有粗实门杆。板门后大多还有一道闸门,闸门之后还有一重便门。为防火攻,门顶上还设有水漏。如门一旦被攻破,可从两侧和炮楼予以夹击,还可以在通往围屋内一道道巷门窄路途中阻击。围屋中还掘有水井,设有专门囤积粮草的仓库,其他生活设施也一应俱全。一旦有事,紧闭外门,可以坚守1—2个月之久。下面说两个关于围屋的故事:

一个故事发生于于都的上宝土围。

20 世纪 30 年代,中国共产党在赣、闽、粤湘边区建立了以瑞金为中心的中央苏区。当初,赣南河西片的于都、兴国、会昌、瑞金、宁都、石城等县的土围子多被土豪劣绅和反动势力所占据。于是,红军发动了攻打"土围子"的系列战斗。

当时,上宝土围是红军攻打的一个重要据点。上宝土围位于于都县马安乡,建于清咸丰年间,墙高围宽,占地 0.75 平方公里,易守难攻。围内盘踞着钟楷瑞的靖卫团和一些土豪劣绅,存有大量武器弹药。1931 年 12 月 26 日,红三军七师和九师包围了上宝土围,并展开攻围战斗,遇顽强抵抗。于是,红军采取挖地道炸围墙的办法,组织大批赤卫队员挖地洞。可是,当地洞挖近围墙时,不料却与围的护濠接通,大水将地洞冲淹,许多赤卫队员淹在洞里,幸未死人,结果只好又放弃坑道爆破的进攻方式,改用长困久围的办法。

围攻上宝土围期间,在南昌的于都旅省同乡会曾电请蒋介石飞机空援。但飞机 4 次空投弹药物品,大部分落于围外为红军所获。1932 年 1 月 22 日,在进行了将近一个月的围攻后,土围才终于被攻破,俘靖卫团 400 人,土豪劣绅 170 余人,缴获枪支 400 余支,救出被裹胁的群众 5000 余人。

另一个故事发生于安远的尊三围。

尊三围位于安远县镇岗乡,20 世纪 30 年代,该围是当时的乡苏维埃政府驻地。1933 年 7 月初,国民党军陈济棠部对安远一带的苏维埃政权进行围剿,以为尊三围内驻着红军主力,于是用两个团的兵力,实施重重包围。时围内只有赤卫队员六七十人,居民百余人,他们依托坚固的围屋,用少量步枪和土枪土炮,进行顽强抵抗达 44 天之久。国军在机枪大炮久攻不克的情况下,又派来飞机助战,也未能凑效。后国军收集四乡稻草浸湿后,捆成大草垛,滚推前进才接近并攻入围屋。8 月 14 日,围破之日,恼羞成怒的国军官兵,将围屋夷为平地,围内除 1 个小孩逃生外,其余男女老少全部被虐杀。现在安远县镇岗乡尊三围遗址处还留有一片断壁残垣,仿佛向人们诉说着那悲惨的一幕。

通过以上两个故事,亦可见围屋防御功能之一斑。

3. 产生背景

万幼楠先生研究认为,赣南现存最早且有可靠年考的围屋,均建于明末;查文献,作为民居的"围",最早亦见于明末。康熙以后,攻围的记载渐多。因此,围屋的出现,应始于明代中期。围屋在赣南大量出现,并开始形成规模和特色是

围屋内部结构

在清代中晚期。现存围屋约 70% 都是道光以后的。进入民国后,围屋便少建了。[①] 那么,为什么会产生围屋这样的民居呢? 主要有以下几个方面的原因。

（1）宗族发展及其经济实力的增强

从唐宋以来迁入的客家族姓,至明代中叶,在赣、闽、粤边区定居已历六七百年,繁衍数十代。他们的人口有了很大的发展,宗族的经济基础也不断扩大。由于此时新经济因素的萌芽,客家人除了从事传统的农业兼营家庭手工业外,有部分人从事专门商业活动或外出以手工业谋生。不少宗族的经济实力也得到了很大增强。有了较强的经济实力,才有可能兴建像围屋这样的大型民居。

（2）兵燹和盗乱的频繁。

围屋是以强调防御功能为特点的民居,其发生发展显然与兵燹和盗乱有密切关系。赣南处赣、闽、粤、湘四省之相交地带,"山僻俗悍……是以奸宄不测之徒,时时乘间窃发"。因此,宋元以来,这里就不断有山民暴乱或起义。进入明中叶以后,其势愈炽。如,据清同治十三年版《赣州府志·经政·武事》统计:自明正德元年（1506）至清同治十三年（1874）,见于记载的兵燹便有 148 起。这还不包括赣南当时所属的南安府和宁都直隶州所领县地的兵祸数。在这 148 起中,起源或波及"三南"、安远、寻乌一带的兵火,就有 92 起,平均每四年就有一

---

① 万幼楠:《赣南围屋及其成因》,载《华中建筑》1996 年第 4 期,第 81 页。

起。而在这一带边界山区盘踞出没的"小股盗匪",则还不知凡几。这种动乱的形势,是围屋产生和发展的重要动因。

在对围屋的调查中,当问及围屋居民他们的祖先为何建围屋时,得到的回答几乎都是:"防匪盗"、"防乱兵"。翻检有关围屋的姓氏族谱,也多有建围起因的类似记载。如,于都马安乡的宝溪围,据《宝溪钟氏八修族谱》中的《宝溪围序》载:"况迩年来,贼盗蜂起,举境仓皇,或匿迹于深山穷谷,或寄食于别邑他乡,受尽风霜,备历险阻;迨寇退返舍,则室如悬磬,糇粮尽为贼赍,衣物皆为匪攘,连年遇寇,累岁不安。于是,学琚始思固族之谋,讲求御侮之法。"围屋修成后,"从此日上竿无惊,白发高眠长乐,一坊永保青山无恙矣"①。

（3）城堡、山寨、村围的影响。

赣南围屋之形成,与赣南历史上的城堡、山寨、村围等官民建筑有渊源关系。

明代中后期,官府为了对付"三南"、安远一带屡治不平的"盗贼",采取的措施是设"巡检司城"（由武将充任,隶属州县指挥,专司镇压反抗力量的军事机构）和增设新县城。自明嘉靖年间始,先后在安远、龙南、会昌县分别设置了黄乡司城、下坜司城、羊角水堡司城。以后又增设了定南、长宁（今寻乌）和全南县。又在这些县属下设置了高沙堡土城、新坪司城、观音阁城等。这些司城以方形为主,或土筑或砖砌石垒,一般只设一或两孔城门。如黄乡司城"周围一百二十五丈,高一丈五尺,雉堞二百有零,门曰:镇定"。其周长仅略大于关西新围和东生围。观音阁城"周围二百二十五丈,高一丈五尺,宽阔九尺,辟门二,城楼二座",也只一般村围大小。② 对于地方政府来说,筑城堡是为了更有效地镇防"盗贼"。而对于民间来说,这种动荡的局面,也给一些大户之家提出了聚族自保的客观要求。于是,官行民效,于是,一些大姓宗族纷纷建起了防御性的"城"、"寨"等建筑。如:

上犹营前蔡氏,因其之富声名扬于外,而营前又处于地接遂川、崇义及湖南郴州、桂东的偏远山区,加之明中叶后,江西、湖南、广东等省交壤区常有饥民作乱,因而,蔡氏不得不考虑如何来保卫本宗族的生命财产问题。于是,明正德年

① 万幼楠:《赣南围屋及其成因》,载《华中建筑》1996 年第 4 期,第 83 页。
② 万幼楠:《赣南围屋及其成因》,载《华中建筑》1996 年第 4 期,第 84 页。

间,九世祖岁贡元宝、元湘、元环等"因(营邑)地接郴桂,山深林密,易以藏奸,建议提督军门行县设立城池。爰纠族得银六千有奇,建筑外城"(光绪十九年《上犹县志》艺文《营前蔡氏城记》)。城初称蔡家城,因建于太傅营前,后习称营前城。嘉靖三十一年(1552),广东寇民李文彪等攻掠营前,知县吴镐又与生员蔡朝侉、朝璜等议保障之策,旋敛族得银七千余两重筑内城。城高一丈四尺五寸,女垣二百八十七米,周围三百四十四丈,自东抵西径一百一十三丈,南北如之。真是蔚为壮观,俨然一座大城堡! 此时的蔡氏宗族,"同居营前城,庐舍鳞次,烟火千万家;丙夜书声彻闾里"(《蔡氏初届联修族谱·起渭公源流考》),一派兴旺发达之景象。①

　　上述官府的"司城"和民间的"城堡",必然会对后来的围屋发生影响。从围屋的状貌看,大围两门、小围一门,这与司城也是一致的。变城楼为围屋角堡,变城墙和雉堞为围屋房间和枪眼,这也是作为民居的围屋考虑经济实用、便于生活的结果。

　　赣南古代属边远山区,"山深林菁,易于藏奸"。自宋代以来,这里就有山寨、村围建筑。如南宋陈三枪,据"松梓山寨"与官府对抗。于都县银坑镇的"岳飞寨",为南宋岳飞奉朝命率军赴虔州镇压周十隆起义时所垒,现为县文物保护单位。百姓为了避"寇乱",也往往在村子附近山头垒寨。寇至举家避寨中,寇去则返村。至今赣南一些偏远乡村,尚能见到许多废弃的山寨。后来,为了更有利于保护生命财产,便出现了就村边砌墙垣的"村围"。所谓村围,即将整个村庄都包裹在内的围子,它与围屋的区别在于:围屋一般是由某一地主或富商独立设计建造的,因此,构造较精工,整体性能好,围内居民都是他的后裔。村围则往往先是已有一个同宗(也有不同宗姓的)的自然村,后因安全的需要,而聚众捐资出力做起的环村之围。因此,它的面积一般较大,平面多呈不规则形,围内建筑大多杂乱无章,炮楼、门楼根据需要而定。这种村围赣南几乎各县都有,盛行围屋的地方,同样也盛行村围,有的围屋还是在村围之内。较早的村围,如于都县葛坳乡澄江村围,其村围设东、西、南、北四门楼,现县博物馆将其西、南、北三

---

①　罗勇:《一个客家聚落区的形成和发展:上犹县营前镇的宗族社会调查》,《赣南师范学院学报》2002 年第 1 期,第 50 页。

门的门额铭石收藏,其中"北门"题名落款是宋末文天祥。①

　　总之,围屋与赣南历史上的城堡、山寨和村围均有着密不可分的渊源关系。从山寨、村围、围屋三者的外形看,围屋显然脱胎于山寨、村围;而从安全便利来看,围屋显然优于村围,村围又优于山寨;从围屋的防御功能看,围屋又受到城堡建筑的强烈影响。

　　4. 围屋文化

　　(1) 构造艺术。

　　围屋虽是以防卫为主要特征的民居,但因建围者均是富商巨室或地方名绅,所以,他们在建围时除考虑如何将围屋建得坚固、易守难攻外,还着意于如何将围屋建得气派和富丽堂皇。因此,在围屋的构造艺术上,往往竭尽精巧之能事,给后人留下了许多艺术珍品。

　　围屋的细部艺术,主要表现在围内,尤其是"国"字形围的厅堂建筑中。因厅堂的好差或档次的高低,往往代表着一围或一姓一房的脸面或地位,因此,祖堂或厅堂中的梁架垫木、门窗额枋、柱联柱础、天花铺地等,都会尽其资产之所及、毕其工艺之所能,精益求精地进行装饰。如祠堂大门门面,一般为仿木构牌楼线脚装饰或雕刻,额书堂号或其他标榜门第出处的文字。厅堂内均铺砖,天井阶沿皆用巨条石打制。祖堂或正厅一般不设楼层,祖位所在,其上按传统是不敢置物住人的,因此,大多为砌上露明。梁架制作精美,下厅或前厅多用天花板,上绘民俗彩画,高级的还设有藻井;朝厅堂开设的门、绦环板上均雕刻人物故事或花卉祥兽,风格近徽雕;天井两侧的厢房,则用六或八扇格扇门,窗棂多为各种拐子纹与雕花棂相结合使用。厅堂内用柱不多,有木质和石质之分,石质的往往四面题刻对联,柱础都有雕饰,且形式多样。此外,围内用卵石拼铺的室外铺地花样,以及悬挑的走马楼也颇有艺术特色。②

　　(2) 宗族文化。

　　围屋是"聚族而居"的民居。它集家、祠、堡于一体,住在围内的居民,都是某一个姓氏共同祖先的后裔,围内人相见,互以宗亲长幼相称。因此,围屋维持

---

　　①　万幼楠:《赣南围屋及其成因》,载《华中建筑》1996 年第 4 期,第 84 页。
　　②　万幼楠:《围屋民居与围屋历史》,载《南方文物》1998 年第 2 期,第 78—80 页。

着极强的"血缘性",保存着较为完好的"宗族文化"。

每一座围屋都有一个不可缺少的室内公共空间,这便是"祖堂"(或"祠堂"),祖堂是围屋居民的圣殿,必位于中轴线上,这是人们举行重要礼仪活动的公共场所,也是维持宗族血缘关系的纽带,每年都要定时在此举行隆重的敬宗祭祖活动。围内实行族长管理,统一管理围内诸如交通、卫生、排水、纠纷等事宜。围民们平时各为家政,祭祖行礼时,便是一个大家庭;遇到外敌入侵,则整个围民又是一个统一的战斗集体。

围屋的日常管理非常严格,这一点在许多围屋的族谱上均有所反映。因居围日久必致"生齿日繁、萃处稠密",出现占有公用场地等现象。因此,许多大围都立有公约。如龙南武当乡田心围,在前厅侧墙上便嵌有一方禁碑,上书:"祖堂乃先公英灵栖所,永禁堆放竹木等项;天井、丹墀永禁浴身污秽;围内三层坪巷道,乃朝夕出入公共之路,永禁接檐截竖及砌结浴所、猪栏、鸡栖等项。围外门坪斗角周墙角,永禁架木笠厕,蔽塞外界。"此碑立于清乾隆二十七年(1762)。当然,为了维系和光大宗族,围屋除了有庄严肃穆的一面外,还有亲情融融的一面。如,每座围屋一般都设有"围门厅",这是围民们最爱聚集和休闲的地方。因为门厅不仅光线好、通风好,且还是进出围门的哨口,因此,它成了围民日常感情交流的主要场所。门厅两边多固定设有长凳或树筒、石礅等以备坐,几乎任何时候走访围屋,尤其夏天,这里都会有人在谈天说地或闲坐;若遇客人,他们便会"笑问客从何处来",笑脸相迎,盛情款待。

此外为了满足围民们信仰的需要,围屋内还设有"社官庙",把"土地伯公"请进了围屋。社官庙一般设在围门内侧,每月的初一、十五,围内居民都要在这里祭祀"土地伯公"。即使在长困久围时,也不忘向神明祈祷保祐平安之事。

总之,每一座围屋都是民间文化的"宝库"!无怪乎 2000 年日本东京艺术大学建筑系主任、著名学者片山和俊教授在考察了赣南围屋后,接受记者采访时大为感慨地说:赣南围屋的构造并不复杂,但它的大尺度、大空间、大容量集居住、城堡、宗教信仰、议事厅和中心广场于一体,如此宏伟多功能的民居为世之罕见,令人感到震撼!看了围屋,就像读了一本建筑教科书,从中学到很多知识和得到许多启发,这种感觉犹如日本人初看古罗马建筑一样。罗马建筑影响了整个欧美建筑,而赣南围屋是"东方的罗马"。

（二）闽西土楼

1. 分布状况

闽西的客家土楼,主要分布在博平岭南脉两侧的几个县市,如龙岩南部的适中镇,永定东南部的高坡、坎市、抚市、湖雷、古竹、岐岭、大溪、湖坑、下洋等乡镇,南靖西北部的奎洋、梅林、书洋等乡,平和西部的芦溪、霞寨、合溪、秀峰等乡镇,诏安西北部的秀篆、官破等乡,以及闽、粤交界的广东饶平、大埔、蕉岭部分地区。2008年7月6日,"福建土楼"被联合国教科文组织世界遗产委员会列入世界文化遗产名录。成为世界文化遗产的46座福建土楼由六群四楼组成,永定县占三群两楼,南靖县和华安县占三群楼。即分布在永定县的初溪土楼群、洪坑土楼群、高北土楼群;南靖县的田螺坑土楼群、河坑土楼群;华安县的大地土楼群。其中最为著名的是永定的客家土楼群。

闽西土楼

2. 结构与功能

土楼多以生土夯筑而成,即用未经焙烧的按一定比例的沙质黏土和黏质沙土拌合而成的泥土,以夹墙板夯筑而成墙体(少数以土坯砖砌墙),柱梁等构架全部采用木料作为承重系统的两层以上的房屋。它外呈圆形,里为殿堂式,呈方形,有"二堂二横"或"三堂四横"等规格,中轴线分明,横屋只有一层或两层。围屋内设上下厅堂、天井、后室、横屋、巷道等,功能齐全。

以最为著名的永定县湖坑乡洪坑村振成楼为例。它始建于1912年,历时5年完成,是林氏大官商之家,以中西合璧、布局精致、传统与现化相结合而著称。其布局由内外两个环组成圆楼,外环四层,内环两层,中心为祖祠,一正门,两侧门。环楼外墙用泥土夯筑而成。外环一、二层不开窗,三、四层各间开方窗。正门为拱券方框石门,上有"振成楼"长方形额。外环楼按八卦设计,每卦六间,设一楼梯,为一单元。卦与卦之间以拱门相通。楼内有一厅、二井(暗合"八卦"中的阴阳两极)、三门(即正大门和两头边门,意合八卦中的天、地、人三才)和八个单元。其中"二井"位于楼中内、外环楼间东西两侧,正好位于八卦阴阳两极上。东边水井处于阳极,相传建楼之初,不少人因喝了此井之水,后来都成了工匠师傅,故有"智慧井"之说。西边水井在阴极,水质清冽甘甜,常饮此水者皮肤娇嫩、乌发鲜亮,男的英俊、女的靓丽,俗称"美容井"。楼中卦与卦之间是隔火墙,一卦失火,不会殃及全楼;卦与卦之间还设有卦门,关闭则自成一方,开启则各方相通,一旦盗贼入屋,卦门一关,即可瓮中捉鳖。

振成楼亦颇有现代风格。内环楼底层作书房、客厅和账房,是全屋的管理中心。二层为卧室,回廊用花铁栏杆装饰,内天井铺花岗岩地板。祖祠为平面方形,厅前有四根西洋式立柱,柱间用瓶式栏杆装饰,厅后开两拱门,厅内用对联和字画装饰,充满了现代的洋气和雅气。围楼内住房、厅堂、天井、敞廊、水井等布局有序,和谐安宁,是客家人一种理想的生活境界。

土楼内部结构

3. 文化内涵

联合国教科文组织定义世界文化遗产——永定客家土楼:是"根植于东方血缘伦理关系和聚族而居民族传统基础之上的建筑艺术成就和历史见证"。第一蕴含着客家同宗血缘凝聚力,一座土楼就是一个家族的凝聚中心。客家土楼集体聚居的特殊性,反映了客家人的强烈的家族伦理制度。第二八卦土楼包蕴了道家深刻的哲学思想。在客家土楼建造中,八卦的运用可谓精彩绝伦,不仅八卦土楼完全以八卦精髓为建楼指南,而且其他类型的土楼建造亦多用八卦择地定位,镇宅禳邪,出煞保安。第三土楼内设学堂、题对联诗文,使土楼深具浓厚的文化性。土楼明珠振成楼,除具独特的八卦建筑风格外,楼内一幅幅对联和题词,就是前辈期望后辈知书识礼成大器的家训,深具典型意义。如:大门联为"振纲立纪,成德达材";二道门临摹明代海瑞书法"干国家事,读圣贤书";内厅堂四大石柱联:"振乃家声好就孝弟一边做去;成些业端从勤俭二字得来;能不息患挫志,自不为安乐肆志;在官无傥来一金,居家无浪费一金"。正厅正面是"言法行则,福果善根";"振作那有闲时少时壮时老年时时时须努力,成名原非易事家事国事天下事事事要关心"。这些自勉或勉后人的家训,是土楼文化的典型代表,也是客家土楼文化内涵丰蕴的极好写照。第四土楼由封闭式向半封闭开放再到开放式的转变,反映了客家人作为一个民系由弱而强,反客为主的历史变化。当年,客家先民被迫由中原南迁,辗转来到南方的荒郊野岭山区落居。面对丘陵盆地,灌木丛林,野兽出没,强悍土著,他们既需要聚居又受地域限制而各族散居,不得已在建族楼时,采用高大、坚固、封闭的土楼形式。有资料证明,较古的客家村落,最初仅一座或几座土楼,随历史推移,才逐渐出现了当代人看到的多座或一群土楼,说明客家村落的形成是由最初的几族为村到人口繁衍、族群增多,土楼比邻而建,其中固然有经济发展的因素,使客家人逐渐站稳脚跟,由"客人"向"主人"转变。民系的强大反映到住宅风俗上,即较古的土楼封闭性极强,以后逐渐半封闭到半开放。

(三)粤东围龙屋

1. 分布状况

围龙屋是粤东客家地区标志性的民居建筑,其分布范围约为 3.5 万平方公里,尤以梅州地区的梅县、兴宁等为中心区,分布最密。从中心区出发,向周边辐射慢慢消失。围龙屋在分布区内不断地重复出现。根据学术界调查统计,在粤东客家地区有大小 10000 多座围龙屋。其中梅州市范围内目前仍保存完好且规模较大的有 3712 座。①

---

① 据梅州市"申遗"办公室 2008 年统计资料。

粤东围龙屋

2. 结构与功能

　　围龙屋的建构特点是前半部为半圆形池塘,后半部为半圆形的房舍建筑。两个半圆的接合部位由一长方形空地隔开,空地用三合土夯实铺平,叫"禾坪"(或叫地堂),是居民活动或晾晒的场所。"禾坪"与池塘的连接处,用石灰、小石砌起一堵或高或矮的石墙,矮的叫"墙埂",高的叫"照墙"。半圆形的池塘主要用来放养鱼虾、浇灌菜地和蓄水防旱、防火。

　　后半部的房舍建筑,正中为方形主体建筑。有"三栋二横",一围层;有"三栋四横",二围层。最小的围龙屋建筑面积也在上千平方米,大的则上万平方米。有的大围龙屋居住着上百户人家,几百口人。"三栋二横"一围屋居多,它有上、中、下三厅,各厅之间均有一口天井,并用木制屏风隔开,屏风按需要可开可闭。厅堂左右有南北厅、上下廊厕、花厅、厢房、书斋、客厅、居室等,错落有致。建筑结构前低后高,有利于采光、通风、排水、排污。

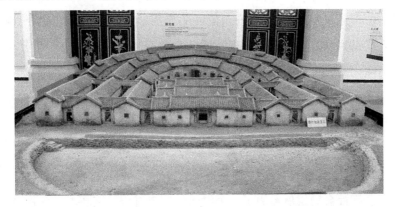

围龙屋模型

正屋——横屋外层便是半圆形的围屋层,有的是一围层,有的是二围层,围龙屋由此而得名。弧形的围屋间,拱卫着正屋,形成一道防御屏障。围屋间窗户一般不大,是天然的瞭望孔、射击孔,便于用弓箭、土枪、土炮等武器抗击来攻之敌。围龙屋的建筑设计与当时客家人的处境有极大关系。客家人一般为后来者,多居住在偏僻的山区,受当地人的排挤和欺侮。为了团结御侮求生存,他们不得不聚族而居,也不得不建造具有防御性的城堡式住宅——围龙屋,以抵御盗匪和当地人的侵扰。围龙屋还建有坚固的多层"角楼",既可用来储备粮食、草料,又可居高临下射击来犯之敌。如遇盗匪前来扰劫,只要把大门、半门一关,村民们便可携武器凭借围龙屋和角楼进行抗击。

3. 文化内涵

围龙屋将中国传统礼制、宗法观念与风水思想融为一体。通常一座围龙屋就是一个家族,就是一个小社会,在中国民居建筑中独树一帜,因此享有"夯土的史书"之赞誉,成为了解和研究客家民俗、社会、文化的"活化石"。以家族为中心,子孙分住周围,可收团结凝聚之效,亦可对族人行为起非正式的社会控制作用,有利于增强宗族的凝聚力与培养集体主义精神。

围龙屋的文化符号包括风水、中轴线、水塘、化胎、五星石伯公等。围龙屋的化胎是围龙屋重要的文化符号之一。围龙屋祖公厅后面是龟背形的土包,土包上铺鹅卵石,俗谓"化胎"。"化胎"的功能俗谓主管"丁",为宗族生育聚气之处,有化育万物的意思。围龙屋的文化符号在古老的寺庙里也能找到对应的符号。如建于唐修于明的灵光寺正殿后面就有很标准的化胎与五方龙神伯公等文化符号。值得进一步思考的是,梅州地区的坟墓形式,与围龙屋同形同构,反映了客家人尊崇大地之母的观念。围龙屋的文化符号在粤闽赣边广泛分布,成为客家历史文化的一个重要载体。

第三节　客家宗族文化

一、客家宗族社会的发展

客家宗族社会的发展经历了一个漫长的历史过程。它随着汉族移民大量进入客家地区而发生于唐宋时期,中经元明时期的曲折发展,至明代中叶,其宗族组织和宗族制度获得了空前强化。主要表现在：

其一，宗族经济实力的增强。

从唐末以来迁入的客家族姓，在赣、闽、粤边区历经数百年的生息繁衍，至明代中叶，其人口和宗族不断壮大，不少宗族的经济实力也得到了很大增强。如：

上犹营前蔡氏，于南宋末从吉水迁来营前定居。因其祖宋时世代为官，为显族，故迁居营前后，也很快成为地方名绅。有明一朝，蔡氏的发展达到了极盛时期，无论是其政治势力还是经济实力，都堪称大族。以致明洪武间，六世祖本太公富于赀，"捐米一千二百石赈济江南，奉敕旌表"。其孙朝权公又于景泰间捐谷一千五百石赈饥，亦奉敕建坊旌仪。七世祖仲智，好善乐施，出巨资重修本里妙乐寺大佛殿，备极壮丽。[①]

上犹营前陈氏，于南宋绍兴三年（1133）由泰和迁居营前，宗支繁衍，至第七世（约当元朝后期），已经有了相当的经济基础，遂开始建宗祠，旋又建分祠。明初又开始修族谱。明朝中后期，陈氏的宗族实力进一步增强，此时，不仅人丁兴旺，而且"游庠食饩贡雍饮于乡者共数十人"（《陈氏支谱·营前陈氏祠堂记》），已经有财力来兴办公益事业。于是，明天启四年（1624），为培文明而障水口，在上犹县令龙文光的倡议下，陈氏合本里蔡氏共建文峰塔（后为纪念龙文光而改名叫龙公塔）于营前东面桃岭之侧峰的水口旁。两姓绅士联为文会，共捐塔会租田一百零五石，以为奖励后进向学求功名之学田。[②]

其二，在民居方面，出现了聚族自保的"城"、"寨"等建筑。

明中叶时期，商品经济的发展和宗族实力的增强，为客家人修筑大型建筑提供了经济支持；而社会的经常动乱与不安，又向客家人提出了聚族自保的客观要求。于是，一些大姓宗族纷纷建起了防御性的"城"、"寨"等建筑。

如，前述上犹营前蔡氏修筑的营前城。

又如，连城新泉张氏，据张氏族谱的《申报土砦告竣文》中称："嘉靖年上杭巨寇李之奴入境，胁迫杨廷兰、杨廷胡等作乱，惊动官兵，虽已芟夷，而堡砦（寨）

---

① 民国38年《蔡氏初届联修族谱·起渭公源流考》，转引自罗勇：《一个客家聚落区的形成和发展：上犹县营前镇的宗族社会调查》，《赣南师范学院学报》2002年第1期，第49页。

② 罗勇：《一个客家聚落区的形成和发展：上犹县营前镇的宗族社会调查》，《赣南师范学院学报》2002年第1期，第48页。

不设,亦徙楼苴其居。先年蒙署县本府刘推官目击斯故,曾倡大义,就于汤背筑立土堡一所……今已筑完上砦(寨)一座,周围共计五百零六丈,高一丈五尺,厚一丈一尺,设城门五座以便居民出入。"①

如前节所述,围屋、土楼皆脱胎于山寨或土砦(寨)。据此,有理由认为,明代后期至有清一代客家地区流行的土楼、围屋、围龙屋等血缘和地缘高度合一的宗族聚居建筑,都是由此前的"城"、"寨"等防御性民居演变而来的,它从一个侧面反映了客家宗族社会的发展。

其三,祠堂的修建和族谱的修撰。

祠堂是宗族的标志,是宗族内聚力的纽带。祠堂的建造是宗族奠基立足的宣言,祠堂的兴衰与昌败是宗族实力的表征。而修族谱是加强血缘联系、巩固宗族制的另一个重要措施。明中叶时期,随着客家宗族的发展和经济实力的增强,许多宗族开始了修建宗祠和修撰族谱的活动。如:

赣县湖江夏府村戚氏,明前期已修建总祠"追远堂",万历以前又修建分祠"敦本堂"。明代中叶戚氏已经撰修了族谱,并于万历年间进行了重修工作。同村谢氏,明永乐间初建宗祠"报本堂",正德年间择地重建。谢氏明代以前可能已有族谱,而于明嘉靖癸卯年(1543)重修。②

安远修田杜氏,两宋之交来此开基,至明弘治十七年(1504)始建宗祠,历时四年,于1507年才基本完工。杜氏的第一部族谱刊自明嘉靖甲子年(1564),之后万历庚子(1600)和天启丁卯(1627)都曾续修。③

清流长校李氏,北宋元祐三年迁此,至明洪武庚申年(1380)始建"李氏大宗庙",嘉靖丙辰年(1556)重修。李氏族谱始修于明代,而于清康熙五十一年(1712)二修。④

---

① 孔永松、李小平:《客家宗族社会》,福建教育出版社1995年版,第22—23页。

② 参见林晓平:《赣县夏府村的宗族社会和神明信仰》,载罗勇、林晓平主编:《赣南庙会与民俗》(劳格文主编《客家传统社会丛书》第7册),国际客家学会、海外华人研究社、法国远东学院,1998年,第168、178、183、188页。

③ 参见刘劲峰:《安远修田杜氏宗族》,载《赣南宗族社会与道教文化研究》(劳格文主编《客家传统社会丛书》第8册),国际客家学会、海外华人研究社、法国远东学院,2000年,第34、46—47页。

④ 参见李升宝:《清远县长校村的宗族传统调查》,载杨彦杰主编:《汀州府的宗族庙会与经济》(劳格文主编《客家传统社会丛书》第6册),国际客家学会、海外华人研究社、法国远东学院,1998年,第270—272页。

赣县大湖江戚氏祠堂

综上所述,至明代中叶,客家宗族组织和宗族经济均有了前所未有的发展,客家宗族社会已趋于成熟。

明末至有清一代,随着中国社会的发展变化,客家宗族社会进一步发展。宗族将大批族众团聚在一起,在社会的基层形成一个个小单元,构成客家传统社会的组织基础。直至民国时代的 1949 年以前,宗族制度始终没有受到大的冲击,原有的宗族社会不仅存在,还不断得到巩固、分支和再生,在广大客家乡村超常地保留下来。

二、宗族文化

"宰相表行多谱牒,大宗法废变祠堂。犹存九两系民意,宗约家家法几章。"这是晚清著名诗人黄遵宪《乙亥杂诗》中的一首,描写了客家宗族文化的兴盛。

(一)祠堂

祠堂既是安放祖宗神位,供族人祭祀祖先的神圣空间,也是族人聚在一起,解决宗族重大问题、商讨宗族发展大事的重要场所。除每年照例在这里举行的春秋两祭外,其他诸如办学、赈济、庆贺添丁、惩罚叛逆等活动也在这里举行。

客家地区祠堂数量众多。每个宗族都建有祠堂,包括宗祠和房祠。小的宗族,有一两个祠堂,大的宗族往往有数个、数十个祠堂。有的村落之中,有开基祖大宗祠和大小支系的许多房祠,分布较为集中,故而形成一个祠堂建筑群。

第一层次的宗族祠堂是宗祠,又称为"总祠",是宗族全体成员祭祀其共同祖先,一般为迁徙到某地的开基始祖的祠堂。

宗族之下又分为若干房,祭祀本房祖先的祠堂,就是小宗祠,又称为分祠、支祠、房祠。

随着房人口的不断扩大,又会分解出新的、更小的支房,这些支房又会建造用于祭祀该支房祖先的祠堂,称为众厅。

客家祠堂的建筑规模很大,一般占地五六百平方米,占地一千平方米以上的祠堂也不在少数。祠堂比普通住宅建筑精美,一般为三堂式结构,分上、中、下三堂。上、中堂之间有左右回廊,中为天井,中、下堂之间也有天井。祖祠讲究风水,祠前一般有禾坪、池塘。

如被誉为"福建省民居第一村"的培田,居民全为吴姓,共 300 户 1000 多人,保存有大小祠堂 21 座。据传,在吴氏迁来之前,培田已有林、曹、马、谢、翁、聂、赖、魏、黄等十来姓。元末明初,为了躲避战乱,培田吴氏开基祖八四郎公从浙江迁到宁化,再由宁化移居培田,逐渐发展壮大。其他各姓或外迁,或灭绝,现在培田仅有吴姓。随着吴氏家族的繁衍、发展,宗族支派日益众多,大小祠堂不断建造起来。

在乾隆五十三年(1788)刊刻的"乡图"上,我们可以看到当时培田村内已建成了"祖堂"(衍庆堂)、文贵公祠、中公祠、宏公祠、江公祠、浩公祠、鉴堂公祠,在河对面的山麓上,也建成了敬公祠、演公祠、瀚公祠、浩公祠、宏公祠、配尊公祠等等。到晚清时期,培田吴氏不仅有全族共有的衍庆堂和文贵公祠,家族中各大支派也都有了不同层次的祠堂。

祠堂有它自己的附属产业,亦名族产,族产主要用于建祠修墓、修谱联宗、办学科考、迎神赛会、门户应役、兴办公益事业(如修水利、修路桥、设渡、设茶亭等)以及族内救济,处理与外族的民事纠纷、诉讼甚至械斗等。

(二)族谱

客家族谱与祠堂是客家宗族的两大支柱,客家人有着强烈的祖宗崇拜意识,在迁徙时,对族谱、家谱敬若神明,把族谱视为凝聚族众、延续香火的传家之宝。

一般来说,客家族谱内容有繁有简,有多至四五十本的,也有单独一本的,但其体例大致包括:谱序、凡例、图谱、世系、族规、族产、小记、艺文、字辈谱与领谱

培田古村

字号等。

　　客家人十分重视族谱的修撰和保存。族谱一般三十年一小修,六十年一大修,在每次族谱修撰之前,一般都由族中长老在祠堂商议,成立专门的负责机构,名为"谱局",拟定族谱的体例、内容、编写原则、分工等事项,再开始编撰。

　　族谱文字稿成之后,根据各家族经济、财力及具体情况,有以手抄本传世的,也有以印刷本流传的。手抄本一般请族中文字俊秀者誊写,或请民间专门的抄谱师傅抄写。而印刷本则要请专门的谱工雕刻制作,传统时期,族谱多用雕版印刷,近代以来则通行油印。

　　谱成之后,要举行盛大的散谱仪式。在宗族生活中,散谱仪式是重要的家族盛会。仪式通常由族长主持,在宗族祠堂中进行,要求全体族人到齐,整肃衣冠、态度谨严,然后按照每房一套的规矩由各房房长负责领取家谱。

　　客家人对族谱极其虔诚,客家地区普遍存在晒族谱和祭族谱的习俗。每年农历六月初六,祠堂管理者要将族谱从柜中取出,在阳光下暴晒。有的客家宗族在八月初一"小清明"时,要在祠堂中举行祭谱仪式。

　　历史上,客家是个不断迁徙的族群,明末清初已有客家人迁居台湾,大规模迁台则在清前期,他们大都聚族而居,并很好地保留了原乡的信仰与习俗。

　　木有根,水有源,族谱是客家人同根同祖的重要凭证,是联结海内外客家裔孙的纽带。它成为客家人寻根问祖、联络亲情的重要载体。

接谱

（三）祭祖

客家人有一句名言："求神不如拜祖。"的确，现存很多客家村落的古建筑中，祠堂占了近一半，而在每一座住宅中，也都在大厅上设立历代祖先牌位。对客家人来说，祖先是神圣的，也是真实的，崇拜祖先可以得到最直接的回报。

客家人尊祖敬宗传统源远流长，除建宗祠、修族谱之外，还有隆重的祭祖仪式。

客家人祭祀祖先的方式，主要有祖先牌位祭祀和坟墓祭祀两大类。祖先牌位祭祀又分家祭和祠祭两类。家祭，也叫私祭，指单家祭礼。

祠祭则是非常正规化的一种祭祖仪式，一般是春秋二祭。祭祖仪式由祠长公或族长公主持，全族男女老少穿着整齐，云集祠堂，按辈分依次排列，由德高望重的长辈主祭。在主祭人的指挥下，全体肃立，焚香点烛，向列祖列宗行叩拜礼，敬献祭酒及三牲果品。然后，诵读祭文，焚烧衣纸，鸣放鞭炮，敲锣击鼓。

最高级别的祭祖仪式要算三堂祭了。三堂祭成员众多，其中主祭一人，陪祭若干，大通、引赞、亚赞、读祝各一人，礼生四人，皆着蓝布长衫，带礼帽。

祠祭不仅是同一地域内聚族而居的同宗族人参加祭拜，还有跨地域的宗祠大联祭。

随着人口不断繁衍，族中成员会慢慢向外移居，在新居地形成新的宗族，建立新的祠堂。但到祭祀之日,不少迁移到异地他乡,甚至远渡重洋的族中子孙,都会回到祖地参加祭祀活动。

墓祭,就是到祖先的坟茔上祭祀,凡宗族内的远祖坟茔都要祭扫,从上元节(农历正月十五)后至清明,由族内的管事统一安排时间,置办牲醴祭品,集合族人前往扫墓。

客家宗族文化兴盛发达,规模庞大的祠堂、卷帙浩繁的族谱、古朴完备的祭祀礼仪,无不显示着中华传统文化的精髓,也昭示了客家文化的蓬勃兴盛。

上犹营前黄氏祭祖

第四节　客家饮食文化

由于客家人主要聚居于山区,且分属于江西、福建、广东等省份,没有统一的行政区划,所以历史上并没有形成独立的"客家菜系",而是附属于所在省区菜系中的子菜系。如粤东客家菜是粤菜中的"东江菜",闽西客家菜叫闽菜中的"闽西菜",赣南的客家菜谓之赣菜中的"赣南菜"。尽管各省区客家菜有一定的不同,但由于客家民系的起源及其文化本质的同一性,使得客家饮食文化总体上呈大同小异之格局。与其他菜系相比较,客家菜及客家饮食文化又有自己的独特性。客家饮食文化,是客家先民们在传承中原饮食文化的基础上,与赣、闽、粤三角地带原生饮食文化长期融合、互动和再生的结果。

一、客家饮食文化的主要特点

(一)食材使用广泛而多样

多山的生存环境,造就了山地特色鲜明的客家饮食文化。由于山多田少,加上土地贫瘠,主粮稻米不足生计,靠山吃山,客家人喜欢吃"野"和"杂",既丰富了口味,更重要的是食物补充。所谓"野",就是指各种野生动植物均可入食。客家食材虽没有粤菜那样驳杂,亦颇为令人咂舌。所谓"杂",主要是指喜食动物内脏。赣南、闽西、粤东日常菜肴中均包含炒猪大肠、肚尖、鸡鸭杂货等家常菜,闽西著名的"涮九品",也叫"涮九门头",精选牛内脏的九个部位,号称"一道涮九品,口福一头牛",将吃"杂"的习俗发挥得淋漓尽致。

(二)烹饪方法粗中有细,蒸、煮、焖、炖、煎、炒相杂

除过年过节外,平日饮食少油炸。刀工粗犷,食器古朴,与江浙饮食的精巧细致反差极大。喜用生姜、葱、蒜等为佐料,去寒增香;在荤类菜肴中以米酒为调料,以去腥保鲜,并加入中草药材,以增强其滋补之功效。赣、闽、粤三客地中又同中有异,赣南菜偏咸辣,闽西、粤东一般不吃辣,而喜做汤菜。

蒸是中国菜独特的工艺,历史上蒸和祭同义,祭品要保持形状完整,才是对天地祖先的尊敬。名菜梅菜扣肉,利用梅菜吸收肉方肥腻的油脂,入口即化,味道醇美,拿来敬老,再合适不过了。看似简单的一道梅菜扣肉,却蕴含着丰富的文化内涵。

客家人古朴的烹饪中亦不乏奇妙的手工做法。以"酒法"和"焗法"为上。

"酒法"的代表作"宁都三杯鸡",在赣南地区广为流传,深受客家人民喜爱。其制作方法独特,须用三黄家鸡为材,将其切成块状,置入砂钵之中,加入一杯米酒、一杯酱油、一杯食油,用微火煲熟。其色香味俱全,鲜美无比,显示出客家菜肴烹饪中的智慧。

"焗"同样是客家菜中独特的烹饪技艺,有趣的是,也是以制作全鸡见长,这就是客家名菜"盐焗鸡"。其做法是:将三黄鸡宰杀洗净晾干,全身涂抹料酒,内腔置入姜片、葱结、沙姜粉、八角等调料,再醮入料酒、老抽各2汤匙,熟猪油5茶匙,抹一层盐,用牛油纸或专门做盐焗鸡的纸将鸡包住;将粗盐炒热,一部分铺在砂锅锅底,将鸡放在上面;将剩下的盐覆盖在鸡上面,将鸡包得严严实实的。大

火焗上20分钟就可以了。盐焗鸡外表橙黄油亮,爽滑鲜嫩,鸡香清醇且香而不腻,保留了丰富的营养价值。

（三）喜做干、腌、腊制品

客地山多水冷,地湿雾重,加之自然灾害频发,恶劣的生存环境和长期低下的生产力,需要人们贮藏食物,在南方的气候条件下,干、腌、腊制品就占据了食物中的突出地位。冬季来临,家家户户都会制作香肠、腊肉以及各种腌制品。这既保存了宝贵的食物,满足了客家先民积年累月大强度劳动和粮食不足的要求,又补充了体内消耗的盐分。腌菜、豆干和各种腊味在客家菜中使用极为普遍,以赣南的香肠、板鸭等腊货和"闽西八大干"①为典型。可以说,客家饮食如果缺少了干、腌、腊制品,地方风味怕要减去不少。

（四）讲究保健功能

客家人的饮食非常注重保健功能,常在烹饪中加入某些中草药材以平抑凉热,加入名贵药材以增强滋补功效。如客家人爱吃狗肉,狗肉呈暖性,夏天气温高,采用清炖做法,加入一些凉性中草药则为清补;冬天寒冷,采用红烧做法,加入桂皮等暖性中草药则为暖补。又如,鸡在客家人的观念中被视为上乘滋补食品,一般人家平日难得烹食,须逢年过节、来贵客、妇女坐月子、家人病后恢复元气等才宰食。往往采用清炖的方法,加入人参或参须,炖至烂熟,参味鸡味均入汤,至为营养滋补;妇女坐月子则用米酒煮鸡,既活血化瘀,又暖补产后虚体。

"擂茶"是客家人最为重要的保健饮品,对常年生活在大山长谷、阴湿之气较重的生态环境中的人,有一种独到的驱邪健身功效。

客家人做擂茶,以妇女见长。擂茶时用一把茶叶,适量芝麻,几片甘草等,置入擂钵中,手握擂棍沿钵内壁顺沟纹走向有规律旋磨,间或钵中间擂击,将茶叶等研成碎泥,用捞子滤出渣,钵内留下的糊状食物或叫"茶泥"、或称"擂茶脚子"。再冲入沸水,适当搅拌,再佑以炒米、花生米、豆瓣、米果、烫皮等,就是一钵集香、甜、苦、辣于一体的"擂茶"了。

"擂茶"配料也可随时令变换,按人们所需,配不同料,形成多种多样多功能

① 闽西八大干是闽西地区有风味特色的八种干制食品,包括连城地瓜干、武平猪胆干、明溪肉脯干、宁化老鼠干、上杭萝卜干、永定菜干、清流笋干及长汀豆腐干。

的"擂茶"。如加茵陈、白芍、甘草,为"清热擂茶";加鱼腥草、霍香、陈皮,为"防暑擂茶"。故有俗谚说:"喝擂茶,吃粑粑,壮身体,乐哈哈。"以致说这奇特的客家擂茶是"药食兼佳,味中有味"的"客家保健饮料"。

简单的食材、独特的制法,创造出了客家人自己的味道。《礼记·礼运》有云:夫礼之初,始诸饮食。在客家人眼里,吃从来不仅仅是解渴充饥,往往蕴含着认识事物理解事物的哲理。

擂茶制作

二、客家饮食文化的丰富内涵

(一)蕴含着中原情结

客家先民从北方迁到南方,从平原地带入居山区丘陵,他们虽然远离了动乱与战火,却面临新的生存劣境。因此,他们不得不对原来的思维方式和生活模式作某些调整以适应新的环境。由此久之而形成新的风俗习惯,如温仲和在《嘉应州志·礼俗卷》中写道:"州俗土瘠民贫,山多田少,男子谋生各抱四方之志,而家事多任之妇人。故乡村妇女,耕田、采樵、织麻、缝纫、中馈之事,无不为之,洁之于吉,盖女工男工皆兼之矣。"这是与中原地区传统的"男耕女织"很不相同的新的男女分工格局,由此也就铸就了客家妇女吃苦耐劳、精明强干的优良品格和不缠足、不束胸的健劲气习。

然而,在思想观念和生活习俗上,客家人又有着许多难舍难割的中原情结。

其中,"酿豆腐"就深含着客家人的中原情结。

客家先民来自中原,中原人喜欢吃饺子,但客家人居住的赣、闽、粤山区不宜种麦子磨面粉,没法吃上像中原那样的面粉饺子。客家地区产大豆,客家人善于做豆腐,于是就在豆腐里面塞上肉馅做成"酿豆腐",形似饺子,这便是北方人吃饺子习俗的一种承传和变异。

（二）凝聚着爱国爱乡传统

客家人素有爱国爱乡的优良传统,这在饮食文化上亦有反映,关于"三杯鸡"的传说就是一个典型的例子:

南宋末年,民族英雄文天祥在客家地区领导抗元被俘,广大人民群众十分悲痛。一天,一位七十多岁的客家老婆婆手拄拐杖,提着竹篮,篮内装着一只鸡和一壶酒,来到关押文天祥的牢狱,祭奠文天祥。老婆婆意外地见到文天祥,悲喜交集,原来外传文天祥已被杀害,她是前来祭奠文丞相的。她见文丞相还活着,后悔没带只熟鸡,只好请求狱卒帮忙。那狱卒祖籍江西宁都人,心中也很钦佩文天祥,老婆婆的言行使他深受感动。想到文天祥明天就要行刑,心里也很难过,便决定用老婆婆的鸡和酒,为文天祥做一次像样的菜肴以示敬仰之情。于是,他和老婆婆将鸡宰杀,切成块,找来一个瓦钵,把鸡块放入钵内,倒上米酒,加点盐,充做调料和汤汁,用几块砖头架起瓦钵,将鸡用小火煨制。过了一个时辰,他们揭盖一看,鸡肉酥烂,香味四溢,二人哭泣着将鸡端到文天祥面前。文天祥饮酒汤,食鸡肉,心怀亡国之恨,慷慨悲歌。第二天,文天祥赴刑场,大义凛然,视死如归,这一天是十二月初九。后来,那狱卒从大都回到老家宁都,每逢十二月初九这一天,必用米酒煨鸡祭奠文天祥。因此菜味美,便在赣州一带流传开来,逐渐成为名菜。许多大酒店小餐馆为了改善口味,又将此菜做法稍作改动:即一杯米酒、一杯酱油、一杯麻油。用这三杯佐料和鸡块一并倒入沙钵内,然后加入少许凉水,生火慢煨,直至肉烂为止,其色香味俱全,鲜美无比,名之曰"三杯鸡"。

（三）客家菜肴中的名人文化

许多客家名菜的来源与名人有关,这反映了客家人浓厚的崇文意识与观念。如"赣州小炒鱼"的传说:

明代著名思想家王阳明一生酷爱吃鱼,他在赣州为官时,聘用当地的凌厨子做厨师。凌厨子心灵手巧,厨艺甚佳,经常变化鱼的做法和口味,王阳明十分赏识他。

有一次,王明阳大宴宾客,请的都是从京城来的名人和高官,王明阳嘱咐凌厨子一定要拿出最好的手艺,好好款待贵宾。可是,凌厨子忙中出错,在炒鱼时,竟把陈醋当成黄酒放进了锅里。等到他想起放错调料时,菜已经上桌了。这道香气扑鼻、色泽金黄的炒鱼一上桌,就让宾客们垂涎欲滴,他们尝了尝,感觉外酥里嫩,满口留香,非常可口,纷纷问王阳明这道菜的菜名。王明阳平时也没吃过这样美味的鱼,于是派人把凌厨子叫来询问,凌厨子摸了摸他的大脑袋想,赣州人称醋为小酒,既然是小酒炒鱼,何不称其为小炒鱼呢?于是他回答道:"大人,这道菜叫小炒鱼。"赣州小炒鱼的美名就这样传开了。

又如,兴国"四星望月"的传说:

1929 年 4 月,毛泽东率领红四军从闽西回师赣南,分兵发动群众。部队来到兴国县境,毛泽东带着一个警卫排首先进入兴国县城,受到兴国县委领导陈奇涵、胡灿等人的欢迎。当时,红军从井冈山突围出来,转战数月,风餐露宿,相当憔悴。于是,陈奇涵等人决定请毛泽东打个牙祭,吃一餐兴国客家的传统菜"蒸笼粉鱼"。这一天晚上,毛泽东在桌边坐定,见桌上油炸花生米、竹笋炒肉、炒鸡蛋、豆腐乳等四碟小菜围着一个大小尺余的竹蒸笼,颇感诧异。揭开笼盖一看,才明白原来是一道菜,他挟块鱼片一尝,又鲜又辣又香,颇合他的嗜辣口味,不由得兴致勃勃地吃起来。

毛泽东吃了一阵,撇下筷子,问道:"这菜叫么介子名字呀?"胡灿说:"家乡菜,有啥名字,就叫粉蒸鱼。"陈奇涵笑着说:"在皇宫什么菜都有一个漂亮名字,今天这道菜,毛委员您看叫什么名呢?"毛泽东兴致盎然地说:"是该有个名字才好,孔子曰'名正言顺'嘛!"少顷,他用手中竹筷指着蒸笼比划着,饶有风趣地说:"这是一个大的团圆月嘛!"又指着四个盘子说:"这是四颗星星啰!四个小盘子围着个大蒸笼,就像星星围着月亮,我看就叫'四星望月'好不好?"在场的人一致拍手称好,就这样,"四星望月"因毛泽东命名而流传开来。

"四星望月"成名后,其烹饪也越来越讲究。鱼要新鲜,切成薄片,拌上精制薯粉。先在竹蒸笼里垫上几片青菜叶,再铺上粉干和芋片,大火蒸熟后,再将鱼片铺在面上,浇上一层辣椒、生姜、芝麻擂成的糊汁,盖好,旺火蒸8分钟,即可起锅上桌。笼盖一揭,热气腾腾,浓烈香味、辣味扑鼻而来,使人口舌生津、食欲顿开。

郭沫若有一次品尝"四星望月",称赞该菜为"天下第一菜"。1970年,毛泽东到江西庐山、井冈山等地,都特地请兴国的厨师专门做"四星望月",并把这道菜引进了中南海。1972年邓小平重返兴国时,点名要吃"四星望月",说是重温历史。可见"四星望月"已成为一种富有革命传统意义的饮食文化。

（四）饮食文化中的客家人性格

客家人包容性强、热情好客的性格特点在饮食文化中亦有很好的反映。

客家地区山多田少,土地贫瘠,物产不丰,所以客家人养成了节俭的习惯,平日里吃、穿、用都比较简单。一般的客家家庭虽不富裕,但一到秋收冬藏的季节,他们就会酿造米酒,制作各种干果,如炒花生、烫皮、薯片、油粿、南瓜酱等等。除逢年过节外,这些食品客家人自己也舍不得吃,而是留作以待客人。

一般外人,客家人均视为客人,过其家门问路或歇息,客家人便邀其入内,看座送茶;稍熟一些的客人,则会捧出干粿相待。如好友或亲戚来访,就更隆重其事了。先请吃"酒娘蛋",再买鱼买肉又杀鸡,极尽热情款待之能事。

"擂茶"和"糯米酒",则是客家人招待客人的两大基本饮料。过去,客家人家一年四季均制作"擂茶",除自家日常饮用外,亦以待客。凡来家之客,均捧上一碗香喷喷的"擂茶",以尽地主之谊。故近年来"擂茶"被外界公认为最具客家意象的食品。

客家人酿造糯米酒,自古兴盛。每至冬月,客家人几乎家家都要酿造糯米酒。

酿造糯米酒工序精细,须洁净环境,用稻草燃烧消毒盛装米饭瓦缸;选取优质糯米,蒸熟用清水冲凉后,拌入酒药,装入瓦缸;再封口置于干净处,冬天裹以棉花、被褥等以保暖,待其发酵直至呈露酒娘。米酒虽无白酒的清澈酷烈,但浓醇甜香,绵软柔长,滋补营养。凡红白喜事,亲友宾临,客家人都会煮烫米酒,大碗敬客,直至醉意浓浓,方显客情。客家人包容和热情好客的性格亦于此得到充分展示。

第五节　客家服饰文化

服饰,即指衣服和装饰。[1] 客家服饰是客家先民自中原渐次南下至赣、闽、粤毗邻区后,基于地理环境的需要,并吸收畲、瑶等少数民族服饰文化元素而逐步形成的具有自身外在特色和内在文化内涵的服饰类型。客家传统服饰以古代中原服饰大襟、右衽的形制为基础,配以服饰、发式等装饰,具有朴素、自然的风格和实用的特点。

今天在主要公众场合,客家人已经失去了独有的服饰特征,人们只能从偏远山区的老人孩子身上、从舞台表演着装上去认识客家人在农耕时代形成并遗留下来的服饰特点。客家服饰作为汉族服饰的一个特殊内容,它不但丰富了汉族的服饰的宝库,还留下了许多我们值得研究的文化内涵,是极其宝贵的文化遗产。

一、客家服饰的种类

同其他服饰一样,客家服饰根据不同的分类方法,可以分为下面几类:按性别分为男服和女服,按年龄可分为成年服和儿童服,按季节分为春装、夏裳、秋衣和冬服,按人体部位分为首服、体服和足服,按穿着场合分为常服和礼服,等等。客家传统服饰最具有代表性的是大襟衫、对襟衫、大裆裤、冬头帕、红背带等五种。

(一)大襟衫

传统的客家常服为"大襟衫",在胸前不开口,其开口从颈部开始向右斜开,直至右肋下并沿边而设纽扣,且衣袖宽长,其中袖口宽1尺左右。大襟衫有长、短和中长式之别。短大襟衫朴素大方,下摆处开小襟,便于劳作,布料厚薄不同

---

① 夏征农主编:《辞海》,上海辞书出版社1999年版缩印本,2002年重印,第1821页。

可适合四季穿用,备受中青年客家妇女喜爱;中长式大襟衫长及腿部,袖宽且短,衣领、襟沿等处常镶花边,并配以简洁图案,适合休闲时穿用,多为中老年妇女穿着;长式大襟衫俗称长衫,亦称长袍,长及脚踝,多为男子天气寒冷时穿。一般来说,年轻妇女的大襟衫装饰较多,美观靓丽,中老年妇女的则稍为朴素、庄重。儿童大襟衫俗称"妇道衫",是客家妇女短大襟的简易服式,尺寸缩短,质料柔软。

大襟衫是客家传统服饰的代表,它继承了中原服饰宽松、肥大的古风,朴素洁净、美观大方、实用舒适。布扣一般为 5 排扣,一公一母成对成排。颜色以蓝、黑、灰为主,蓝色大襟衫最为常见,俗称"客家蓝衫"。大襟衫以素色为美,主要是因为客家人生活在山地,素色耐穿耐洗,适应山区农耕生活。客家女性大襟衫的装饰,不像少数民族服饰那样斑斓多姿,绚丽多彩,热情奔放,而是以朴素、简洁、实用见长。

(二)对襟衫

客家人称对襟衫为唐装衫,可见其与中原汉服的渊源关系。对襟衫多为短装,一般为男子常服。对襟衫的特点是结构简单,易于裁制,选料粗糙,用麻、葛布制作,耐磨耐洗,颜色以蓝、灰、黑为主。有袖的对襟衫称作短衫,无袖的则称为"褂驳"(马褂)或"背心"。短衫无领或矮领、对襟、布扣、长袖,上窄下宽,一般五排扣,左右各有浮袋,穿着起来非常便捷、舒适、透气,是劳动、居家的理想服式。"褂驳"无领无袖,白色居多,用棉、葛布制成,便于散热透气,是客家男子夏季常穿的服式。秋冬季节,天气寒冷,男子则改穿对襟棉袄以御寒。

(三)大裆裤

大裆裤是客家男女老幼最常穿的下装,男女基本无别,一律宽头大脚。寒暑服饰无多大区别,只是暑天穿薄的苎麻布,冬天用厚布。大裆裤保留了中原汉服的古风,裤腰、裤腿均宽松、肥大,裤裆亦很深,俗称"宽腰便裤"。裤腰不仅宽,而且长,可根据穿着者的身高提高或放低,一般需要翻折多层才能系紧。裤腿直筒裁剪,通风透气,便于上捋下放。颜色以黑、灰、蓝居多。裤头用料与裤腿不同,常用粗麻土布或用布头拼接,因为裤头隐于衫下,不露于外,体现出客家人节俭的民风。大裆裤宽松肥大的风格,非常便于劳动,穿上也显得朴素大方,因此很受客家人的喜爱。

（四）冬头帕

冬头帕又称柳条帕,简称头帕,是客家妇女秋冬季节用于防风、防寒的头帕。冬头帕由三个部分构成:条帕、抹额和花带。条帕是一块长方形红花布,一般长约 1.7 尺,宽约 1.3 尺,常以红黑蓝白等色相间,纹样为直线条。条帕上端与抹额相接,下边沿则有 1 厘米左右宽的锁边。抹额用较厚实保暖的黑布双层折叠而成,展开高约 4.4 寸,宽约 1.3 尺,对折后高约 2 寸。花带简称带子,长约 2 尺,宽约 2 厘米。每个冬头帕抹额的左右端各缝有一条花带。花带上绣满了以文字、菱形和三角形为主的纹样,比如 、、、、、等。

冬头帕的起源现无从考证,但从其保暖御寒、防风防湿气的功能来看,显然与当地的气候和地理环境有关。确实,客家居地多为山区,山深林茂,溪流密布,时有大雾,终日难以散开,致使空气潮湿。所以,客家妇女一旦岁数到了中年就会开始常戴冬头帕。古时,冬头帕不仅是年轻客家女子结婚时的嫁妆,而且还是客家产妇坐月子期间必戴之物。因此,有学者推测冬头帕起源于中原头巾,认为客家先民们从相对干燥的北方来到多雨潮湿的南方后,为了适应当地气候而将中原头巾改良发展成冬头帕。①

（五）红背带

红背带是客家母亲背孩子用的布带和布兜。客家人结婚时,男家会准备好一条宽约 1 尺,长 6—8 尺的红布带,系于两根尾端留有竹叶的竹竿,做成彩旗。由两个彩童扛在迎亲队伍最前端去迎娶新娘,俗称"打彩"。到了女家后,将彩旗放于祠堂大门两侧,形成彩门,迎亲队伍由此进入祠堂。第二天,迎娶到新娘回到男家后,彩旗也要做彩门,直至婚礼结束。婚礼结束后,这条红布带便留给新娘背孩子,称作红背带。背孩子时,红背带先挽住孩子两腋,把孩子背上背部后,再在母亲胸前十字交叉往后张开挽住孩子屁股,然后在腹前打结。

背兜与红背带功能相似。背兜由布兜和背带组成,布兜绣有纹样,或用花布制作,形状有正方形、长方形、菱形等,背带缝于布兜。背孩子时,用布兜兜住孩子屁股,背带系于胸前。冬天寒冷时,孩子背在背上,就要用冬裙覆盖在孩子身上保暖。冬裙相当于小棉被,非常保暖。

---

① 张海华、周建新:《江西三南客家妇女头饰——冬头帕》,《装饰》2006 年 10 月,第 38 页。

客家妇女戴的冬头帕

红背带虽说是客家母亲上山砍柴、出门挑水、下田莳禾、灶头做饭时背孩子用的一块红布,却像一条血脉连接着伟大的母亲和襁褓里的婴儿,也连接着客家人的过去、现在和未来。正如大型客家风情舞剧《长长的红背带:献给客家母亲》所发出的感喟:"母亲抱着婴儿,一条长长的红带把他们相连。母亲用嘴紧紧地咬着连着婴儿那头的红带,红带终于咬断了。啊,那红带是母亲生育儿女的一条脐带。脐带变成了一条长长的红背带,成了客家人成长的襁褓和摇篮。啊,那长长的红背带,是儿女身上连着母亲血脉的一条永远剪不断的脐带。"[①]

二、客家服饰的原料

客家传统服饰的制作原材料以苎麻、葛、棉为主料,以丝绸为辅料,染料则以蓝靛为主。明清时期,苎麻、葛、蓝靛在赣南、闽西等客家地区种植规模大,而棉、丝绸仅少量生产,大多是从外地买入。夏布和蓝靛交易非常活跃,对客家传统服

---

① 熊振寰(执笔)、黄明光:《长长的红背带:献给客家母亲》,《剧本》1998 年 1 月。

饰及对当地的经济和社会影响重大。

（一）苎麻（夏布）

苎麻纺织出的布为苎麻布，客家方言称为綀布，也因苎麻纤维上有很多沟状凹槽，并且沟壁上有很多细孔，由它纺织而成的苎麻布有较好的吸水性、易干性，特别是透气性比一般棉布要高出几倍，着于身上清爽凉滑，所以苎麻布成为夏季服装的主要布料，因此得名夏布。

苎麻适合在气候温和、水分充沛的地区生长，赣、闽、粤边的地理环境与气候正好符合苎麻生长需要。道光《石城县志》载：石城以苎麻为夏布，织成细密，远近皆称。① 道光《宁都直隶州志》则记载了夏布交易的四大圩镇以及交易额度："夏布墟，则安福乡之会同集、仁义乡之固厚集、怀德乡之璜溪集，在城则军山集。每月集期，土人及四方商贾如云。总计城乡所出夏布，除家用外，大约每年可卖银数十万两。女红之利，不为不普。"②

在赣、闽、粤边客家地区流传的一首《绩苎歌》，它对苎麻生产过程和织麻人的生活作了全面描述：

正月绩苎是新年，苎子爱绩苎爱圆；等得初三穷鬼日，等得初四神落天。

二月绩苎春水深，叔婆绩苎系正经；久闻叔婆绩苎快，一人绩过二三人。

三月绩苎三月三，苎子爱余布爱耕；苎子正爱上南机，又爱踏粄过清明。

四月绩苎禾苗长，叔婆耕布系紧张；织出苎布圩上卖，换来白米度饥荒。

五月绩苎系端阳，家家有女转本乡；家家女子转到尽，又爱拗艾插端阳。

六月绩苎六月天，有布去卖正有钱；买块豆干等细仔，子母食到笑连连。

七月绩苎秋风凉，叔婆耕布系慌忙；苎布拿去换棉衣，换来大细做衣裳。

八月绩苎系中秋，百样神头落来游；三姑七姊下凡到，大男细女闹啾啾。

九月绩苎九重阳，读书阿哥系广张；糊了纸鹞又无线，三餐吃饭爱气娘。

十月绩苎系立冬，田鸡蛏子藏田空；挑担阿哥无汗出，绩苎叔婆寻火窗。

十一月绩苎雪花开，做衫师傅请到来；朝朝叔婆来问做，几多师傅做唔

---

① 道光《石城县志·物产》卷1《舆地志·物产》，第36页。
② 道光《宁都直隶州志》卷12《土产志·物货类》，第260页。

开。

十二月绩苎又一年,苎子绩了布耕完;耕个布子收落柜,又爱踏粄过新年。①

这首山歌形象地描写了绩苎人一年四季的生产和生活。它不仅反映了客家地区有专门的绩苎业和专业的绩苎工,同时,也反映了苎布交易非常活跃、频繁,说明苎麻织物受到客家人的普遍欢迎。

夏布的质感可细可粗,细时如罗绢、轻薄如蝉翼。苎麻"四五两织成一丈布者为最细,次而六七两,次而八九两者则粗矣"②。细、粗夏布常用于夏季服装,粗夏布也可见于冬季服装。

(二)葛(葛布)

葛即葛藤,为豆科多年生草本植物,生长缠绕在他物上,长数十米,皮质坚韧,煮后变软,茎可编篮做绳,纤维可织布,称作"葛布"。葛之产地,一为吴越,二为岭南,尤以广东之葛为有名。客家先民南迁至赣、闽、粤后,葛布成了客家人服饰的又一重要材料。同治《赣州府志》载:"葛,各邑皆有葛布,惟会昌更佳。葛有采之野者,有家园种者。布用纯葛则韧而耐久,沾汗不污。安远以湖丝配入谓之丝葛,经纬最细,亦佳。或杂以蕉丝谓之蕉葛,则脆薄不堪。"③葛布的特点是耐磨、挺括。客家人为了在葛布上达到经丝细密、纬丝粗松、起横菱纹的肌理美感,创造性地使用葛与棉配合纺织,制造出了一种融葛、棉优点于一体的新布料"葛棉布"。这种布有挺括、吸汗、耐磨的特点。常用作冬季服装,如棉袄、棉鞋、童帽的面料或里料等。

客家人的服饰多用葛作为原材料,这和客家人的情感也不无关系。闽西客家研究学者刘善群的著述《客家葛藤凹》④以电视小说的手法再现了客家的迁徙历程和孕育民系的生动画面,其中有诸多对于葛藤的描写,这一方面说明葛藤在石壁等地区适宜生长,多有分布,也展现了客家人的"葛藤坑"情节。

----

① 转引自钟庆禄:《客家传统服饰研究》第 49 页,赣南师范学院 2011 年硕士学位论文。
② 道光《宁都直隶州志》卷 12《土产志·物货类》,第 260 页。
③ 同治《赣州府志》卷 21《物产·食货》,第 778 页。
④ 刘善群:《客家葛藤凹》,海风出版社 2010 年 12 月版。

2012 年,"葛藤娃·阿明"成为世界客属第 25 届恳亲大会吉祥物。"葛藤娃"时尚地融合了中华龙和客家葛藤等传统元素,龙是中华民族的象征,客家人是中华民族的民系之一;葛藤则彰显了客家人求生存、盼安宁、祈幸福的美好愿望。

(三)蓝靛

蓝靛是制造青黛时的沉淀物,是用蓝草制成的天然植物染料。蓝草种类繁多,种植历史久远,在各区域形成不同的栽种品种,名称五花八门,如淀(靛)、淀青、蓝淀、青、青靛、靛青等等。《天工开物》中提到菘蓝、蓼蓝、马蓝、吴蓝、苋蓝五种蓝草皆可为淀。[①]

在赣、闽、粤边区种植的蓝草主要有大小蓝两种之分。如清同治《安远县志》载:"靛,大小蓝二种。摘叶和石灰,渍汁成淀。七月刈,九月再刈。乡间禁种熟田,惟山田岭上栽之。"[②]又如广东河源《佗城镇志》载:"靛,有大蓝靛、小蓝靛,是春种夏割,与石灰混合成靛,可作染料。"[③]

蓝靛一年可收割两次,收割期在七月和九月。由于赣、闽、粤边区山多地少,熟田要用于生产粮食,官府就禁止百姓将蓝靛种于良田。因此蓝靛大多种在山上,种植者主要是山民。这些山民中,有许多是流动的"棚民"。他们以冶矿开山、植麻种靛为业。

由于种靛要比种粮获利更多,大大促进了明清时期客家地区蓝靛业的发展。如这一时期所修的赣南州府县志中有 14 部有蓝靛的记载,涉及赣州、赣县、南康、信丰、安远、兴国、宁都、龙南、定南、大庾、崇义等县。[④] 这充分说明明清时期赣南蓝靛业规模巨大。乾隆《汀州府志》载有一份蓝靛土贡清单:"明岁派……靛花青七十三斤,长(汀)宁(化)各十二斤,清(流)十三斤,归(化)十斤,连(城)八斤,上(杭)九斤,武(平)永(定)各四斤。"[⑤]可见,闽西种靛的县份也不少,种植规模不小。

其实,赣、闽、粤边区的蓝靛业之所以能大规模发展,和其能获得较高的产量

---

① 潘吉星译注:《天工开物》(译注本),上海古籍出版社 2008 年版,第 121 页。
② 同治《安远县志》卷 1《物产·货之属》,第 127 页。
③ 龙川县《佗城镇志》编纂委员会:《佗城镇志》,内部发行,2005 年版,第 50 页。
④ 李贵民:《明清时期蓝靛业研究》,台湾成功大学历史研究所硕士论文,2004 年,第 112—117 页。
⑤ 乾隆《汀州府志》卷 9《赋役·土贡》,第 103 页。

是相关的。大规模种植蓝靛,给赣、闽、粤边区客家人的生活产生了巨大影响。它不仅使蓝色成为客家传统服饰的主色调,而且吸引了四方商人前来交易,客家人从中获得巨大收益。天启《赣州府志》载:"城南人种作蓝靛,西北大贾岁一至,泛舟而下,州人颇食其利。"兴国县则"邑产除油、烟外,蓝利颇饶"①,其收益仅次于油、烟,充分说明蓝靛业之兴盛。

明清之后,武平县"自洋靛由外输入,而土靛不消,种蓝者少矣"②。宁都县"1949 年全县种植 355 亩,总产量 2662 担。1953 年种植 877 亩,总产 12690 担。随着化学染布业的发展,蓝靛种植面积逐年减少,到 1960 年已无种植"③。其他县的情况相差无几,赣、闽、粤边区蓝靛业就此衰落。

三、客家服饰的文化内涵

服饰是人类社会物质文明、生活水平发展的主要标志之一,也是社会政治文化状况、思想观念、审美观念的具体反映。客家服饰既继承了中原文化的传统,又承载了客家民系在漫长的形成过程中所积淀下来的一些文化内涵。

(一)根在中原的怀乡情结

作为汉族民系之一,客家人的根在中原。其先民虽然经过由北到南的辗转迁徙,但客家人仍然保存了中原文化的精髓。这一点尤其在服饰方面体现得更充分。客家的服饰从总体上来说与中原服饰没有太大的区别,主要承袭了明朝服饰,而明朝服饰又是承袭唐制。所以客家人经常穿的对襟衫、大裆裤,被称为唐衫装。由此可以清楚地看出客家服饰在文化心理上与中原文化的关系。

中原服装自古以来一个重要特征就是宽松肥大。从先秦开始,我们的先人们总是深衣大袍,宽大博带。这种服装,穿着舒适,显得轻松潇洒。唐宋以来,服饰肥大宽松的特征总的来说改变不大。客家人的服装,无论上衣或是裤子,都保持了宽松肥大的古风。客家人最常穿的大裆裤,更是以裤裆深、裤头宽为特色。大裆裤腰间一定要折叠几层才能系紧。过去闽西客家人中有一句笑话,说是"偷只鸡,塞裤头"。裤腰之宽,可塞入一只鸡,笑话本带夸张,但足见其宽大的

① 同治《兴国县志》《土产》。
② 福建省武平县志编纂委员会整理:《武平县志·物产志》,中华民国 30 年编修,第 165 页。
③ 宁都县志编辑委员会:《宁都县志》,内部发行,1986 年版,第 166 页。

程度了。宽松肥大,不束缚身体,这种离体式的服装,对于常年参加劳动的客家人,是极其舒适方便的。

(二)质朴无华的文饰色调

在传统社会,服饰不仅用以蔽体御寒,也是"礼义"的物质外化。在等级社会中,服饰是一个人地位身份的外在标志。各阶层的成员,从食住行到穿衣戴帽,都有严格的等级规定,不可随便逾越。但是,客家服饰并没有中原传统服饰那样严格的等级意义。

客家男子大都是对襟衫、袍褂和大裆裤,女子皆大襟衫、大裆裤,这已经成为客家人的常服。这种常服,客家人居家休闲时穿它,走亲访友和外出到公共场合也这样穿着。客家地区城镇,一般有墟日,即如北方的赶集,以农历计,每逢一三五或二四六等为墟日。一到墟日,所看到的人们都是形制样式相同的服饰,单从外表打扮上,是不容易区分出人们的身份地位的。

客家服饰在纹饰上,也极少看到像中原服饰那种鲜明的等级区别。客家人衣裳一般较少纹饰,尤其是日常便服、居家休闲服。女子的大襟衫上,只是在袖口缝上几圈环饰或在衣襟边上镶些滚边,并不包含等级意义。妇女的披肩、围裙、绣花鞋、结婚礼服,常绣上一些寿字纹、鱼纹和牡丹、百合花样,这只是取其长命百岁、吉祥富贵之意,而不表示等级区分。客家服饰的颜色以蓝、黑、暗红、白、灰为主,以素面为多。这几种颜色,多年不变,代代相沿。大红大绿的颜色在客家服饰中很少见,年轻姑娘仅在当新娘子时穿上红衣裙而已。所以,从颜色上亦显示不出其礼制的含意与等级的规范。

衣着朴素的客家妇女

（三）艰苦奋斗的自立精神

客家人做衣服，多用本地产的棉质布料及葛麻、苎麻等，结实耐穿，适合客家地区的气候与环境，实用价值高，又符合经济原则。由于自给自足生产生活的需要，客家妇女不但纺纱织布，还发展了一些染织刺绣的衣饰工艺。客家人自做的白地蓝花布料，常用作被面、蚊帐，这是最常见的，既古色古香又素雅大方。

另外，客家人的服装款式单一，没有任何的繁文缛节，往往简单易制。在衣服布料的使用上，也非常注重节俭，不求奢华与浪费。至于客家人一件衣服传用两代甚至更长久的时间，也是常见之事。所以，从客家人的服饰中，亦体现了他们节俭的风尚。

第六节　客家方言文化

客家方言是客家民系共同使用的语言，又称"唐音"、"客方言"、"客话"或"客家话"。一般认为它是唐宋时期随着"客家先民"南迁至赣、闽、粤交接的三角地带逐渐形成和发展起来的，大约到南宋后期，客家方言基本定型。由于客家人的居住地为山区，与外界交流相对较少，客家方言也因此得以较为完整地保存。

相对于其他语言体系，客家代代相传、延续千年而被誉为中国古汉语"活化石"的客家方言，保留了更多唐宋以前的语音、语法结构和词汇内容，有着更多的"古风遗韵"，对研究中国古汉语有着重要的参考价值。

一、客家方言的分布区域

全球大约有五六千万客家人，分布在五大洲的许多国家和地区。在国内，客家人主要分布在广东东部和北部、江西南部、福建西部、台湾、广西、海南、四川、湖南的部分地区。其中尤以广东东部北部、福建西部、江西南部最为集中，称为客家人的"大本营"。在国外使用客家话的区域主要是印度尼西亚、马来西亚、新加坡、泰国、菲律宾、越南以及美洲的客家聚居区。在全世界范围内，按使用语言人数计算，客家话约排在第 32 位。

二、客家方言的特点

（一）语音特点

客家方言的发音较为独特，有六个音调，平、入声分阴阳，上、去声不分，保留了六个古入声的韵尾。因此，一些古代诗句用普通话读起来显得很不押韵，但用客家话读起来就顺畅得多。如《敕勒歌》："敕勒川，阴山下，天似穹庐，笼盖四野。天苍苍，野茫茫，风吹草低见牛羊。"在这首南北朝时期的古老民歌里出现的两个"野"字，读音是 ya 而不是 ye。这种古音读法正好与现在赣南客家人对"野"的读音相同。又如唐诗"远上寒山石径斜，白云生处有人家。停车坐爱枫林晚，霜叶红于二月花"（杜牧《山行》），首句"石径斜"的"斜"字，古音读 xia 而不读 xie，正好跟二、四句末的"家"、"花"押韵。现在客家人正是读"斜"为 xia。又白居易《长恨歌》"承欢侍宴无闲暇，春从春游夜专夜"，"夜"古读 ya 而不读 ye。客家人也读"夜"为 ya。再如，宋词大家苏轼的《浣溪沙》"簌簌衣巾落枣花，村南村北响缫车，牛衣古柳卖黄瓜"，"车"古读 ca 而不读 che，而如今客家人叫车子作 ca zi。

（二）词汇特点

客家人讲"话"。〔ηai〕，是客家话特有的第一人称代词，因此，"话"就成了客家方言的代名词。

客家方言词汇与普通话词汇相同的地方很多，但无论在词形还是在词义方面，都有自己独有的特色。

1. 单音词比普通话多。如：

被（被子）　皮（皮肤）　晓（知道）　地（坟墓）　禾（稻子）

衫（衣服）　雹（冰雹）　崇（山顶）　坳（山窝）　屋（房子）

……

古代汉语演变为现代汉语，在词汇方面的一个重大变化，就是单音词大量复音化，由单音词为主发展到复音词为主。据此，可以说客家方言的词汇的面貌比较古老。①

---

① 　张卫东：《客家文化》，新华出版社 1991 年版。

2.意义范围比普通话更大的词多。如：

眼:在赣南客家方言中,"眼"除了指眼睛之外,凡"孔"、"洞"的意思都称"眼"。例如木板上的孔、衣服上的孔、纸上的孔、墙上的洞等等,都叫作"眼";又如人体上的"耳朵眼"、"鼻公眼"、"肚脐眼"等等。此外,"眼"还可当量词,如"一眼井"、"一眼塘"等等。

屎:在赣南客家方言中,"屎"除了指大便外,还指称许多排泄物和脏物。例如"耳屎"、"鼻屎"、"眼屎"、"烟屎"(烟斗里的油膏),还有"脑屎"(脑髓)等等。

讨:在赣南客家方言中,"讨"除了向人"乞讨"、"要"的意思之外,还有"娶"(讨老婆)、"被"("讨别人打"、"讨人嫌")等意思。

跌:在赣南客家方言中,"跌"除了"跌倒"的意思之外,还有"往下掉"("跌落")、"遗失"("跌了钱")的意思。此外,家道衰落也叫"跌"("跌苦"),"丢脸"也叫"跌"("跌面子")等等。

3.有丰富的同义词。

在客家方言中,存在着相当丰富的同义词,使语言的表达更加精确,生动活泼,富于变化。如:

买:方言除了用"买"表示购买的意思之外,还根据购买对象的不同而采用其他的说法。例如:

称盐(买盐)　籴米(买米)　舀油(买油)　斫猪肉(买肉)

剪布(买布)　点药(买药)　捡豆腐(买豆腐)　……

在这里,"称"、"籴"、"舀"、"斫"、"剪"、"点"、"捡"都是"买"的意思,可以看作是同义词。

收:方言除了用"收"表示收获农作物之外,不同的作物又有不同的说法。例如:

摘木梓(收茶子)　捡豆子(收豆子)　扒花生(收花生)

扳萝卜(收萝卜)　割油菜(收油菜)　打黄麻(收黄麻)

挖荸荠(收荸荠)　……

在这里,"摘"、"捡"、"扒"、"扳"、"割"、"打"、"挖"等虽然是不同的收获动作,但同有表示"收"的意思。

4.多有词头词尾。

客家话多有词头词尾,使人听起来既亲切,又充满了乡土气息。

词头"阿"、"老":

"阿":用在对亲属长辈或年长者的称呼上。如:

阿公(祖父)　　阿婆(祖母)　　阿爸(父亲)

阿叔(叔父)　　阿哥(哥哥)　　阿姐(姐姐)

"老":除了可用于称人的词外,还可以用于一些称物的词,有不少是与普通话不相同的。例如:

老叔(叔叔)　　老弟(弟弟)　　老妹(妹妹)　　老公(丈夫)

老婆(妻子)　　老表(表兄弟)　　老庚(同年)　　老华(同郡望)

词尾"头"、"公"、"牯"、"婆"、"嫲"、"佬":

"头":多用在无生物名词或时间词后面,也用于动物和人。如:

石头　墙头　砖头　钵头　镬头　肩头　灶头

晏(an)昼头(上午)　　下昼头(下午)　　夜晡头(晚上)

懒骨头(指人懒惰)　　叫化头(乞讨者)　　猪牯头(公猪)　　鸡公头(公鸡)

"公"、"牯"、"婆"、"嫲":多用于表示动物的性别,偶用于人;前两个表阳性,后两个表阴性。"公"用于家禽类,"牯"主要用于四脚动物;"婆"、"嫲"则用于一切动物。如:

鸡公　鸡婆(嫲)　牛牯　牛嫲(婆)　狗牯　狗嫲(婆)

鸭公　鸭婆(嫲)　猪牯　牛嫲(婆)　猫牯　猫嫲(婆)

鹅公　鹅婆(嫲)　……

指人时,多为外号,含鄙视意味。如:

矮牯(男矮子)　　石头牯(男性外号)　　懒思婆(懒惰的女人)

"佬":指称某些从事特殊职业的人。如:

打铁佬(铁匠)　　打石佬(石匠)　　剃头佬(理发匠)　　撑船佬(船夫)

有时亦往往在一些亲人称谓后面加上"佬"、"婆",以示亲密,如:

丈人佬(岳父)　　爷佬(父亲)　　叔佬(叔父)　　舅佬(舅舅)

丈人婆(岳母)　　老大婆(大嫂)　　大姨婆(大姨娘)

5. 保存了较多的古汉语词汇。

有些古语词,普通话口语已不用了,只在一些书面词语中出现,但在客家话中却是常用词。例如:

客家话称黑色为"乌",乌为古语词。《三国志·魏书·邓艾传》:"身披乌衣,手执末耜,以率将士。"(身上披着黑色的外衣,手里拿着耕地用的农具,做将士的表率)

称脸为"面",面为古语词。《战国策·赵策四》:"老妇必唾其面"。(老妇一定朝他脸上吐唾沫)

称稻子为"禾",禾为古语词。张舜民《打麦》诗:"麦秋正急又秧禾"。(麦子收获正忙的时候水稻又要插秧了)

称绳子为"索",索为古语词。司马迁《报任安书》:"关木索,被箠楚受辱。"(戴上刑枷,用绳子绑着,被鞭子抽打,蒙受耻辱)

称吃为"食",食为古语词。《礼记·大学》:"食而不知其味。"(吃东西不知道其中的味道)

称早上为"朝",朝为古语词。李白《早发白帝城》诗:"朝辞白帝彩云间,千里江陵一日还。"

称白天为"昼",白天的上午叫"晏(音'an')昼",下午叫"下昼",昼为古语词。《诗·豳风·七月》:"昼尔于茅,宵尔于绹。"(白天出外割茅草,晚上搓绳长又长)

称跑为"走",跑得飞快叫"走得飞快"、"走得狗赢"(比狗还跑得快),走为"跑"的古语词。《韩非子·五蠹》:"兔走触株,折颈而死。"(兔子跑得太快撞到树杆上,折断了颈而死亡)

称走为"行",如俗语"慢慢行(音'hang'),先进城(音'sang')",行为"走"的古语词。李商隐《瑶池》诗:"八骏日行三万里。"(八匹骏马一天可以走三万里)

……

6. 颇具地方特色的特殊词语。

客家方言中有一部分独特的词语,颇能体现地方特色。就它们的分布来说,有些是全区性的,有些仅在某些区域使用。如:

点心(稀饭)　番瓟"pu"(南瓜)　字管(毛笔)　调羹(汤匙)

电油(干电池)　寿木(棺材)　单子(药方)　点茶(抓药)

闭痧(中暑)　驳嘴(接吻)　唱戏文(演戏)　打野话(胡说八道)

猪利子(猪舌头)　猪旺子(猪血)　矮婆车(小轿车)

狗婆蛇(四脚蛇)　吊楼子(阳台)　做好事(办喜事)

讨新妇(娶儿媳妇)　有好事(怀孕)　做小月(来月经)

心气痛(胃病)　驳电火(装电灯)　花边(钱币)　汽划子(小火轮)

响雷公(打雷)　天狗食月(月食)　鳌鱼转身(地震)

冇动冇爽(没有行动)　清汤寡水(汤粥很稀)

喷天烂臭(臭味很大很大)　拱屎操尿(搞乱不停)

经得扳(韧性、耐力好,持久性强)

……

这些词语,是客家人在实践中创造出来的,也在一定程度上反映了客家人的生活方式和风俗习惯。

(二)客家方言的句法特点

与普通话相比,客家话在句法上亦有一些显著特点。

1."紧"、"稳"、"等"等表时态的词放在动词的后面:

"紧"　食紧饭(正在吃饭)　于都、瑞金、龙南、大余等地。

"稳"　食稳饭(同　　上)　上犹、崇义、赣县、会昌等地。

"等"　食等饭(同　　上)　赣南其他地区。

2.否定副词"呒"相当于普通话的"不";"呒曾"相当于"未曾";"呒要"相当于普通话的"不要"。如:

该介(gai)妹子呒标致(这个女孩不漂亮)

该碗菜呒好食(这碗菜不好吃)

呒曾读过书(我没有读过书)

佢呒曾去过北京(他没有去过北京)

你呒要拱屎操尿(你不要搞乱)

你呒要理佢(你不要理他)

3. 表示程度的副词“多”、“少”总放在动词的后面：

食多滴（多吃一点）

着多一件衫（多穿一件衣服）

话（wa）少两句（少说两句）

着少滴裳衣（少穿一点衣服）

4. “添”相当于普通话的“再”，用在句末：

等下添（再等一会儿） 食一碗饭添（再吃一碗饭）

打一场球添（再打一场球） 看一场电影添（再看一场电影）

5. “倒”相当于普通话“得到”的“到”，用在句末：

看得该场球赛倒（看得到这场球赛）

买得恁多东西倒（买得到这么多东西）

考得北京大学倒（考得到北京大学）

三、客家谚语

谚语是熟语的一种。它用简单通俗的语言反映出深刻的道理，具有文字简练、形象生动、和谐押韵、朗朗上口以及口语性、知识性和实用性等特点，被誉为“语言之花”、“智慧海洋的明珠”。客家谚语是客家人在长期的艰苦创业和生产生活中总结与创造出来的，她带着泥土的芳香，承载着客家民系独特的人文精神，在我国千姿百态的谚语群中独树一帜！

客家谚语的内容极为丰富，我们大致可以将其分为以下三大类。

1. 生产谚语。总结生产经验，包括气象、时令、耕作技术、家畜饲养、手工作业等内容。如：

立春晴一日，农夫耕田吪用力。

立春一日晴，早季好收成。

清明晴，吪用上高坪；清明雨，鱼哩叉下死。

六月旱，担竿（扁担）断，八月旱，会断餐。

莳田莳到秋，有收冇几多。

霜降吪割禾，一夜要一箩。

懵懵懂懂，惊蛰好浸种。

立夏小满,江河尽满。雷公先唱歌(打雷),有水有几多。

雷打秋(指立秋时响了雷),禾半收。

南风天,有食要人牵。

雷打冬,十个牛栏九个空。

蚁公搬家,上搬落水下搬晴。

盐缸返潮,大水难逃。

蜻蜓低飞江湖边,必有风雨雷闪电。

蜘蛛高挂忙结网,连日雨水必转晴。

鸡早宿窝天必晴,鸡晚进笼天必雨。

早上青蛙叫,不久水将到。

蜈蚣落地有大水。

子胖靠娘,禾大靠秧。

早季馊田莫馊秧,晚季馊秧莫馊田。

春争日,夏争时。

秧好一半禾,苗好七分收。

耕田不用问,精耕多上粪。

有收有收在于水,多收少收在于肥。

中耕深一寸,赛过上担粪。

人误地一时,地误人一造。

三分种,七分管。

人靠血养,禾靠水养。

地怕秋有水,禾怕钻心虫。

肥料落不足,割禾对田哭;肥料落过头,割禾心里愁。

只种不管,打破饭碗。

犁冬晒白,粮增一石。

2.生活谚语。总结日常生活各方面的经验,反映人民的世界观、生活态度和道德观念。如:

人是铁,饭是钢,一餐呒食饿得慌。

有食就火气,有食就起火。

食就十足,着就九六。

有食想到冇食时,等到冇食倒悔迟。

食得几碗饭,神仙都唔贪。

雄就雄该几碗饭,冷就冷该几个风。

冬食萝卜夏食姜,唔劳医师开药方。

想好又想好,猪肉捞(放)油炒。

要想食饭,就得流汗。

贪食贪睡,添病减岁。

食唔穷,着唔穷,冇划冇算一世穷。

山精山角落,新裳底下着。

饭后一杯茶,赛过大老爷。

两脚站得牢,吓怕大风摇。

丰年当作歉年过,碰到歉年吓挨饿。

宁卖祖宗田,唔忘祖宗言。

会划会算,钱粮吓断。

养子吓读书,不如养只猪。

子弟吓读书,好比瞎眼珠。

秀才吓怕衫破,最怕肚中冇货。

捡漏趁天晴,读书趁年轻。

天光唔起误一日,少年唔学误一生。

读书肯用功,茅寮里面出相公。

3. 社会谚语。反映社会现象和人情事故等内容。如:

一人有福,牵带满屋。

千拣万拣,拣倒烂灯盏;千铎(择)万铎,铎倒烂瓠杓。

胆大漂洋过海,胆小死守家门。

父正子吓邪,母勤女吓懒。

好人吓翻旧事,好狗吓食旧屎。

当面一枝花,背后一条蛇。

娘肚子有子,子肚子冇娘。

家和万事兴,吵斗散人心。

好汉呒打妻,好狗呒咬鸡。

好子呒贪爷田地,好女呒贪嫁时衣。

千跪万拜一炉香,呒如生前一碗汤。

呒当家呒知柴米贵,呒生子呒知爷娘恩。

兄弟和好土变金,子嫂和好家业兴。

娶妻莫贪靓,嫁女莫贪财。

公不离婆,秤不离砣。

公婆是公婆,床头打架床尾和。

夫妻呒有隔夜仇。

呒怕箱柜空,只要嫁个好老公。

耕田呒好误一年,娶妻呒好误一生。

妻贤夫祸少,子孝父心宽。

买屋看梁,娶妻看娘。

兄弟呒和硬似铁,夫妻恩爱软如绵。

嫁嫩郎,愁断肠;嫁老郎,会思量。

食酒食肉,不如夫妻和睦。

食唔穷,着唔穷,冇划冇算一世穷。

早起三朝当一天,早起三秋当一冬。

一餐省一口,一年省一斗。

有油莫点双盏灯,免得无油打"暗摸"(摸黑)。

会划会算,钱粮呒断。

勤快之人汗水多,贪食之人口水多。

早睡早起,存谷堆米;迟睡迟起,锅子吊起。

宁可与人比耕田,呒可与人比过年。

人情一到,谷种都要粜。

有树才有花,有国才有家。

四、客家童谣

过去,每当农闲的时候,妇女们便会坐在一起,一边做着针线活,一边吟起孩提时代的童谣。孩子们则一边追逐嬉闹,一边跟着吟诵,这样,客家童谣便一代一代传了下来。

童谣语言形象生动,句句通俗,而且句尾多用同韵字,所以朗诵起来,异常顺口,只要儿时念熟了,至老不忘。下面列举一些在江西客家地区流传的童谣,以飨读者。

先生教涯人之初

先生教涯人之初,涯教先生打山猪。山猪漂过河,跌得先生背驼驼。

萤火虫

萤火虫,照草丛,翻转屎窟吊灯笼。萤火虫,唧唧红,桃儿树下吊灯笼。灯笼光,照四方;四方暗,跌落坎;坎下一枚针,捡来送观音;观音面前一兜禾,割了一担又一箩,分给你来涯又有。

月光光

月光光,树头背,鸡公砻谷狗踏碓,狐狸烧火猫炒菜,田鸡食饭脚懒懒,老虎上山拗苦樵。月光光,得人爱,狐狸烧火猫炒菜,鸡公砻谷狗踏碓,猴哥送饭用背背,田鸡婆婆抢老妹。月光光,岭子背,鹅担水,鸭洗菜,鸡公砻谷狗打碓,狐狸烧火猫炒菜,送饭送到岭子背,捡到一个花老妹,搭佢亲个嘴。

月光光,好种姜

月光光,好种姜;姜必目,好种竹;竹打花,好种瓜;瓜会大,摘来卖。卖到三介钱,拿来学打棉;棉线断,学打砖;砖断节,学打铁;铁生鲁(锈),学杀猪;猪会走,学杀狗;狗会咬,学杀鸟;鸟会飞,飞哪里,飞到榕树下,捡到一个烂冬瓜。拿转去,食唔下,一泻泻到满厅下。

月光光,月洋洋

月光光,月洋洋,你卖冰糖捱卖姜。姜簕簕,好种竹;竹打花,好种瓜;瓜圆圆,好作田;田好作,告(换)牛角;牛角弯,告铁钉;铁钉长,告只羊;羊嘻嘻,告只鸡;鸡递递,告只鹅;鹅生蛋,生一箩。

月光光,秀才娘

月光光,秀才娘,船来等,轿来扛。一扛扛到河中心,虾公毛蟹拜观音。观音脚下一朵花,拿给老妹转外家,转去外家笑哈哈!

月光光,秀才郎

月光光,秀才郎,骑白马,过莲塘。莲塘背,种韭菜;韭菜黄,跳上床;床无杠,跌落坑;坑圳头,看黄牛。黄牛叫,好种猫①;猫头鸡,好种鸡;鸡入埘,好唱戏。唱戏唱得好,虱嫲变跳蚤。跳蚤跳一工②,虱嫲变鸡公。鸡公打目睡,天龙走得脱。天龙走忙忙,撞到海龙王。龙王做生日,猪肉豆腐大大粒。

月光华华

月光华华,点火烧茶。茶一杯,酒一杯,嘀嘀嗒嗒讨新妇。讨个新妇矮墩墩,蒸个饭子香喷喷;讨个新妇高喃喃,挑担谷子好清闲;讨个新妇笑哂哂,三餐唔食肚唔饥;讨个新妇嘴嘟嘟,欢喜食甜也食苦。食得苦,唔怕苦。唔怕苦,脱得苦,有福享。有福享,要回想。

第七节　客家民间信仰

民间信仰是深深积淀于客家民系中的传统意识,它的内容非常广泛,包括自然崇拜、神明崇拜、风水信仰、祖先崇拜和特殊历史人物崇拜等等。在客家传统社会中,民间信仰是一种十分普遍的现象。只要稍稍翻检一下客家地区的老方志、老家谱,大量关于神庙、神坛以及祭神祀神的记载便跃然纸上。我们在进行客家民俗田野调查时,也处处感觉到客家传统社会的踪影和客家地区民间信仰的遗风犹存:在不少乡村,禳神活动还存在着;社官或伯公、公王坛还处处皆在;有些地方,甚至一棵大树、一块石头都有人去烧香磕头。根据对客家地区民间信仰作田野调查的资料分析,我们可以对客家人的民间信仰作如下扫描:

从信奉神明的种类来看,主要有七类:一是佛教神明,如释迦牟尼、观音、定光古佛、伏虎禅师等;二是道教神,如许真君、三奶夫人等;三是古时为人民立过功的英雄人物,如妈祖、东平王张巡、许远等;四是祖宗神——既是开基祖,又是保护神,如赣南的朱公,闽西的涂赖公等;五是土地神,包括有些公王和伯公;六是风水神,如风水祖师杨太伯公;七是自然神,如月光姑姐、树神、山神、石头神等

---

① 种,客家话喂养的意思。
② 工,谐音,一工,意即时间很长。

等。

从神明崇信的范围来看,分四个层次:一是整个客家文化圈都崇拜的神明,如观音、风水祖师杨太伯公、定光菩萨、伏虎禅师、三奶夫人等。二是地域性神明,如汉帝的崇拜仅局限于赣南、闽西各地,许真君的祀奉圈也很少跨越赣南边缘;而妈祖的崇拜却主要在闽西和粤东。三是乡村神明,为一乡或一村共同崇拜。四是宗族姓氏神明,为某一姓氏宗族所奉祀,如祖宗神便是。

从神明的来源看,有来自中原和北方的神明,如关帝、太保公王等;有来自相邻地区的神明,如妈祖来自闽南地区,许真君则来自赣文化圈;有本地土神,如赣南的石固,汀州的定光佛、伏虎禅师,粤东的三山国王,等等。

总之,在客家地区,信奉多神是一种十分普遍的现象,"不仅是各种宗教杂陈,天神、地祇、人鬼皆有,而且每一位神灵,都具有多重的功能",充分反映了传统社会中客家人务实避虚的精神风貌。

一、祖先与神明

在客家民间信仰中,最统一最普遍的信仰莫过于祖先崇拜。

祖先崇拜是汉民族的古老观念。宗族之"宗"的本义就含有祖先崇拜的意蕴。《白虎通义》云:"宗者,尊也,为先祖主者,宗人之所尊也。"可见,宗族与祖先崇拜之间有着密切的关系,两者的产生和发展是同步的。

客家人的祖先来自中原,携家挈子、离乡背景的远徙,隔不断他们对故乡的思念;面对艰苦的生存环境,又迫使他们必须更加紧密地抱成一团,靠家族的力量,靠勇于拼搏和开拓的精神去求得生存和发展。因此,血族相助、同宗相亲成为客家人的传统理念。在这样的背景下,客家人的崇祖意识必然得到强化。这种强化了的意识突出地表现在普遍建祠立庙与祭祀祖先上,如光绪《江西通志·风俗》"赣州府"条云:"巨家寒族莫不有宗祠以祀其祖先,旷不举者,则人以匪类摈之,报本追远之厚,庶几为吾江右之冠焉。"

在客家传统社会中,祖先崇拜是一种深入骨髓的传统观念,也是一种严格的宗法程序,受到强大的舆论支持。客家人可以不崇教,不信鬼神巫术,但若不崇祖先的话,便会遭到家长或族人的谴责,甚至惩罚,在舆论和道德上陷于孤立,断难在社会上存身立足。同时客家人相信祖先有灵,虔诚礼拜祖先,就能保佑家族人丁兴旺,事业发达。相反,数典忘祖、不敬祖宗的人,则要受到天谴神责,不得好报直至断子绝孙。

客家人的崇祖活动主要有:

一为岁时和喜庆祭祖。一年中的四时八节,春节期间为第一个祭祖高潮;清明扫墓挂纸,是崇祖的第二个高潮;中元节,俗称"鬼节",烧纸钱敬祖宗,是崇祖的第三个高潮;冬至修墓挂纸,是崇祖的最后一个高潮。此外,端午节、中秋节以及嫁娶和祖先的生忌日,子孙都有祭祖习惯。

二为建祠堂。祠堂是宗族的标志,是宗族内聚力的纽带。思亲崇祖、慎终追远的重要活动场所便是祠堂。客家有族便有祠,祠堂建筑是族人心目中的圣殿,也是体现本族孝心、面子和势力的地方,因此,每一个宗族都不遗余力地将祠堂建得尽可能地豪华气派。祠堂内设有列祖列宗的牌位,每年的清明冬至,在此举行隆重的祭祀仪式,仪式后族人聚餐,俗称"吃公堂"。

三为修族谱。修谱的重要意义在于,通过溯源分流,明确本族的祖先是谁,支派情况如何,从而厘清宗族内成员的尊卑长幼、亲疏远近关系,最终达到认祖归宗、敬祖收族之目的。客家人十分重视修谱,严格遵循"古人以三世不修谱为不孝"的古训,隔若干年便续一次谱,使修谱续谱的传统一代代沿袭下来。而且,客家人把族谱看得跟自己的生命一样重要,迁徙到哪里便把族谱带到哪里。这样,虽然历经战乱和磨难,大量的族谱还是得以保存下来。据20世纪80年代初所作的一次调查统计,仅赣州的宁都一县便保存有1053部老族谱。

在客家人的祖先崇拜中,有的是会转化成神明的,如开基祖,或在宗族发展历史中作出重大贡献者,或成了英雄人物的祖先等。对待祖先神明,要建庙奉祀,每年定期举行禳神或庙会,其仪式与奉祀其他神明同。如,赣南宁都洛口乡的洛口村,有30多个姓氏,2600余人,他们共同祀奉朱公菩萨。相传朱公为唐时人,是本村的开基祖。朱公没有儿子,仅三个女儿。三个女儿分别招赘黄、杨、丘三氏,黄、杨、丘三姓遂得以繁衍发展。于是,他们的后代以及后来的入迁者均把朱公奉为始祖和神明,立庙加以虔诚祭拜。每年端午时节,都要举行为期20天的"朱公庙会"。

二、城隍与社公

城隍与社公都属自然崇拜。

城隍,起源于古代的水(隍)庸(城)的祭祀,为《周宫》八神之一。"城"原指用土筑的高墙,"隍"原指没有水的护城壕。古人造城是为了保护城内百姓的安全,所以修了高大的城墙、城楼、城门以及壕城、护城河。他们认为与人们的生活、生产安全密切相关的事物,都有神在,于是城和隍被神化为城市的保护神。道教把它纳入自己的神系,称它是剪除凶恶、保国护邦之神,并管领阴间的亡魂。

城隍是城市保护神,凡有城池者,就建有城隍庙。城隍庙里的塑像与配神一般是:正殿之中祀奉城隍大神,两旁分列八大将、判官、牛头、马面、黑白无常、钟鼓神以及十殿阎王、十八司等地狱塑像,府城隍庙里则有更多的配神。城隍庙里挂有"纲纪严明"、"浩然正气"等匾额,还有"善恶到头终有报,是非结底自分明"等楹联。这些匾额与楹联的核心是歌颂城隍爷的功和德,劝人行善不作恶。

在客家地区,每逢元宵、清明节日及城隍寿诞,城隍庙都要举行庙会活动。这些庙会规模大、范围广、人数多。旧时庙里多有钱、米、衣服、棉被、医药、棺木等施舍,还有为人主持公道,排解纠纷的活动。

客家人所称社公,又叫社官、土地伯公,俗称福主。

"社"即祀土,旧以一二十户人家为一社会,社公即为社会的保护神,又称土地神、土谷神,其庙也称土地庙或土谷祠。

客家人心目中土地神被认为是主持一方风调雨顺、人畜平安的神。每年都有春秋两次祭拜社公。春社为重要农时,有"社过南风日日晴"、"人勤春早,人懒伴社"的俗语。

客家人旧时拜社公时,需备鸡、肉、鱼、酒、饭等去敬社神,隆重的还上演社戏。新中国成立后社日祭社官之俗渐废。

在客家人的信仰体系中,城隍是县级神明,社官则是乡村级神明,他们在阴间享有与阳上县官老爷、乡村长一样的权力和地位,都具有协助阳上保境安民的功能。县官解决不了的事情,有时就求助于城隍老爷。如,据田野调查的资料,过去定南县老城镇的城隍庙里有一面鸣冤大鼓,它的后殿完全阴暗,给人以恐惧感。宗族与宗族之间如发生矛盾和械斗,县衙不能解决,则动员双方族长到城隍庙发誓下场了结。在广大乡村,社官的神灵更是处处显现,它紧紧把住村口和水口,不让豺狼虎豹和凶神恶鬼进村来,也不让财富轻意从水口流走。它还经常化解一些棘手的矛盾和纠纷。如,过去乡民们常因一些事情发生争执,争得不可开交了,就杀一只公鸡,到社官老爷面前去赌咒,于是纠纷得以化解。

三、地域性土神

(一)石固大王

石固为赣南土神。清同治《赣州府志》卷十二《舆地志·祠庙》载:

> 江东庙……当贡水东,故曰江东庙。其神曰石固,相传赣人,生于秦代,殁而为神。唐大中时,里人周诚建祠。……宋嘉祐赐额"显庆"。绍兴加"昭烈"。元加封王号。明洪武中,敕有司岁以正月初八神诞日致祭,后改祭春、秋。[①]

贡水为赣江的源头和主要支流,发源于石城与瑞金相接的石嶂峎,流经石城、瑞金、宁都、会昌、兴国、于都、赣县,并在赣县境内纳入源于安远、龙南、信丰的桃江,在赣州城的八境台下与章水汇合成赣江。故此,江东神(石固大王)信仰沿着这些流域传播,以致在赣南大地广泛分布。

石固神庙在闽西和粤东亦有分布。宋修《临汀志》载:

> 助威、盘瑞二王庙在长汀县南驻扎寨。长老相传,汉末人以身御敌,死节城下,时有显应,众创庙宇号"石固"。一日,庙前小涧涨溢,忽有神像漂流而至,自立于石固之左,众异之,号"石猛大王"。后以息火功封左王为"石猛助威",右王为"石猛盘瑞",宋朝元丰年间创今庙。

清代康熙《武平县志》载:"石固庙,在县南二里小隆兴。"

兴宁县神光山下有石固大王神坛。据南宋王象之《舆地纪胜》载:"神光西循蹬而入,石涧陡绝,隔溪一山作渴骥奔泉之势。县人以此筑祀石固神……九月九日赛会者万计。"兴宁县城每年举行一次石固大王的出游,每十年打醮一次。兴宁神光山石固大王有"保外乡"之说。马来西亚、新加坡、泰国、印尼等地华侨

[①]　同治《赣州府志》卷12《舆地志·祠庙》,第467页。

回到家乡时，往往先到石固大王坛前敬奉，还福、求保佑。

（二）汉帝神

汉帝信仰是赣南一种古老而又独特的民间信仰。汉帝神又被老百姓称为汉王神、汉王老爷。在民众心中，汉帝就是刘邦。

然而，清道光四年编修的《宁都直隶州志》卷五《山川志》云："阳都民多立庙祀汉高祖。《地志》言凌云山为高祖祖墓，故祀之。此言鄙野无故实。"编者详细考证了汉高祖祖墓不可能在凌云山，汉帝神与汉高祖没有关系；南汉刘䶮也没有到过宁都和凌云山，故汉帝神跟刘䶮也没有关系。编者主张"州中凡所立汉高祖庙，宜正其名曰凌云山神之祠，则祀典正而人神安矣"①。

汉帝庙祀奉汉帝、吕后、三太子、七太子、九太子、韩信、樊哙、张良、萧何、武判官和文判官和土地公等神明。

宁都的汉帝信仰历史较悠久，汉帝行祠始建于1174—1189年间，至今已有800多年，后屡次迁建，迁建时间主要发生在1310年前后、1368年前后和1573—1620年间。现在尚存且历史较长的汉帝庙多是明清时期所建造。

汉帝庙的分布特点是以凌云山脚下村落为源头向县境各处播散。凌云山又名灵华山，坐落于距县城85公里的东韶乡汉口村，海拔1454.9米，是全县第一高峰。山下每一自然村的村口都建有汉帝庙。据不完全统计，仅山下几个行政村的汉帝庙就多达30余座；宁都全县有汉帝庙60余处。

汉帝庙在其他客家地区也有一定数量的分布。如石城坪山墟有汉帝庙；城北十里坝口有汉帝庙。

宁化亦有汉帝庙。据宁化石壁张氏族谱记载，宁化石壁的"汉帝庙"是元代至正年间张氏十五世祖建造的，至今尚存。

粤东也有不少汉帝庙（汉帝宫）。丘逢甲有诗句并注云："荒村野祭刘䶮帝（村落间有汉帝庙，祀汉高祖，或云实刘䶮也。"②

可见，汉帝信仰是以宁都为发源地，广泛波及其他客家地区的。

（三）定光古佛

定光古佛是闽西的一个重要神明。关于他的来源有很多种说法。流传最普

---

① 道光《宁都直隶州志》卷5《山川志》，第109页。
② 汪毅夫：《客家民间信仰》，福建教育出版社1995年版，第6页。

遍的,是说他原来是唐末宋初的高僧,俗姓郑,名自贤。祖父仕唐,为四门斩斫使;父任同安令,故为同安人。年十一出家,投汀州契缘法师席下,年十七游豫章,得法于庐陵西峰圆净大师。得道后在汀州地区传法。曾经为莲城诸地方除蛟患,在武平县南岩隐居时,又收服了山中的猛虎和巨蟒,乡民非常尊敬他,建庵供他居住。他在八十二岁时坐逝。多年以后,汀州城遭寇贼围攻,相传他显灵退敌,使全城转危为安。朝廷于是颁赐匾额,将他住过的庵寺命名为"定光院",并加封其为"定光圆应普慈通圣大师",于是民众尊称其为"定光古佛",与伏虎禅师并列为汀州二佛,成为汀州的守护神之一。

定光佛的信仰主要分布在闽西的客家地区,其他地方亦多见。汀州移民渡海迁台,定光佛信仰也随之传入台湾。

(四)伏虎禅师

伏虎禅师是五代宋初时高僧,本姓叶,法名惠宽,宁化县人。在汀州开元寺出家为僧,遍游诸方丛林,访师学道,领悟佛家要旨,然后返汀。时境内虎豹出没为害,据说他以解脱慈悲力驯服虎豹,于是民众称之"伏虎"禅师。南唐保大三年(945),伏虎禅师途经平原山,见左右有龟峰狮石,便在此创建普护庵。庵侧有一吊军岭,山高无水,行人苦渴。据传他在盘石上,用锡杖叩击出水。保大七年(949)汀地苦旱,官府请他祈雨救旱应验。北宋建隆三年(962)农历九月十三日圆寂,徒众塑其身于庵。凡有所祷,皆灵验。南宋绍定寇乱,伏虎禅师曾与定光佛一起大显神威,保护州城于不陷。自北宋至南宋,屡受朝廷敕封为"威济灵应普惠妙显大师"。后世备受俗民祀奉,成为闽西与定光佛齐名的神明。

(五)三山国王

三山国王主要是粤东地区所祀奉的地方守护神。

三山指的是揭西县河婆镇北面的独山、西南面的明山和东面的巾山。据载,宋太宗封此三山神为国王,故有此称。三山国王祖庙在揭西县河婆镇西南3公里处的玉峰(又称大庙山)东北麓。由于河婆古属霖田都,故又称三山国王霖田古庙。

据元刘希孟所著《明贶庙记》的记载,三山国王起源于揭西县霖田都"三位神人镇三山"的神话故事,三座山分别是独山、明山、巾山,相传有三位神人住在山石穴中,受命于天,镇守巾、明、独三山,后来演变为三山国王。

一般认为"三山国王神"肇迹于隋、显灵于唐、受封于宋。

隋文帝时期,潮州之三山(明山、巾山、独山)出现神迹。当地人便在巾山之麓建庙奉祀此三山之神,至今已具1400多年历史。

唐朝开始,三山神成为当地山神,潮人对三山神普遍顶礼膜拜,每年都要定期祭祀三山神。韩愈被贬为潮州刺史,时逢淫雨伤害庄稼,百姓祝祷求三山神,雨乃止,韩愈便写了《祭界石文》,派人到祖庙祭拜。

到了北宋,"潮州三山神"因助宋太宗征北汉刘继元有功,宋太宗"诏封明山为清化盛德报国王、巾山为助政明肃宁国王、独山为惠威宏应丰国王",赐庙额曰:明贶,并敕增广庙宇,岁时合祭。从此,三山神便被统称为三山国王,三山国王庙又称明贶庙。至宋仁宗明道年间,"复加封广灵二字"。至此,"三山国王"经皇封,提升为国家神,成为为国家皇权服务的神灵象征。

元朝,三山神的影响和地位较唐、宋时期更加显赫。潮州、梅州、惠州,都建有"三山国王庙",祭拜者除当地民众外,还有"远近士人","岁时"或"走集"都要前来拜祭。

明、清以来,随着粤东客家人口的外迁,三山国王的香火被带往邻近省市,后来又漂洋过海,传到台湾及东南亚各地。

四、"禳神"活动

"禳神",是客家方言的俗称,相似于中原地区的迎神赛会或庙会,是一种祀神娱神且伴有商贸交流的大型群众性民俗活动。

游神

在客家传统社会中,很多村与村之间(或者村子内部)、姓与姓之间的联盟,都以共同的神明崇拜为基础。乡民们每年定期举行禳神祭神的节庆活动。并按坊、棚、会、房的仪式结构,或者按威望、抓阄、轮流等方法去选择每年的当值"福首"(理事会首事),经费则由大家筹集或捐献。活动期间,除祭神游神外,还要请戏班演戏,进行聚餐和商议一些公益事业,如修庙、修桥铺路等等,同时伴有一系列商贸交流。通过这种节庆活动,除大大满足了俗民们消灾祈福的心理需求外,还加强了姓氏与姓氏之间的沟通与情感交流,化解了各种潜在的欲发的矛盾,从而给社会带来和谐与安宁。

(一)朱公庙会

"朱公庙会"是传承于宁都县洛口乡洛口村的一项重大禳神活动。

洛口村在宁都县城的东北面,距县城约 50 公里,由县城通抚州临川的公路从村南端经过,洛口乡政府就坐落在公路边。这里四面环山,但山均不高,属典型的"丘陵小盆地"。流贯全县南北的梅江的源头在此由东西二水交汇而成,洛口村的大部分居民点就分布在二水相夹的三角地带。所以这里土地肥沃,水源充足,很适宜农耕。全村有 16 个村民小组,630 余户,2700 余人,耕地 3226 亩,人均约 1.2 亩;人均收入千余元。主要种植水稻,经济作物有白莲、花生、甜叶菊(用于榨糖);农业收入占总收入的 50%—60%。此外,还有鸡鸭鹅猪鱼等养殖业,约占总收入的 20%。经商及其他收入作为农副业的补充,占总收入的20%—30%。

洛口村是洛口乡两大墟市之一。墟市原设在西江河北岸的"老街",1983 年移至南岸乡政府门前,称"新街"。墟日逢农历一、四、七(另一墟市在麻田,逢二、五、八)周围一二十里的农民都到这里赶集。上市的主要有本地的农副产品和手工艺品,以及县城等地贩来的衣、鞋、帽等百货品。成交额不大,下午两三点后即散墟。

洛口村的 16 个村民小组全为杂姓,其中"朱公"管了 11 个半村,30 多个姓。主要姓氏有李、赖、黄、杨、丘、曾、罗、卢、廖、谢、刘等。人口最多者为李、赖二姓,共 500 多户,约 2000 人。这些姓氏都没有保留下族谱,问及其来源,除黄、杨、丘三姓外①,其余均为明清以后由邻村及外地迁入。

洛口村 30 多姓中,现没有朱姓,但却共同祀奉朱公,这是为什么呢?

相传②朱公姓朱名直端,唐朝武进士,其夫人谢氏,朱公有两弟,是本村最早的开基者。原洛口村方圆五华里内的山岗土地都是朱氏的地盘。但朱公无子,仅生三女;其两弟或夭折,或无后,不详。后来朱公分别招黄、杨、丘三氏入赘,并把山岗土地分给了三个女婿,即丘氏得山岗,杨氏得房产和地基(即老街③),黄氏得田地。黄、杨、丘三姓子孙繁衍,他们感恩于朱公,共尊朱公为开基祖,并立庙以祀之。朱公庙在老街上,原庙毁于"文革"时期,现庙是 1989 年在原基址上重新修建的,所供菩萨也是近年塑的。庙不大,约 70 平方米,其主台上供祀朱公夫妇、两弟、一文一武两将;左下侧供祀土地伯公,右下侧供祀老官菩萨。传说老官姓肖,又称肖公,生前生财有道,死后人们把他奉为财神,被经纪人虔诚祀奉,尤为行船、烧窑、榨油等行业敬重。洛口老街原有老官庙,破毁,故把老官菩萨移入朱公庙内。除洛口外,宁都其他地方也祀奉老官,可见老官是宁都县境的共神。关于朱公没有留下后代,洛口村流传着这样一则故事:说是朱公年幼时,其父去世落葬,请地理先生看风水,墓地为飞鹅形,地理先生问朱公,是要鹅上天,还是落下地?朱公认为鹅飞上天好玩,遂顺口回答要鹅飞上天。于是鹅飞上天成了仙,朱公无后代。因忌讳此事,后凡朱姓均不敢在洛口居住,故洛口无朱姓。

虽然朱公无子孙,但因为他是开基者,且他的三个女儿又是洛口黄、杨、丘三氏后代的始祖母,故黄、杨、丘三姓及后来迁入者崇拜他,把他当作本方的保护神,于是,祖宗崇拜与神明崇拜非常自然地融合在一起了。

朱公庙会据说从唐朝开始就有了。"文革"期间废,1992 年重新恢复。过去庙会在"行宫"举行。"行宫"建在老街上,为朱公所辖各姓共有,其建筑像祠堂,然内无菩萨,仅有戏台,可摆下 100 张圆桌。过去洛口各姓比较像样的婚丧酒席都在"行宫"举行。1977 年,"行宫"因破损被拆毁。现庙会在丘公祠举行(丘、黄、杨三姓都有祠堂,且建在一起,呈三角之势,各相距约 30 米,今黄、杨二祠已

---

① 相传黄、杨、丘三姓自唐代以来世居洛口,现洛口有黄姓二十多户,杨姓四十多户,丘姓十多户。
② 本文中凡"相传"、"据说"等说法,均是指调查综合了两人以上所叙述的情况而言的。
③ 原洛口老街一直是杨姓的范围,新中国成立前杨姓还一直在老街收地租。

废,唯丘祠存),为期20天,从农历四月十九日①开始至五月初九日结束,前10天祀奉老官,后10天祀奉朱公。庙会最主要的内容就是演戏和游神。所演剧种,过去是祁剧,现在演采茶戏。剧目多为传统剧,如《花墙会》、《珍珠塔》、《女驸马》等。

四月十九日上午,庙会开始,先把老官菩萨从朱公庙里请出,抬至祠堂戏台正对面靠墙的神台上安坐,并上香烛,请他与大家一起观戏。这一仪式由一道士主持,须有鼓乐仪仗。然后戏班开始演戏,闲日上午、下午各演一场,墟日则上午、下午、晚上共演三场。至二十八日,“老官戏”结束,把老官菩萨送回庙里。二十九日或三十日,仍由道士主持,由戏班演员装扮成“八仙”(即汉钟离、张果老、吕洞宾、铁拐李、韩湘子、曹国舅、蓝采和、何仙姑),到朱公庙里举行隆重的仪式(称“打八仙”),把朱公夫妇请出,然后演员再在祠堂门前“打八仙”把朱公夫妇接入祠堂神台安坐,与村民一起观戏。至五月初九日,“打八仙”把朱公菩萨夫妇送回庙中,庙会结束。

庙会期间,恰逢端午节,要举行游神活动,把整个庙会推向高潮。游神活动是这样的:

五月初四日晚11点开始,由道士主持“打八仙”,村民们用轿子把朱公菩萨从祠堂请出,在仪仗队伍的簇拥下到各家各户去“游神”给村民们祈福消灾。“游神”队伍是这样的:前面一人扛着一条木龙,接着是彩旗,再是朱公菩萨,后面是鼓乐手,最后是三名挑担的:一人挑着箩子以盛纸船和蜡烛香,一人挑担收米,一人挑担收酒。

事先,家家户户都已摆好两张供桌,一张供朱公菩萨安坐,一张置放供品。供品为:全鸡一只,肉丸一碗,鱼一碗,肉一块(均半斤;猪耳朵也可),豆付一块。另准备好一对蜡烛,三根香,用纸钱裹好交给挑箩人;准备一碗米酒和一碗米,分别交给挑担收米和收酒者,以供游神结束后聚餐用。

“游神”挨家挨户进行,不走重路。游至各户,均应放铳(土炮)迎接,然后出来一家人,手执黄荆(表示驱赶蚊虫),把龙接入家中,让它在厅堂、厨房、内室及

---

① 据说老官的生日为四月初一日,所以其他地方老官庙会从四月初一开始,但洛口为了跟朱公庙会相衔接,推迟至四月十九日开始。

床上帐内游一番,以示祈福消灾(包括驱赶蚊虫)。然后把朱公菩萨请入厅堂(朱公菩萨进门时要由妇女朝他轿子撒米),置于预先准备好的供桌上。家人先向朱公菩萨礼拜,而后,道士取供桌上的纸钱烧,念咒语,滴阴阳交(把阴阳交丢在地上)拾起再讲几句吉利话(家庭平安、多子多福之类),随后抬出菩萨到另一家。因为户数多,"游神"直到五月初五(端午节)下午四五点钟方能告完。各户游神完后,把朱公菩萨抬至水口,然后把纸船和各户所献香烛在水口的沙滩焚烧掉,意即把灾难和病害都驱赶至江河中流走了。这一仪式称"化舟"。"化舟"时道士要念一段很长的咒语。

"化舟"完后,朱公菩萨要回祠堂,须"八仙"来请。于是,又在水口朱公息足的地方"打八仙",由"八仙"一一向朱公菩萨膜拜,完后再把朱公菩萨抬回祠堂观戏,至此,游神结束。

在游神和整个庙会期间,村民们对朱公和老官菩萨的敬奉是虔诚的。20天的庙会,气氛始终是热闹和令人愉快的。

(二)"割鸡、担灯"

宁都县石上镇石上村有一项流传了几百年的独特民俗——"割鸡、担灯",其历史文化内涵十分丰富。它的形成和延续是强烈的宗族延续观念、复杂的历史文化背景和传统习俗等诸多因素相互作用的结果。

1."割鸡、担灯"民俗的由来

"担灯"一词中的"灯",宁都话与"丁"同音,顾名思义,这一活动与人丁的发展有关。

石上村的主要居民为李氏宗族,"割鸡、担灯"民俗也主要在李氏族人中传承。据传说,当初石上村李姓人丁不旺,其中有一个叫李长贯的,家境富有,但夫妇俩婚后十几年未有子女,想到后继无人,夫妇俩心中烦闷无比。有一天,李长贯老婆做了个梦,梦见自己去到村西南的河边,河边有一个庙,叫汉帝庙,庙里有很多菩萨,她就急忙跪下许愿求子。此后过了些日子,果然怀孕了,很快就生了个胖儿子。一觉醒来,方知是梦。次日一早,她就把梦情告诉了丈夫。李长贯听后激动地说,如果夫人真能圆梦中之事,我就在那地方建座汉帝庙,并塑造汉王金身,年年都去朝拜。

李长贯许下愿后不久,他的夫人果真怀了孕,并在当年农历十二月十四日生下一个男孩,取名李汉灵。全家在兴奋之余没有忘记许下的愿,立即拿出千两银钱,购买砖木材料,并雇来大批泥、木工匠,选好良辰吉日,在他夫人梦见之处很快建起一座庙,门楣上书着"汉帝庙"三个大字,庙里塑起了汉王和十三太保的神像。建庙历时一个月,竣工的日子恰好是次年正月十四日,即他儿子满月这一天。李长贯抱着他的儿子李汉灵,抓着一只大公鸡,拿着香烛,去汉帝庙朝拜还愿。

此后,每年正月十四,李氏都要到庙里去祭拜。李汉灵长大娶了老婆之后,更常到汉帝庙祭拜。不到十年,李汉灵的老婆就连生了三对双胞胎,第一对双胞胎分别取名李宗、李代;第二对双胞胎取名为石生、石宝;第三对双胞胎取名为汉仁、汉善。20多年后,李汉灵的儿子都已经长大成人,李汉灵带领他们在汉帝庙门口的河岸上种了六棵樟树,预示他六个儿子都要像樟树那样高大成材,封妻荫子。后又过了十年,李汉灵的六个儿子又发起善事,在汉帝庙旁的河上架起一座木桥,取名叫"济渡桥",从而取代了以往"五古渡"的地位,大大方便了梅江东西两岸人们的往来。李汉灵及其儿子也就成了石上村的贤人,备受村人尊敬。也就是从那时开始,村里人定了个规定:今后凡是生了儿子,在正月十四都要到汉帝庙烧香、割鸡,祭拜还愿。

这是石上村"割鸡"活动由来的一个传说。我们姑且不论这一传说所描述的事情是否真实,但至少可从中看出这一活动兴起和延续是与传宗接代、宗族兴盛紧密相关的。

那么,人们去汉帝庙祭拜求子,为什么一定要"割鸡"呢?对于这一问题,有不同的解释。据报告人李强说,石上村人盼子心切,生了儿子就一定会割鸡,目的是俸青元祖师,因为青元祖师能保佑村民大众平安,而它又好吃大雄鸡。而报告人李万明则说,"割鸡"与石上村人的信仰有关,从石上村所保留下来的寺庙如青元祖师庙、真君庙等来看,石上村在宗教信仰上更偏重道教,石上村的民俗活动与道教结合得比较紧密,因此才会杀头牲(公鸡)祭祀。但是,大多数的人却认为杀鸡只是一种传统,一直就是这么传下来的,一切都已经习以为常了,没有人再去探究它的原因。

传统的割鸡习俗后来又是怎样演变成"担灯"的呢?要弄清楚这一点,就必须先把握"灯"的含义。这里的"灯"有两层含义:第一层含义是具体意义上的

"灯",这里特指蜡烛灯;第二层是象征意义上的"灯",即"丁"。报告人彭月生先生介绍说,"担灯"是石上人对这一活动的形象说法,实际上它最初并非叫"担灯",而是叫"世灯"。所谓"世灯",就是用细竹片织成的一担椭圆形灯笼。每担"灯"共六个灯笼,象征三对双胞胎。每个灯笼高 2.2 尺,圆径 1.6 尺。灯笼的底部用一块厚厚的圆木作为底盘,用来插大红烛;上部则扎了一片粗竹片。每个灯笼的表面用红纸糊好,再贴上用绿纸剪好的"囍"、"百子千孙"、"平平安安"等字样。六个灯笼插上红烛,点燃之后用一根长 2.1 米的竹竿一拴,这就是一担"世灯"。"世灯"是石上村闹元宵时众多灯彩的一种,大约兴起于元代。因为石上人都希望自己能像李汉灵那样添丁,家发人增,便在正月闹元宵时创立了这种"世灯"。后来"世灯"又跟"割鸡"联在一起,并被习称为"担灯"。这样,"割鸡、担灯"作为一个完整的民俗活动保存下来。

以上便是"割鸡、担灯"民俗活动的由来。很显然,"割鸡"活动是古代石上村人一种盼子心切的反映,从中可看出他们强烈的传宗接代、宗族延续观念。没有人会希望自己无后,这样,无论是添丁的,还是尚未添丁的,都自觉或不自觉地热衷于这一活动。后来演变增加的"担灯"活动,实际上是这一观念的强化和升级,"割鸡"是为了求得一子,而"担灯"则是为了祈祷新丁的一生平安,长大成才。

2.割鸡、担灯的仪式

(1)"割鸡"的仪式。

每年正月十四,各添丁户都要到汉帝庙割鸡、烧香还愿。据村中老人讲,割鸡的仪式经历了一个由简到繁的过程。在古代,添丁户只是点几根香烛,带点供品,抓一只大雄鸡去汉帝庙宰杀就可以了。而现在则不同,仅场面就热闹得多。现在的仪式是这样的:每年正月十四下午四点,各添丁户陆续到汉帝庙旁的路口集合,在马灯会组织下,按照抽签定好的顺序排好队。其中每户以割鸡者为首,他手中抓了一只大公鸡。另外,他还有两位助手,一位提着一只篮子,里面装了香烛、菜刀、一小挂鞭炮和一些供品;另一位助手则双手端着一个蜡烛架,架上插了六根小红烛。除此之外还得准备好一根竹篙(缠好了鞭炮,至少四米长)。到了四点半,马灯会派来的炮手点燃神铳,割鸡便正式开始。每放一铳,便轮到一人,同时点燃一竹篙鞭炮。只听铳声一响,轮到者即高举着大雄鸡,拼命跑进汉帝庙,两位助手则端着蜡烛架子、提着篮子紧跟在后面。进入汉帝庙后,割鸡者立刻拿刀在鸡脖子上一割,把血滴在碗里和神台上,然后匆匆跑回家,将鸡煮熟后立即送到青元祖师庙和公超翁祠供奉。他的助手则要烧好香,点燃鞭炮,然后再等到其他割鸡者的助手一起前往李氏宗族六房总祠——公超翁祠祭拜。这个过程看起来并不复杂,其实是很有讲究的。首先是必须越快越好,能快就要尽量快,石上人认为"越快越发"、"越早越发"。以前石上村人为了争第一个"割鸡",即割头鸡,时不时引起两房之间的争执,就差没动手了。其次是割鸡者的动作一定要熟练,用刀在鸡脖子上一割,既要快又要稳妥,不能一刀就把鸡脖子给割下来。更为重要的是,端蜡烛架子的助手必须全力保护"灯"的安全,不能摔跤,更不能让"灯"灭了,因为这些事做得好还是坏,都意味着新丁在今后的人生路上是否顺顺当当。以前"割鸡"时有争吵,却从不动手,就是因为添丁者都怕出现不好的兆头。

(2)"担灯"的仪式

"担灯"的仪式比起"割鸡"的仪式要复杂得多,持续的时间也要长得多。具体说来,"担灯"的仪式是这样的:正月十五下午四点半,各添丁户的"世灯"开始从家里出来,先去青元祖师庙参拜青元祖师,再回到各房祠堂参拜祖先。同行的还有几十竹篙的鞭炮以及鼓乐队,一路上不停地放鞭炮,不停地敲锣打鼓。到了下午五点半,马灯会专司放神铳的炮手点响神铳,刹时,靠放在各祠堂墙上的几百根竹篙鞭炮同时燃放,整个祠堂附近硝烟弥漫,鞭炮声震耳欲聋。这是"担灯"的第一个阶段,也是最热闹的时候,男女老幼、本村的和外村的人,都集中到各祠堂附近观看,场面非常壮观,一派浓浓的节日喜庆气氛。这样放鞭炮一直要持续半个多小时。各房在放完鞭炮后,所有的"世灯"都必须到村西的凉亭外集中。"世灯"到齐后,以神铳为号,"担灯"队伍开始游村。游村路线是绕石上村李氏宗族外围山冈一圈。整个队伍前有马灯会的龙灯和锣鼓开路,后有五匹骏马(马灯)殿后,浩浩荡荡前行,一路上还不时有看热闹者参加进来,远看像是一条蜿蜒的火龙,十分壮美。途经路上,凡遇神坛或寺庙都必须祭拜,祖先曾经居住过的地方也必须祭拜。游神每隔一段路程或到一个拐角处,都会放神铳,提醒人们"灯"来了,出来接"灯"。此时,各家各户都会烧香、点蜡烛、放鞭炮,以示接"灯"。如此绕石上村外围山冈一圈,大约有八九里路。最后世灯绕回石上村李氏宗族六房总祠公超翁祠。在此祭拜后,再回到各房祠堂祭拜。回到各房祠堂的世灯,一般还会到本房中的亲朋好友家里走一圈,预示亲朋好友也像他一样添丁。最后,添丁者要留下两盏灯挂在自家床头,其余的送给自己最亲的人或最好的朋友。第二天,这些人必须把灯还给主人家。整个"担灯"仪式结束。

从"担灯"仪式中我们可以看出,"担灯"主要的目的是带领新"丁"去参拜祖先和神明,以期获得他们的护佑。用石上人的话说,就是让祖先和神灵认识新"丁",互相打个照面,以后新丁有难时,祖先和神灵才会及时保佑。"担灯"仪式结束了,但整个"割鸡、担灯"民俗活动并未结束,还有它的伴奏曲——唱戏。唱戏从正月十三晚上开始,一直唱到正月十五晚上。

唱戏由马灯会组织。这一习俗是从"禳老倌神"习俗中承袭而来的。据马灯会负责人李强报告,原来每年四月初一是石上村的老倌日,因此每年四月初一至十五都要禳老倌神,请戏班子唱半个月老倌戏,并大开赌场,这叫"样会"(禳神)。唱戏请的是湖南班子。而戏班说,要唱戏就得俸祀青元祖师,才能保佑戏唱得好。因此,石上人便俸祀起青元祖师,修建了青元祖师庙(后改为青元宫)。据说青元祖师是八仙之一,能镇村压邪,保佑村民大众家家平安,丁财兴旺,保佑剧团唱戏活泼顺当。建起青元祖师庙后,石上村在湖南戏班帮助下组建了自己的业余剧团——青元剧团,而且演的戏也是湖南戏班教的祁剧,如《朱砂印》、《郭子仪贺寿》、《李旦登基》、《卖水记》、《打金枝》、《珍珠塔》、《破天门阵》、《玉堂春》等。后来,由于缺少唱戏的人才,青元剧团解散。青元剧团解散后,代之而起的是马灯会。马灯会在大年初一给各家各户拜年,到元宵节前唱戏三天。马灯会演戏时也供奉青元祖师,并特意在青元祖师庙对面搭起一座戏台。演的是自编自演的地方采茶戏,如《满堂福》、《红灯记》、《五女拜寿》、《宝莲灯》、《破镜重圆》等,有时也演一两场湖南戏,如《郭子仪贺寿》、《朱砂印》、《玉堂春》等。正是因为青元祖师具有镇村压邪、保佑新丁的功能,所以它与石上村的"割鸡、担灯"活动就很自然地结合在一起,每年的新"丁"免不了都要去参拜青元祖师,而马灯会闹元宵、唱戏又同"割鸡、担灯"巧妙结合,使二者相得益彰,增添了石上村的节日喜庆气氛。

3."割鸡、担灯"长盛不衰原因分析

石上村的"割鸡、担灯"活动流传至今已有几百年历史,发展到现在,规模更

参加担灯的村民

大,内容更丰富,已成为石上村人的文化习俗之一。为什么这样一个颇费钱财的活动能持续至今,从未中断过呢?我们认为主要有以下原因:

其一,这一活动之所以延续不断,是有其深刻思想根源的。"割鸡"活动看似迷信,实际上是中国农村社会长期以来形成的传宗接代观念的反映。所谓"不孝有三,无后为大",这种思想的影响是广泛而深远的,一个小小的石上村又岂能例外?正是因为传宗接代观念的根深蒂固,所以才禁止不了这种活动。据石上人讲,"文革"破"四旧"时,政府下令禁止"割鸡、担灯",但是老百姓还是在正月十四晚上,半夜三更偷偷地在汉帝庙"割鸡",不过省去了一切仪式(包括"担灯"仪式),只是抓一只大公鸡在汉帝庙一割,然后溜回家。尽管有民兵放哨也没有用,因为民兵都是本地人,他们看到有人割鸡,装作没发现,等到割鸡者走后,民兵就用水把鸡血冲干净。另据李万明报告,有一添丁户,家里较穷,其女儿上学时曾向他的两个兄弟借钱,他的两个兄弟说自家也没钱,不借!今年割鸡时,这个添丁户本打算不参与,这时他的两个兄弟都来劝他,要他参加割鸡,并对他说:"我们没钱,但是借也要借来给你,生了儿子怎么能不割鸡呢?我们不能对不起祖先!"从这两件事情我们可以看出,传宗接代观念之根深蒂固,并不是仅凭行政手段可以解决的,它势必在相当长的历史时期内依然影响着石上村人。

其二,这一活动从兴起到发展,历久不衰,李氏宗族发挥了关键作用。这主要表现在以下几个方面:第一,石上村"割鸡、担灯"首先是李氏宗族的事情,他们积极参与和推崇这一活动。据《石溪李氏九修族谱》载,李氏于唐朝末年开始南迁,几易其地,一直到定居石上村,人口才迅速增加,成为石上村人口占绝对多数的第一大姓。因此,李氏对于祖先有着浓浓的情结,必然会虔诚祭拜。正如《石溪李氏十修族谱·谱序》所云:"修谱撰史追忆先祖列宗,表彰族中贤士能人,陈明人伦、别亲疏、谆族谊,此外更在于教育族人崇敬先祖,热爱家乡,遵规守法,奋发进取贡献于社会。"第二,李氏宗族对于世居石上村的杂姓采取尊重与兼容的态度。虽说"割鸡、担灯"是李氏宗族的事情,但李氏宗族是非常欢迎杂姓参与"割鸡、担灯"活动的,要不怎么会安排杂姓割头鸡、担头担灯呢? 第三,李氏宗族各房的绅士对"割鸡、担灯"活动的延续起了重要作用。据彭月生报告,绅士家里有人又有钱,他们既热心资助祠堂的修建,又热衷于这一活动。他们这样做一方面是摆排场,炫耀家族势力;另一方面也是虔诚祭拜祖先和神灵,以期在他们的保护下,家族能长盛不衰。

其三,石上村"割鸡、担灯"这个民俗之所以能够流传下来,还与当地的历史文化背景有关。石上村是典型的客家村落,村中的李姓、彭姓、苏姓、谢姓等都是从中原地区逐步迁来的,是典型的客家人,崇生意识特强,"割鸡、担灯"活动就是这种意识的反映。

其四,这一活动长盛不衰,甚至近二十几年来越来越兴盛,还因为这一活动本身在随着时代而变化,尤其是后来"马灯会"的参与,使得这一活动文化色彩越来越浓。例如在"担灯"仪式中,除了要领着新丁参拜祖先和神明外,还有龙灯和马灯的飞舞;而正月十三至十五的唱戏,使石上村更是热闹非常。尤其是正月十五这一天,又是担灯,又是唱戏,又恰逢圩日,人们既是在闹元宵,又像是在逛庙会。这对于常年在地头劳作的人们来说,无疑是精神文化生活的一种享受、一种满足。只要"世灯"在他们家里转一圈,或是从他们门前经过,他们就会展出由衷的笑意,就会感受到最衷心的祝福,就感觉到生活更有盼头。正因为如此,它才能以其独特的魅力吸引一代又一代的石上村人参与。

此外,这一活动还有很强的包容性,起到把石上村各个族姓团结在一起的作用。报告人李强和彭月生都讲到,杂姓在石上村并没有祠堂,如果要"割鸡、担灯",怎么办呢？李姓便让其自愿参加到某一房系。一般是根据新丁母系的宗亲关系来确定,先看新丁的母亲,再看新丁的外婆。若通过母系的宗亲关系不能确定,则看添丁户所租房屋是哪一房系所有;若自己买房、建房,则看其房屋所处的位置属于哪一房系的山冈,就到哪一房系"割鸡、担灯"。这样,只要杂姓参与了"割鸡、担灯"活动,就必然会与李氏宗族的某一房系沾上一点关系,这一房系就会把其当作本房的人看待。因此,李姓与杂姓在宗族延续观念上的共同情结,通过"割鸡、担灯"活动得以体现出来,促进了不同宗族间的沟通,从而维护了石上村的稳定,也使得"割鸡、担灯"活动得以延续。

（三）"游公太"

"游公太"为闽西一带留传的盛大民俗,以祭祀开闽王王审知为主题。

据传说,"公太"即五代十国时创建闽国的闽王王审知,有"各府公太"之称（长汀称"白马公王"）。

王审知(862—925),字信通、祥卿,号白马三郎,河南光州固始人。自光启元年(885)入闽直到去世,在闽39年,其中在福州32年。先后任福州观察副使、威武军留后、检校刑部尚书、威武军节度使、同中书门下平章事、检校右仆射、检校司空、特进检校司徒、检校太保、琅琊王、中书令、福建大都督长史、闽王等。

王审知重视社会的安全稳定工作。光启二年(886)八月,王审知兄弟带兵攻打泉州,杀了贪赃枉法、无恶不作的泉州刺使廖彦若。王审知采取种种措施,使闽境内的社会秩序得到安定,为福建的经济、文化发展创造了有利条件。

王审知非常重视发展水陆交通,扩大内外贸易,重视发展农业生产。在他任职期间,福建经济获得较大发展,出现了"时和年丰,家给人足"的现象。

王审知重视发展文化教育事业,重视人才的任用。他到福建以后,安置了大批的中原流民,特别爱惜文人贤士,专门设招贤院等机构来接待他们。他采纳了翁承赞的建议,在福州"建四门学(高等学府),以教闽中之秀者";选名士黄滔等担任"四门博士"。在王审知的倡导下,当时闽地州有州学,县有县学,乡村设有私塾,"幼已佩于师训,长者置国庠",使文化教育事业大大发展起来。

王审知重视搜求书籍。天祐元年(904),他组织大批文人学士搜集缮写各家遗书,奉献给唐政府,充实编史资料;又为徐寅刊印《钓矶文集》等,为抢救和保存文化遗产作出了贡献。王审知主政时,还兴建和修复了260座寺和6座塔,为后代留下了宝贵的文物。

总之,王审知为唐末五代时期福建的社会安定、经济文化的发展做出了突出的贡献,受到后世的赞誉。闽地后人多有建寺立庙,将王审知铸金像加以供奉祭祀。在这些供奉王审知的庙宇中,以连城的玎瑚庙最为有名。

玎瑚庙位于连城朋口镇马埔村,建于明英宗正统(1436～1449)年间,占地700余平方米,属斗拱梁结构,飞檐走翘,雄伟壮丽,是目前连城保护得比较完整的古庙。是后人为纪念"公太"王审知而兴建的,后发展为王审知"居住地"。

"游公太"活动在"河源十三坊"中每年轮流举办一次,以十三年为一个轮回。

所谓"河源十三坊",即祭祀"公太"的十三个区域集体(基于族谱、姓氏基础上而形成的区域,大都以村庄为单位),主要是位于闽西长汀、连城两县交界处的十三个村落,其中又以连城县内的朋口镇、宣和乡居多(过去宣和全乡叫上河源,朋口的马埔、张家营、洋坊、文坊、朋口五个村叫下河源,统称河源里)。十三村坊的群众都要举行祭祀庙会。此外,文亨的湖峰、莒溪的璧洲、长汀县的钟屋村等邻近乡村也参加十三坊的祭祀庙会。

每年农历二月初一,公太"金身"在经历了一年的外在祭祀后,回归"居住地"玎瑚庙居住两天,称之"入庙";二月初二让十三坊和邻近乡村的人去顶礼膜拜;而后在二月初三再被下一坊承接出去祭祀。这一过程称"入公太"。

凡是轮到"入公太"的村落集体,都要举行参公太、游公太、承公太等活动。

参公太:凡是轮到"入公太"的村落集体,需在轮到入公太的前一年农历八月十五,号召整个村落集体的每家每户扛上彩旗,准备好上备有祭祀品的花轿、神铳、礼炮车、腰鼓队等,一路浩浩荡荡来到公太的居住地(玎瑚庙),向公太(玎瑚庙另备有一尊公太的铜塑像供常年祭拜)预约来年的正式祭祀,故称之为"参公太"。

游公太:"游公太"是河源十三坊最盛大的节日。每年二月初三,轮到进公太的村落集体,备上花轿、彩旗、祭品、仪仗,前去玎瑚庙迎接公太。迎公太队伍前后各一辆礼炮车,领队礼炮车后紧跟着神铳队。整个队伍就在神铳声与礼炮声的轰鸣中向玎瑚庙进发,所过之处,家家户户皆燃放烟花爆竹以助兴。

承公太:在将公太迎进村落后,就轮到每家每户单独的承奉公太了。届时,每个轮到祭祀的村落将根据本村坊具体的户数情况,分配给每家一个承奉的天数。户数少的村落也许一户人家可承奉数日,而大的村落则可能是数户人家承奉一日。承奉的顺序以抽签为准。轮到承奉的人家,在承奉之日需祭祀公太和宴请亲朋好友。

按习俗,游公太前后几天,村落将请戏班唱戏和广待四方客人。届时,无论是亲戚朋友还是一般相识之人,都可以到进公太村落的人家赴宴。而值此大喜大庆之日,进公太村落的每家每户都要准备好酒菜,一天数顿地接待客人。所以,每逢进公太之年,进公太村落里的男女青年均应避开婚姻大事,或早或晚结婚一年;并且在进公太前后年,村落元宵节举行盛大的灯会。

(四)竹篙火龙节

竹篙火龙节是宁都县北部洛口乡南岭村八月中秋节期间的一项独特的大型民俗表演。这项活动于八月初一拉开序幕,至八月十五日中秋之夜达到高潮,次日凌晨结束,前后历时半个多月。活动的主要内容是祭祀火龙神。

在南岭村,流传着一个妇孺皆知的故事。故事说,清朝光绪年间,有一年的农历八月,南岭村瘟疫流行,人畜大量死亡,人们万般无奈,只好祈求天神保佑。就在这个月的中秋之夜,明月当空,万籁俱寂。突然,天空中出现了两条赤色的火龙,它们在天上腾飞盘旋,与瘟神展开了激烈搏斗,战至黎明,终于将瘟神击败。瘟神遍体鳞伤,狼狈而逃,火龙则融于东方绚丽多彩的朝霞之中。此后,瘟疫在南岭竟奇迹般地消失了。人们认为是这两条火龙保佑了他们,称它们为"火龙神福主";并认为它们是两兄弟,弟弟叫火虎,哥哥叫火龙。为了表达对火龙神的感激和崇敬之情,南岭卢氏族人在村子里建起了"火龙神庙",长年祀奉。而且于每年中秋节期间,都要举行隆重的襄神活动。

襄神分两阶段进行。前一阶段襄火虎。从农历八月初一至十五日,每天晚上有七支由儿童组成的"火虎"队(每队七人),他们每人手持一个毛竹编制的半圆形虎头,每个虎头上插上数十根点燃着的香,分别到各个村民小组的每一户人家送吉祥。在这期间,每个村民小组要赶制竹篙火龙。竹篙火龙是一根长约3丈,圆约一尺的巨长毛竹,毛竹上半段横扎着一层层的竹片,每层竹片又扎着许许多多的火把,这些火把全用山茶油、菜油等浸泡过,以易燃烧。扎好后的毛竹呈飞龙状。

八月十五晚上，禳神进入第二阶段，亦即禳火龙阶段，这是整个活动的最高潮。晚 8 时左右，由 8 个村民小组组建成的 7 支火龙队依次来到火龙庙前的大坪上，他们将每根竹篙点燃，再将它们高高举起，共七七四十九根的竹篙火龙，把天空映得如同白昼。劲风吹动着火苗，犹如四十九条转动着的巨大火龙在与妖魔搏斗，100 多年前的历史，仿佛在这一瞬间得到重现。然后，按照抽签结果规定的顺序，各支火龙队依次绕着村子游神。走在队伍前面的是由七名儿童组成的"火虎"队，他们生龙活虎，天真烂漫。火龙队伍的后面则是乐队，他们敲锣击鼓吹唢呐，金乐齐鸣，和着不停的鞭炮声，使得气氛既庄重又热烈。火龙队伍快步前进，他们所到之处，带来一片光明。晚上，观看火龙节者人山人海，除本村男女老少外，尚有来自方圆十几里的邻村邻乡人。人们兴高采烈，整个南岭沉浸在一片忘我的热烈气氛之中。

竹篙火龙节期间，村里还放电影、演戏，并有土特产和小商品交易，热闹非常。这一古老的民俗活动，相沿不衰，除"文革"期间外，从未中断过。如今，竹篙火龙节正吸引着愈来愈多的游人前往观光，它的娱乐和文化功能将进一步显现出来。

宁都洛口竹篙火龙节

五、民间信仰对客家传统社会的调控功能

从上节所列举的民间信仰事象中,我们可以清楚地看出,在客家传统社会中,民间信仰成为了普通百姓日常生活和精神世界的重要内容和表达形式,具有很强的心理调适和社会调控功能。

那么,民间信仰是通过怎样的方式来对客家传统社会进行调控呢?

这里,我们首先必须注意到神坛或庙宇的作用。在客家地区,每个自然村往往都有自己的神坛或庙宇,而几个自然村合成一个大村,又有共同的村庙。在大村之上还有影响整个社区的主庙。神坛或庙宇供奉着各类神明,每类神明都有自己的"职责"或功能,如社官是保一方平安的,谷神是保丰收的,龙神是驱灾的,三官菩萨是财神等等。因为神明是代表"公"的,所以在俗民的心目中,神明除了能祈福驱邪消灾外,还能明辨是非,秉公执法,调解纠纷,平息争讼。如作者小的时候,就常听先父讲起这样的故事:过去乡民常因一些事情发生争执,争执得不可开交了,就杀一只公鸡,到社官老爷面前去赌咒。廖云白先生则介绍说:过去定南县老城镇的城隍庙里有一面鸣冤大鼓,它的后殿完全阴暗,给人以恐惧感。宗族与宗族之间如发生矛盾和械斗,县衙不能解决,则动员双方族长到城隍庙发誓下场了结。[①] 刘大可和刘文波先生在他们的田野调查报告中,也介绍了闽西武北湘村俗民向神明发誓的情况:一种是发生小事情争执不下的发誓,只须点上三品香,一对蜡烛,双方跪在地上,向天地神明表明心迹,即能化戾气为祥和。另一种是发生大事大案,如重大盗窃案、投毒案、强奸案、谋杀案等的发誓,仪式严肃且复杂。发誓时,要把忠诚菩萨(又叫蛇王菩萨、发誓菩萨)请来;要写誓词,并把双方全家姓名都写上,以便神鉴;发誓者要将蜡烛染黑,以示黑白分明;发誓要选在河坝上,让河伯、河神、水官大帝等神明知道,以便发誓有灵。通过一系列复杂的仪式,双方跪在忠诚菩萨面前发完了誓,最后达到了问题的和平

---

① 参见廖云白:《定南县老城镇庙会考》,载罗勇、林晓平主编:《赣南庙会与民俗》(劳格文主编《客家传统社会丛书》第 7 册),国际客家学会、海外华人研究社、法国远东学院,1998 年,第 36—37 页。

解决。① 从以上几则资料中,我们可以感受到神明崇拜的威力。在这里,供奉神明的神坛或神庙无疑具有了"官衙"的职能而却发挥了官衙所不能发挥的功效。

其次,我们必须注意到,客家乡村每年定期举行的打醮或庙会等禳神活动具有特别重要的意义。近年来,在劳格文先生的组织与指导下,闽粤赣三地的客家问题研究者对客家大本营地区的传统社会进行了较为深入细致的田野调查。大量的资料说明,在客家传统社会中,"很多村与村之间(或者村子内部)姓与姓之间的联盟,都以共同的崇拜为基础"②。乡民们每年定期举行禳神祭神的节庆活动。并按坊、棚、会、房的仪式结构,或者按威望、抓阄、轮流等方法去选择每年的当值"福首",经费则由大家筹集或捐献。活动期间,除祭神游神外,还要请戏班演戏,进行聚餐和商议一些公益事业,如修庙、修桥铺路等等。通过这种节庆活动,加强了姓氏与姓氏之间的沟通与情感交流,从而化解了各种潜在的欲发的矛盾。

此外,民间信仰还有伏虎、除蛟、驱邪、治陂、祈雨等满足人们心理需要之功能。

在客家传统社会中,民间信仰除了能满足俗民多重心理需要外,还具有调控、整合地域社会的功能。

客家传统社会受到两种社会力的作用,即祖先崇拜和神明崇拜。对于宗族而言,祖先崇拜具有很强的凝聚力,它可以化解家族内部的矛盾,使"聚族而居"的客家宗族不断壮大,以致发展成几百户,几千人,历数百年而不衰。但是,祖先崇拜在具有内聚力的同时,又具有扩张性。这种扩展性表现为宗族与宗族之间为争夺生存空间和生活资源的矛盾与斗争。祖先崇拜的这种扩张性如不加以限制,往往会造成姓氏宗族之间的大械斗,从而影响整个社区的安宁与发展。过去,在天高皇帝远的客家山区,甚至连封建统治力也不易到达的地方,是什么力量对祖先崇拜的这种扩张性加以限制,使五方百姓得以和谐相处呢? 这就是神明崇拜。

---

① 参见刘大可、刘文波:《武北湘村的宗族社会与文化》,载杨彦杰主编:《闽西的城乡庙会与村落文化》(劳格文主编《客家传统社会丛书》第4册),国际客家学会、海外华人研究社、法国远东学院,1997年,第266页。

② 劳格文:"序论",载杨彦杰主编:《闽西的城乡庙会与村落文化》(《客家传统社会丛书》第4册),国际客家学会、海外华人研究社、法国远东学院,1997年,第46页。

神明崇拜之所以能对宗族社会进行调控,这是因为:祖先崇拜是血缘关系的,封闭性的;神明崇拜则是跨宗族跨地域的,兼容性、开放性的。祖先崇拜在宗族内代表"公"的一面,但在整个社区中却是代表"私"的一面;神明崇拜却总是代表着整个社区"公"的一面。当宗族与宗族之间因为彼此的私利发生矛盾和冲突时,便需要有"公"的力量来消除矛盾,化解冲突,于是,神明崇拜的调控功能便凸显出来。因此,客家传统社会离不开民间信仰,民间信仰也总是以传统社会为依存;要理解客家传统社会,就必须理解客家人的民间信仰。

第八节　客家风水文化

风水,古称堪舆。《淮南子》"许慎注"云:"堪,天道也,舆,地道也。"故"堪舆"即天地之道。它起源于古老的相地术,是中国古代一种基于"天人合一"、"天人感应"观念选择阴阳宅环境以求吉避凶的经验的学问。作为中华民族传统文化的重要内容,风水对人们的生活产生过重要的影响。它已经根植于中国社会心理结构的深处,凝结为广大民众的"一种集体无意识"。讲究风水宜忌已经成为中国社会广大民众日常家居生活的重要组成部分。

在形势派风水术发源地的赣、闽、粤客家地区,对风水的崇信之风更浓。过去,每逢婚丧喜庆,盖房子、打灶、挖井、选坟地乃至于修桥筑路等,人们都要请风水先生堪地利,看风水,择良辰吉日。有的人家为求一好坟穴或屋址,不惜长期供养风水师,以丰美酒食招待。风水先生在人家建房举行"动土"仪式时,也把他们的祖师杨筠松与土地神一并祭祀。在广大乡村,许多地方都有对"杨太伯公"的崇信和祭祀,"杨太伯公"就是风水祖师杨筠松。以上现象说明,崇信风水已成为客家人的一种传统积淀、一种普遍的民俗文化事象。和其他的民俗事象一样,它已深深根植于客家民众的心灵之中,且具有很强的传承性和顽固性。因此,我们要了解客家人的生活和情感心态,把握地情和乡情,就不能不研究和了解客家人的风水信仰及其文化。

一、关于风水祖师杨筠松的记载与传说

风水作为中国传统文化的一部分,它和其他文化现象一样,首先发生、发展

于中原地区。隋唐以前,它也主要流行于黄河流域的中下游地区和长江两岸地区,尚没有传播到现在的客家地区。

唐朝中后期至五代的中原人口南迁运动,造成了客家先民大批进入赣、闽、粤三角地区。也就在这一时期,风水术悄然流入了客家地区。

从有关史志资料和客家地区民间世代相传的口碑资料中,我们知道,将风水术带入客家地区的主要是杨筠松。关于杨筠松其人其事,新、旧《唐书》没有只字记载。直到宋代,才出现一鳞半爪的记载。如:

《宋史》卷二百六"志·第一百五十九·艺文·五"载曰:"杨救贫正龙子经一卷,曾文展(族谱和其他资料记为曾文辿——注者)八分歌一卷。"①

南宋陈振孙《直斋书录解题》载其名氏:"《地理口诀一卷》。不知何人所集,曰杨筠松、曾杨乙、黄禅师、左仙、朱仙、桃范、越凤、刘公、赖太素、张师姑、王古凡十家。

"《杨公遗诀曜金歌并三十六象图一卷》。杨即筠松也,人号杨救贫。"②

大量的记载出现在明清以后,《永乐大典》、《古今图书集成》、《四库全书总目提要》、地方志及各种风水书籍等都有或多或少的记载。如:

明嘉靖《赣州府志》卷九《方伎志》介绍仆都监时提到了杨筠松:"仆,阴阳家流,逸其名,与杨筠松俱官司天监都监。唐僖宗时黄巢之变,仆与杨避地卜居虔化县西怀德乡。"

明天启年间修的《赣州府志》卷九《方伎》则记载较详细,其曰:"杨筠松,窦州人,唐僖宗朝国师,官至金紫光禄大夫,掌灵台地理事。黄巢破京城,乃断发入昆仑山,步龙过虔州,以地理术授曾文迪(即曾文辿——笔者)、刘江东诸徒,世称救贫仙人是也。卒于虔,葬雩都药口。"

至清代,《赣州府志》、《宁都直隶州志》、《赣县志》、《兴国县志》、《潋水志林》、《雩都县志》、《宁都县志》等地方文献都有关于杨筠松的记载,内容也大同小异。其中尤以清道光《宁都直隶州志》卷二十六《方伎志》记载最详。其文曰:"杨益,字筠松,窦州人,官金紫光禄大夫,掌灵台地理事。黄巢破京城,益窃秘

①　脱脱等撰:《宋史》,中华书局1977年版,第15册,第5258页。

②　陈振孙:《直斋书录解题·卷12(此书共22卷)》,载《四库全书》第674册"史部432'目录类'",上海古籍出版社1989年版。

方中禁术,与仆都监自长安奔虔化怀德乡。爰其山水,遂家焉。以其术授曾文
迪、刘广东(应为刘江东——笔者)诸徒,世称救贫仙人。卒葬雩都寒信峡药口
坝,今呼为杨公坝。著有《青襄》、《疑龙撼龙》、《穴法》、《倒杖》诸书传世。"①

从上引资料中,我们可以得到这样的认识:(1)杨筠松属唐末避乱南迁的客
家先民。他由长安来到赣南以后,便在这里居住下来,寻龙追脉,从事风水术的
实践活动,并授徒传术,使风水术在赣南播延开来。(2)杨筠松继承和发展了风
水术中的形法理论,创立了江西形势派,并培养出了曾文迪、刘江东等高徒。地
方志上有关于此二人的记载。如清道光《宁都直隶州志》卷二十六《方伎志》载:
"曾文迪,居会同里同口。师事杨筠松,熟究天文、谶纬、黄庭内经诸书,尤精地
理。梁贞明间,游袁州万载,爰其县北西山之胜,谓其徒曰:死葬我于此,卒如其
言。……著有《寻龙记》上下篇行世。"②清同治《雩都县志》卷十二《方伎》载:
"刘江东,上牢人。杨筠松避黄巢之乱来虔州,江东与同邑曾文迪师之,得其
术。"③曾文迪、刘江东与杨救贫一起进行了江西形势派早期的风水实践,应该是
江西形势派的第一代传人。

至宋代,江西形势派的主要传人有廖瑀、谢世南、赖文俊等人。他们不仅在
本地看风水,而且声名远播,被请去外地看风水。清道光《宁都直隶州志》载曰:
"廖瑀,字伯禹。……宋初,以茂异荐,不第,精研父三传堪舆术。卜居金精山,
自称金精山人。著有《怀玉经》。尝为饶州许氏卜宅,曰:后世子孙当有为吾州
守者。建炎四年,许氏子中知虔州,忆瑀遗言,遣使致祭,为立碑记。""谢世南,
廖瑀子婿,亲受廖瑀术。传子永锡。游公卿间,官至武功大夫。……及卒,侍郎
廖彦铭其墓,博士米芾书丹,人以为二绝。""赖文俊,字太素,宋时人。精地理,
人呼赖布衣。著《催官篇》,以天星阐龙穴砂水之秘,至今传诵。"④

自从杨筠松在赣南授业传徒之后,风水术士就成为赣南地区世代相传的职
业,杨筠松也因此成了历代风水术士共同尊奉的祖师。故此,民间亦流传着许多
关于风水祖师杨救贫的传说故事。

---

① 道光《宁都直隶州志》卷26《方伎志》,第638页。
② 道光《宁都直隶州志》卷26《方伎志》,第638页。
③ 同治《雩都县志》,卷12《方伎志》,第539页。
④ 道光《宁都直隶志》卷26《方伎志》,第638—639页。

如，明朝天启年间修的《赣州府志》卷十八《纪事志》之《轶事》中就有一则关于杨筠松与唐末割据赣南的卢光稠的故事。其曰："唐都监杨筠松，值僖、昭之乱避地于虔，因谒郡帅卢光稠，为卜地，云：'出天子'。卢遂改葬其父母。复问：'还有此地否？'曰：'有，一席十八面。'曰：'何面出天子？'曰：'面面出天子。'卢恐他姓得之，遂毒杨。杨觉，携其徒曾文迪亟去之。至一处所，问何地名，曾答曰：'药口。'曰：'药到口，死矣。仇不可不报也，小子志之，说卢王于州之磨车湾安一水碓，十字路口开一井，则世世为天子矣。'曾曰：'何谓也？'曰：'磨车湾安碓，单打卢王背，十字路开井，卢王自缢颈。'后卢果疽发背，痛不能忍，缢死。"①

又如，兴国三僚1995年《武城曾氏重修族谱·兴国三僚文迪房传》中有关于杨筠松与其徒曾文迪的故事：

"杨公仙师祖籍山东窦州府，父名淑贤，生子三，长曰筠翌，次曰筠殡，三曰筠松。杨公仙师名筠松，字益，号救贫，生于大唐中和甲寅（应是大和甲寅之误，即公元834年——笔者注）三月初八戌时。幼习诗书，一览无遗，十七岁登科及第，官拜金紫光禄大夫之职，掌管琼林御库。至四五十岁，因黄巢之乱，志欲归隐山林，偶遇九天玄女，授以天文地理之术，遂携御库秘籍弃职，云游天下，寄情山水之中，印证所学。至虔州之崇贤里黄禅寺，与吾祖曾文迪公邂逅于方丈之内，晤谈之中，曾文迪公感杨公所学非凡，遂拜杨公为师，朝夕跟随，职尽弟子之礼……后师徒足迹遍及大江南北，名山胜水，尽兴而赏。如遇吉壤或图或记，留待后贤而发。逢困而扶，遇危则济，故又得杨救贫之美名。倦则归栖僚溪，师徒常以僚溪八景而乐游。常谓我祖曾文迪曰：'僚溪虽僻，而山水尤佳，乘兴可登眠弓峻岭，健步盘遨独石巉岩，赏南林之晚翠，观东谷之朝云，览西山之晚照，听北浦之渔歌，临汾水龙潭而寄遐思，卧盘龙珠石以悟玄奥，耕南亩以滋食，吸龙泉而烹茶，余生得无穷之乐，可谓知足，而死无憾矣。'自是，僚溪八景因而得名。又所谓传得之有青囊秘旨，可作家传，世世相承。后朝廷追索秘籍归库，二公得虔州府宪之阴助，置以应籍以归御库，故二公得免于究。后师徒出游至寒信峡药口坝，杨公寿终，享年六十有七，我祖亲为卜，葬八仙下棋形，时乃光化三年（900），

———————————

① 这一传说故事还见于清康熙张尚瑗辑撰的《激水志林》卷16《志事·遗闻》。

庚申岁三月初九日也。呜呼，一代地仙虽作古，而救贫美名与堪舆妙术，则共泰斗同存，略为记。"

再如，兴国县三僚村，相传是形势派风水祖师杨筠松定居和传道授业的地方，居住着与杨筠松有着直接师承关系的曾、廖两姓风水世家，曾涌现出一代又一代的风水大师，在风水文化史上有着独特的地位和深远的影响，三僚风水术被认为是江西形势派风水的正宗代表。当你走进三僚村，曾、廖两姓族人就会给你讲述这样一个故事：

"杨救贫唐末因避乱来到赣南，收曾文辿、廖瑀二人为徒。杨公云游天下，本无欲于驻足，但曾文辿却想找一块吉壤定居。有一天，曾文辿发现三僚这个地方不错，就告诉师傅杨救贫，说他找到了一个'前有金盘玉印，后有凉伞遮荫'的地方，如果在此定居，子孙可以世代做官。杨救贫过去一看，果然是一块山环水绕的肥美盆地，盆地中间有一座长条形的石峰，盆地后部有一棵凉伞形的松树，树下是一块圆形巨石。他告诉曾文辿说：'这里果然是我们堪舆人的世居之地。你看前有罗经吸石，后有包裹随身，住在这里，子孙世世代代端着罗盘背着包裹出门。'于是，杨筠松和他的两个弟子一起，在盆地中间搭茅棚居住，茅棚称为'寮'，师徒仨人搭了三座茅棚，附近的人们就把这里称作'三寮'（今写作'三

三僚村杨公祠

僚’）。”①

这就是三僚人津津乐道的关于杨救贫和开基祖的故事，他们对此深信不疑，已经积淀为一段共同的历史记忆。

二、风水文化的传承发展及其原因

杨筠松开创的江西形势派风水，经过五代和宋前期的传承和发展，至宋元时期大大兴盛起来。其表现在如下几个方面：

首先，这一时期信奉风水的人越来越多。关于这一点，由于在漫长的封建社会里，风水等方伎术数一直被正统的高层文化人士所轻视，正史中极少记载有关的情况，以致我们今天很难从正史或其他史志中找到有关材料。但宋代陈振孙在《直斋书录解题》中有云：“江西有风水之学，往往人能道之。”由此我们可以窥见当时江西赣南等地风水术兴盛之一斑。

其次，这一时期赣南等地风水名流辈出，这些风水术士不仅在本地看风水，而且声名远播，被请去外地看风水，如前文所述的廖瑀、谢世南、赖文俊等人便是。赖文俊是宁都人，曾文辿之婿，为江西派的第三代传人。他浪迹江湖，以“先知山人”的别号在福建相地，很有名气。

此外，《古今图书集成·堪舆部》列传的宋时江西派名流尚有刘潜、傅伯通、邹宽等人。他们在风水术的理论和实践上都很有成就。刘潜为南康人，著有《地理诸说》行世。傅伯通师从廖瑀，其术颇精，闻达于朝廷。宋室南迁后，傅伯通奉诏去相看杭州是否适合做都城。他相看后上表说，杭州过去虽然曾经称雄，实际上无论从形势或局面来看都是弱小的，只适宜做一方巨镇，而不能做百祀的京畿。否则，皇帝来此驻跸只能维持偏安局面，在此建都则难奄九有。这份奏表呈上后，南宋朝廷乃升杭州为临安府而称为行在，南宋最后竟偏安于此。邹宽与傅伯通同师廖瑀，深得推崇。他曾为汪伯彦卜地葬亲，因为墓地卜选得好，汪伯彦果然于丁未年拜相。他还借谈堪舆寄信劝说汪伯彦抗金，但不果。②

再次，这一时期形势派风水学理论著作大量涌现。综合各种资料，这一时期

---

① 根据笔者赴三僚进行田野调查资料整理。
② 以上资料亦见之于清光绪《江西通志》。

的主要著作除廖瑀的《怀玉经》、赖文俊的《催官篇》和刘潜的《地理诸说》外,尚有:黄妙的《博山篇》,廖瑀的《九星穴法》、《十六葬法》、《鳌极精金》,谢和卿的《神宝经》、《天宝经》,刘见道的《承生秘宝经》,孙泊刚的《琼林国宝经》,胡矮仙的《三十六穴图至宝经》,以及托名杨筠松的《撼龙经》和《疑龙经》①,两书中对山龙、脉络、形势的论述,典型地反映出形势派风水术的特色。

　　明清时期,客家地区的风水信仰达到了极盛的程度。此时,风水活动已经成为一种风俗普及于赣、闽、粤广大客家地区,风水观念则作为一种文化积淀深深浸透于人们的心灵之中。表现之一是:这一时期各地遍建风水塔,人们相信这可以祈福消灾。如在河流的转弯处或交汇处建水口塔以镇水患;在城镇附近的山上建文峰塔以祈文教昌盛、科宦发达等等。表现之二是:风水观念成为人们的行为准则而具有约束力。如清代宁都直隶州府曾明令禁止庶民在莲花山挖煤、烧石灰,原因是"莲花山系州城发脉之处",在此挖煤烧石灰,就会破坏"州县龙脉",应即予究治。② 表现之三是:葬俗上停枢不葬和坟墓屡迁不厌之风越来越严重。如乾隆《嘉应州志》卷一《舆地部·风俗》云:"葬惑于风水之说,有数十年不葬者。葬数年必启视,洗骸,贮以瓦罐,至数百年远祖,犹为洗视。或屡经起迁,遗骸残蚀,止余数片,仍转徙不已。甚且听信堪舆,营谋吉穴,侵扩盗葬,构讼兴狱破产,以争尺壤。俗之愚陋,莫丧葬为甚。"同治《雩都县志》卷五"民俗"也载:"停枢不葬有至数年、十数年,甚而数十年者。其因有二:一由南方地湿,惧水蚁之为害,择地无吉或不敢葬;一由俗倘侈靡,亲死以散帛广至客为多能,惧丧无费或虑居隘而不葬。"这一陋习也盛行于闽西,如民国《长汀县志》《礼俗志》载:"汀俗葬亲迷信风水,寄葬择地久而不决,甚有延至数十年,子孙俱逝而棺骸未归茔穴。此尤悖礼败俗,亟应革除者也。"总之,这一时期风水术在客家地区普及、深入人心的同时,也越来越走向迷信化,大有"风水人间不可无,全凭阴德两相扶"③的趋势。

　　那么,造成客家地区风水信仰传播和兴盛的原因是什么呢? 主要有以下几

---

①　现学术界较为一致的意见是,《撼龙经》和《疑龙经》两书旧本均题曰杨筠松撰,显然为伪托,两书应为宋代的作品。

②　道光《宁都直隶州志》卷11《风俗志》附《应禁各条》,第232页。

③　刘佐泉:《客家历史与传统文化》,河南大学出版社1991年版,第439页。

个方面：

第一，风水术适应了客家先民求生存、开发山区的需要。

如前所述，风水术是在唐朝末年随着客家先民的南迁而传入客家地区的。那么，在这之前客家地区的状况怎样呢？清同治《赣州府志》载：赣之为郡，处江右上游，地大山深，"汉唐以前，率以荒服视之"。可见，赣南由于地处僻远，交通不便，唐代之前，还是人烟稀少，处于荒凉的状态。一直到宋代，王安石还说"虔州江南地最旷，大山长谷，荒翳险阻"①，那么，唐以前的落后程度，便可想而知了。闽西和梅州比赣南开发更迟，尤其是梅州，直到唐代中叶，仍处于"人烟稀少，林菁深密，野象横行，鳄鱼肆虐，瘴气熏人"的境况。加上南方山区阴霾多雨，虫蛇出没，各种疾疫容易流行。这样一种自然环境，对于客家先民来说，不能不说是一个严重的挑战！他们远离了中原战火，却面临着新的生存劣境。要在这样的环境里生存和发展，除了需要吃苦耐劳，勇于开拓的精神外，还得有一些适应环境的办法，其中，如何定居下来就是一个首要的问题。原来，在北方地区，气候干燥，地面平坦，盖房的择地问题比较好解决。可是来到赣闽山区，地形复杂，溪河遍布，且多虫兽侵袭，选择一块好的地方来建房安家就显得非常重要和复杂了。风水术满足了先民们的这种生存需要。因为其阳宅理论的宗旨就是追求房宅建筑选址的方位布局与周围环境大自然的协调统一，以保证人的生理健康和心理平和，所谓"人因宅而立，宅因人得存，人宅相扶，感通天地"。而且，当时的风水术士都是掌握了一定科学知识的人，他们懂天文地理，善于观察地形地貌和水土优劣，如杨筠松等人便是。所以，风水术在先民们的定居生活和以后开发山区的斗争中起了积极的指导作用。现在客家地区流传着的许多关于杨救贫行风水术的传说故事颇能说明一些问题。②如：

世传杨救贫有赶山鞭，赶山术，既可以把山赶走，也可以把石头赶走。他寻龙跟脉，遍察赣闽边区。发现哪里有山障碍交通，与民不便，就把山赶走；那里有流水为患，就把圆滚滚的石头像赶猪婆仔一样赶去堵塞；或者把石头赶至河中间拦坝蓄水以灌溉农田。当然，如果他正在驱赶着的山或石头被女性看见、点破

---

① 王安石：《虔州学记》，引自《古今图书集成》"方舆汇编职方典"卷923《赣州府部艺文一》。

② 以下所举故事均为笔者田野调查收集。

（一般以扫帚指），移动着的山和滚动着的石头就会轰然停止。

这则传说是否隐喻着风水术士对于开发山区、治山治水的贡献？

又如有这样一则传说：

南康有个叫鸭婆寮的地方，虽然土肥水足，却种不好禾，因为虫子总是把禾苗给吃光。有一年，来了个放鸭婆的，他白天在塘边搭棚睡觉，晚上出来放鸭婆，鸭婆只只体肥肉壮。几天后，放鸭婆的走了，田里的禾苗也变得绿油油的了，原来是鸭婆把虫子吃光了。放鸭婆的留下了两个鸭蛋，从此以后，这里的百姓也学会了养鸭子，禾再也不生虫了，年年丰收，人口也很快发展起来，地名也就叫鸭婆寮了。后来人们才知道，这个放鸭婆的就是杨救贫。

可否这样认为，这则传说反映的就是风水术士给人们选择了好的居住环境而祛除了病害，带来人丁兴旺呢？

再举一则故事：

兴国县有个梅窖乡，这里何姓人口特别多。相传在很久以前，地理先师杨救贫想把一座石灰山从宁都的青塘赶到兴国三僚。到了梅窖，正好天色晚了，杨救贫看看路边有一间草房，就前去借宿。草房住着姓何的，只有老婆婆一人在家，她丈夫和儿子出门去了。老婆婆让杨救贫住下，并把家里唯一的一只老母鸡杀来敬客。杨救贫很为老人的热情感到不安。可是到了饭菜上来时，杨救贫很纳闷：怎么一只母鸡那么大，竟然没有胸脯肉？

第二天一早，杨救贫要走了，给钱老人不要，还反送他一包东西。走了不远，杨救贫打开一看全是昨晚那只老母鸡的肉。他实在过意不去，为了感谢老婆婆的款待，就又回去，对老婆婆说："老人家，我要帮你做个风水。"老婆婆说："不用了。"而杨救贫执意要，便在她房子侧边一座山上选了个地方。风水做好了，杨救贫要为老人喝彩"文武官员千千万，朝朝天子出能人"。可是，老婆婆很容易满足，便说："有一千根扁担就够了。"杨救贫说："那好吧！以后保证你出一千根扁担。"可是，他转而又想，既然有了扁担，就应该有挑的东西。于是，就把那座本想赶到三僚的石灰山留在了梅窖。从此，姓何的一家采烧石灰，日子越过越殷实，人丁越来越兴旺。

对于这一则故事，我们可以作如此观：风水术士们利用其所掌握的地理、地质等知识，指导先民们探寻和开发山区宝藏，从而扩大了经济来源，促进了人口的繁衍发展。

第二，客家地区的地理形势为风水术的传播带来了条件。

赣、闽、粤三角区同属丘陵地带，这里山重障叠，河流交错，正是形法理论大显身手的地方。因为形法理论的特点就是"主于形势，原其所起，既其所止，以定向位，专指龙、穴、砂、水之相配"①。所以，杨筠松来到赣南以后，很快就施展开了他的风水术数，并且有曾文辿、刘江东等一帮高足追随着他，遍历各地，寻龙探穴，观砂察水，开创了江西形势派风水术的发展局面。

第三，宋明理学对风水术的影响。

论者认为，宋朝是我国风水史上的高峰期，这期间，风水术——主要是阴宅风水发展到了极盛点。一是由于宋朝的理学思想为风水术提供了理论基础及方法手段；二是由于科技的发展，如罗盘被普遍地用于堪舆术。② 宋明时期，是赣南理学颇为兴盛的时期。北宋仁宗时，理学的创始者周敦颐曾先后讲学于南安的道源书院和虔州的玉虚观，理学的重要代表人物程颢和程颐都曾在此向周敦颐求过学。此外，当时的赣县人曾准对理学也颇有造诣，深受周敦颐赏识，称誉其"实开儒术之先"。明代，理学大师王阳明又曾巡抚南赣，平息了赣南的谢志珊、蓝天凤畬汉民起义，并在赣州通天岩的观心岩讲学，创发其"心即理，心外无理，心外无物"的"心学"旨意。

宋明理学的唯心主义本体论与风水术阴宅理论中的唯心主义在渊源上有共同之处，在本质上则是一致的。它为阴宅风水理论的基本前提——墓地位置能决定人的吉凶祸福提供了一套圆通的解释。因此，赣南宋明理学的发达，必然促进这一时期风水术的兴盛。

第四，客家地区"巫文化"的盛行，也是风水术漫延的一个因素。

我们知道，在先秦时期，赣南曾长期隶属于楚，受到楚文化的强烈影响。楚人信巫，巫文化特别发达，这种"巫文化"势必沉积于赣南的人文土壤之中，成为客家文化的一因子。如清同治《赣州府志》卷二十《地志·风俗》载"赣俗信巫。……有巫师角术为患"就是明证。这种"巫文化"，跟风水术中的迷信成分完全

---

① 赵翼：《陔余丛考》卷34《葬术》，第732—733 页。
② 王青：《中国古代风水术》，北京师范大学出版社1993 年版，第106 页。

合拍,两者相得益彰,共同发展,所以明清时期的风水术披上了更加浓厚的迷信色彩。

三、风水文化遗存举要

(一)赣南——民间风水文化的发祥地

如前文所述,唐代以后,由于客家先民的南迁,风水术由黄河流域和长江两岸地区传入了客家地区;又由于杨筠松等人的授徒传术活动,风水术由官方走向了民间,由士大夫阶层走向了平民百姓。于是,风水成为了一种民间文化;而这种民间风水文化的发祥地就在赣南,就在客家地区。从这个意义上说,赣南也是风水文化的重要发源地;风水文化是客家文化的重要内容和一大特色。

特色就是资源,特色才有魅力。所以近年来越来越多的国内外、海内外的专家学者、风水从业人员和游客来赣南考察风水文化、观赏风水文化遗存,甚至举办国际性的风水文化研讨会。这样,又使赣南的风水文化有了国际性的意义。有人说,世界风水在中国,中国风水在赣州。这句话在一定程度上诠释了赣南在风水文化史上的地位,也道出了赣南风水文化资源的独特性和宝贵性。

(二)杨仙岭——风水文化第一山

杨仙岭位于赣州市章贡区沙河乡东北部,西北濒贡江,沿江走向;海拔412米,地域约2平方公里。山上灌木丛生,峰顶岩石裸露。登临山顶,近处赣县县城和远处赣州市城区尽收眼底。相传风水祖师杨筠松曾修道于此,故名"杨仙岭"。

时南康县人①(一说为虔化县(今宁都)人②)卢光稠与姑表兄谭全播在南康县石溪(今上犹县双溪)聚众起义,攻占虔州(今赣州市),自称刺史,从此,割据虔州达26年。后梁时,卢光稠被梁太祖封为"留后",授百胜军防御使兼五岭开通使,辖虔州、韶州和吉州南边诸县。传说卢光稠主政虔州期间,与杨筠松过从甚密,曾请杨公为其择地筑"卢王城"(即今赣州城)。卢王城位于今赣州城东北角,中心在郁孤台和八境台之间,三面临水。古城为"通天龟形",龟尾在八境

---

① 同治《南安府志》卷17《武略》,第376页。
② 邓文钦:《卢光稠与谭全播籍贯考》,载《赣南客家》2001年总第5期。

台,故名"龟尾角"。所辖十县(赣县、雩都、虔化、兴国、信丰、安远、会昌、石城、龙南、瑞金,此为宋时虔州十县,不含当时南安军所辖三县,即大庾、南康、上犹)为蛇形,故赣州市过去有"十蛇聚龟"之说。赣州古城中原开有狮子两泉和凤凰、嘶马、金鱼三池。南宋绍兴十七年(1147)郡守曾谯门,掘地得一方石头,上面刻写有钳记云:"穿开狮子两条泉,九秀回龙出大官,金鲫鱼池赐金紫,凤凰池上出名贤。"①

风水研究者们认为,杨仙岭就是当年杨筠松登高以观察赣州形势,规划赣州古城和授徒传术,阐发形势派风水理论的地方。山顶曾建有杨仙祠,后毁。现重建有杨公庙,供奉杨公、曾公和廖公三仙师。由于杨仙岭特殊的地理位置及其与风水祖师杨筠松的关系,吸引了越来越多的海内外专家学者、旅游观光者和风水信仰者前往考察和祭拜。杨仙岭——风水文化第一山,已经成为客家风水文化的一大亮点,为世人所瞩目。

(三)三僚——风水文化第一村

三僚,古称僚溪,是江西兴国县东部梅窖镇的一个偏远山村,距兴国县城60多公里,现有人口4600余人,分居在18个自然村,均为曾、廖两姓后裔。其中曾姓人口略多于廖姓,且均系曾文辿的后代,自称是由于都县的曲洋迁居此地,现分为五大房派。廖姓分为三大房派,他们的祖先则是在不同时期从不同地点迁来的,其中操风水术的均是廖瑀的后代,自称系由宁都县的黄陂迁居此地。据当地人说,在这个人口不到5000人的小山村里,长年活跃在赣、闽、粤、台、港、澳乃至东南亚各地的风水师就有200多人,从而在海内外留下了"风水不到三僚不灵"的美好声誉。

三僚风水之出名,盖源于风水祖师杨筠松。

相传,杨筠松晚年,因自己无后,想给自己和徒弟们找一块安居的好地方,以便将自己创立的风水术代代传扬下去。于是,带着两个徒弟曾文辿、廖瑀四处物色安身之处。当师徒三人走到僚溪时,环视四周,眼前不禁为之一亮:此地群山环抱,水口密闭,明堂开阔,正是理想的安居之所。于是,杨筠松堪定此地,并随即让其弟子曾文辿从于都曲洋迁来;又亲自对三僚地形勘测了一番,并留下《钳

———————————

① 同治《赣州府志》卷3《舆地志·城池》,第103页。

记》曰：

> 僚溪山水不易观，四畔好山峦；
> 甲上罗经山顶起，西北廉幕应；
> 南方天马水流东，仙客拜朝中；
> 出土蜈蚣艮寅向，十代年中官职旺；
> 今卜此地为尔居，代代拜皇都。
> 初代钱粮不兴大，只因丑戌相刑害；
> 中年富贵发如雷，甲木水栽培；
> 兔马生人多富贵，犬子居翰位。
> 今钳此记付文辿，三十八代官职显。①

《钳记》中对三僚村的地形地貌进行了详细的分析，对每个地形对曾氏的影响也进行了预测。如，"出土蜈蚣"是三僚东北面的一座山名，其形状如一只蜈蚣横亘在三僚村东北面，这个山形可使曾氏前十代"官职旺"；"天马水流东"，故三僚人能够"仙客拜朝中"（即成为钦天监灵台博士）。三僚曾氏初期人丁不旺，各房往往单传，原因是"初代钱粮不兴大，只因丑戌相刑害"；三僚村明清时期名扬全国，"白衣承诏"，堪测明十三陵、修建故宫，原因是"中年富贵发如雷，甲木水栽培"。故现在海外许多风水研究者都是拿着杨筠松的这个《钳记》到三僚村一一验证。②

以上虽系传说，不足为信，但从文化人类学的视角看，它提供给我们的却是一则有价值的资料，揭示出三僚村可能就是形势派风水术的发源地。关于这一点，从曾、廖两姓族谱中的迁徙资料和宗族发展史以及三僚村现存的诸多风水文化遗迹可以得到有力地佐证。

据《兴国三僚武城郡曾氏重修族谱》（1995）、《兴邑僚溪清河廖氏首届联修族谱》（1996）、《兴国三僚清河廖氏专修族谱》（1895）等谱籍的记载，曾氏的开

---

① 《三僚曾氏族谱》，转引自胡玉春等撰《赣南客家风水文化初探》，《客家源》2000 年总第 4 期。

② 胡玉春等撰：《赣南客家风水文化初探》，《客家源》2000 年总第 4 期。

基始祖是曾文辿,于唐代末年迁居三僚。曾氏迁入三僚之后,直至明代初年,一直"人丁不旺"。而廖氏三房派中,最早的一支据说是唐代末年从宁都蔡江乡胡坊村迁来的;最晚的一支,亦是现今从事风水行业人数最多的一支,则是北宋中期从宁都黄陂镇中坝迁来的。族谱记载,其开基祖是形势派风水传人廖瑀的第3代侄孙邦公(一说为邦公之子禄舍)。

三僚风水既由杨筠松及曾文辿、廖瑀等师徒肇始,遂渐成风气,代有名师。至明代,三僚风水师足迹遍布全国,甚至闻达于朝廷。其中最负盛名者莫过于明代初年的风水大师廖均卿和曾文政。

据三僚曾、廖两姓族谱记载,廖均卿、曾文政从小酷爱风水,长大后并对其有很深的研究。明永乐五年(1407),经礼部尚书赵翊的推荐,从三僚来到京城,面见当朝皇帝,并奉旨为朝廷堪定了天寿山皇陵(即十三陵),因功受封为钦天监灵台博士,领四品职官月俸。

继廖均卿、曾文政之后,嘉靖十五年(1536),廖文政、曾邦旻、曾鹤宾又奉诏晋京,为朝廷相看献陵,并奉旨治理黄河,兼通漕运,从而受到嘉靖皇帝的一再封赏。

清顺治十六年(1659),曾氏后人曾永章再次晋京,奉诏相视陵园,受封钦天监灵台博士。

由于三僚曾、廖两姓的风水术一再为朝廷所看重,恩宠和封赏有加,所以,明清时期,曾、廖两姓的政治地位和经济地位也迅速提高,人才随之大批涌现。据统计,明代以前,该两姓不仅人丁稀少,且族中读书之人寥寥无几。而明代永乐、嘉靖之后,随着其社会地位的提高,两姓呈现出一派丁多财(才)旺的局面。仅明清两代,两姓取得贡生、增生、廪生资格的便达到375名,经科考入仕的有11名。在曾姓取得生员资格的175人中,注明专修《易经》的就有16名。与此同时,村中具有崇高威望的风水大师也蜂拥而出,其中仅见于(清)同治《兴国县志》记载的就达到21个,而见于两姓族谱记载的更有六七十人之多。在这些大师中,有廖均卿、曾文政、廖绍定、廖绍宠、廖胜概、廖邦明等一批人,他们不仅在实践上有很大作为,而且在理论上也有不少创新,整理出诸如《阳宅简要》、《地理指迷》、《向水指南》、《地理心得》等一批有价值的风水著作[①],使得三僚这一江西形势派风水发祥地愈显其彰。

三僚留下了许多风水文化遗迹。走进三僚,犹如走进了一座"易学博物馆"。站在曾、廖两姓交界的"和合石"上看,三僚村地形状如一个太极图形。整个村子坐落在盆地上,盆地中间一座条状石恰如罗盘中的指针,故称"罗经吸石"。曾姓村和廖姓村分居指针两侧,就像太极图中的两仪。盆地四边各有东华、西竺、南极、北斗四座寺庙和御屏帐、活龙脑、九尾杉、和合石、多士石、章罡士、七星池、甘泉井等八个景点,仿佛在演绎着《易经》中"太极生两仪,两仪生四象,四象演八卦"的原理。

走进三僚,又如走进了一座巨大的风水文化陈列馆。在这个不足 2 平方公里的古老山村,布满了历代风水师们留下的独具匠心的风水文化建筑。如,这里有大小祠堂 42 座,典型的有"挂壁天井"、"蛇形祠"、"龟蛇会"、"狗形祠"、"半坑祠"、"无蚊祠"、"万方祠"、"月洲祠"、"美女照镜祠"等等,每一座祠堂都蕴藏着高深的玄机和包含着神奇的故事。

又如,三僚现存明清以前古墓几百座,其大者如皇陵,座座皆有风水说道,诸如"鹅形"、"蜈蚣形"、"观音望海"、"夫子弹琴"、"凤凰翘尾"、"上水鲤鱼"、"侧面卧虎"、"猛虎回头"、"五虎下山"等等。该村北面的罗山墓(明代曾邦旻之墓),坐落在一片开阔的平地上,前面有低矮的小山坡,但后面却非常空旷(风水上称其为"坐空向满"),左前方还有一条很长的山坑,正对着墓址(风水上称其为"坑煞嶙峋")。针对这种环境,三僚的风水大师们将该墓设计为鱼形,以与周围的环境相协调(即把平地比喻成江湖,取"鱼水之欢"之意)。同时又在墓的后面筑起一条与左边山丘相连接的小山梁,它一方面可作为墓的靠背,另一方面又可把山上的龙脉接引下来。为了缓解来自山坑的冷风与水流,并加强整座墓的美学效果,他们又运用文学创作中的比喻手法,在墓的左前方开挖了 12 口大小、形状、深浅不一的池塘,并在最后一口池塘的塘边上做出一个圆形小墩,以象征

---

① 刘劲峰:《客家风水文化第一村——兴国三僚村的初步调查》,载《客家研究辑刊》,2002 年第 1 期,第 48 页。

鱼儿吐出的气泡。整座阴宅,既庄严肃穆,又给人以简洁、明快的感觉。①

在三僚村,我们还可以看到许多人工开挖的池塘,这便是有名的"七星池"和"百口塘"。据说,这是风水师们针对所居屋场犯"四煞嶙峋"而采取的"消水""制煞"的措施,不免带有浓厚的迷信色彩。但是,池塘开挖以后,与屋场周边小溪相连贯通,使排水通畅,气韵回旋,可谓"藏风得水",居住环境更加宜人、美妙。

三僚村曾、廖二姓各建有一座杨公祠,供奉杨公金身,并将本姓先祖与杨公并列同祭。曾姓的杨公祠毁于"文革",但偶像仍留存了下来,现杨公祠为近年重修,神台上左为杨公像,右为曾文辿公像,香火不断。廖姓的杨公祠一直保存了下来,并于1995年重修,2008年又重建。现神台上贡有杨公、廖瑀仙师等神位,神台两边并立有牌匾等,香火亦十分兴旺。

此外,在三僚村的西边,还有一株千年古杉,树杆中空如半轮残月,树冠则枝叶婆娑。据说此树壮年时有九个分支,故名"九尾杉"。相传此树亦为杨公亲手所植,因而成为一棵神树,引得许多杨公信徒前往顶礼膜拜。

总之,三僚村历史悠久,神奇无限,处处可见风水文化的"活化石",不愧是"中国风水文化第一村"。

(四)杨公坝——风水祖师杨救贫归仙处

根据清道光《宁都直隶州志》卷二十六《方伎志》的记载,杨筠松死后安葬在"雩都寒信峡药口坝,今呼为杨公坝"的地方。杨公坝位于于都境内梅江东岸的河滩上,地属于都县宽田乡,现为一个行政村。

关于杨筠松之死,清代兴国县志《潋水志林》"遗闻"条中载为被卢光稠毒死。但前于此的明万历二十年版《宁都县志》却记为:"(杨)为卢光稠卜地,道雩都寒信峡,疾发薨,遗命其徒曾文辿等葬之于药口坝,今呼为杨公坝。"清同治《雩都县志》卷十六"轶事"亦载:"杨筠松卒于邑之药口,其徒曾文辿即于坝上扦地葬之,因名杨公坝,人欲寻其冢不可得。"两书所载均未言及杨筠松之死与卢光稠有关,而是死于疾病。两说孰是孰非? 尚难考证,故存疑。

_____

① 刘劲峰:《客家风水文化第一村——兴国三僚村的初步调查》,载《客家研究辑刊》2002年第1期,第49页。

杨筠松死于药口坝,并由其高徒曾文辿就地安葬,又将药口坝更名为杨公坝,则是明白无疑的。

因杨筠松是风水祖师,在赣南地域影响深远,其墓葬虽寻之不可得,但却留下了一些后人凭吊的文物。如,清同治《雩都县志》卷十二《茔墓志》载:"都监杨筠松墓,县东北八十里,地名跃口,今称杨公坝。明万历初,太守叶梦熊竖碑表之。"这块万历碑石,已于 1992 年由于都县博物馆征集收藏。于都县博物馆还收藏有清代的石碑一块。该碑原立于车溪乡黄沙村梅江边,与杨公坝隔河相望。碑文虽多有脱漏,但仍可辨其大意是:清代嘉庆十八年,段道轩、吴肇龙两位风水师前来祭奠祖师杨筠松,并祈求祖师护佑操业遂心如愿。[①]

(五)风水塔——风水文化兴盛的标志

在风水观念的影响下,明清时期,赣南各地普建风水塔,构成了一道道颇具特色的人文景观。据文物工作者的调查,赣州市下辖的 18 个县市区,现有明清时期的古塔 40 余座。这 40 余座明清古塔,没有一例属于佛教意义的塔,而都属于堪舆学意义上的风水塔。[②]

风水塔可分为两类,一类是水口塔,另一类为文峰塔。

水口塔往往建于河流侧畔,起"培文明,障水口"的作用。如,赣州城北的玉虹塔(又称白塔),位于章贡两江合流后的赣江西岸,建于明代万历年间。其主要功能便是镇水,人们祈盼依靠它来使赣州城免遭水患。1995 年 5 月,玉虹塔的地宫出土了一个重达 76.5 公斤的特大铁元宝,上面铭铸着"双流砥柱"四个大字,正是这种功能的最好诠释。

又如,上犹县营前镇的"龙公塔",位于营前墟东面桃岭之侧峰的水口旁,建于明天启四年(1624)。系本里陈蔡两姓"为培文明而障水口",在上犹县令龙文光的倡议下共建的,故后名龙公塔。

文峰塔多位于村落或城镇周缘的峰峦顶部,起"补缺障空"、光大人文气象、满足人们希冀文运昌盛的心理需求的作用。如,瑞金县城的南面山峦,从明代万历年间开始至清代乾隆年间,按照风水观念的要求,或由官府,或由乡绅,先后于

---

① 韩振飞、姚莲红:《浅谈杨筠松及赣派风水术》,载《赣文化研究(总第 4 期)》,南昌大学《赣文化研究》编辑委员会,1997 年。

② 参见万幼楠:《赣南古塔研究》,《南方文物》1993 年第 1 期,第 74—75 页。

峰峦巅处沿弧状排列建起了三座文峰塔,构成了"笔架凌霄"的胜景,给人以心理上的满足和美的享受。

风水塔虽然是古人出于迷信动机所建,但她们犹如一颗颗明珠,镶嵌在客家大地上,使这里的山山水水平添许多妩媚和灵秀!

第九节　客家民间文艺

俗语云:"五里不同风,十里不同俗。"民间文艺是不同地域的人民群众在各自的自然与人文生态条件下创造的艺术形式,她具有民间性、原生态性和大众性的特点,社会基础广泛,生命力强,历久而弥新,千百年来深为人民群众所喜爱。

赣、闽、粤三角区处于万山丛中,山清水秀,汉、畲相融,民风淳朴。这一独特的自然与人文环境,催生了绚丽多姿的民间文艺。

一、民间音乐

（一）客家山歌

客家人爱唱山歌,一曲美妙动听的客家山歌,会激起海外客家赤子对祖国、对家乡的无限情思。客家山歌,赣南、闽西、粤东各有特色。但最具文化内涵的要数兴国山歌。兴国山歌是随着客家先民的迁入山区而产生的,它萌芽于唐末,到宋代,因深受唐宋诗词的影响而渐趋成熟并广为流传。她既保留了古朴的中原音韵,又颇具浓郁的赣南客家情趣。

下面,就以兴国山歌为例对客家山歌作一介绍。

1. 客家山歌的产生

在客家山歌唱得最普遍、最呱呱的赣南兴国,至今流传着《罗隐秀才抄歌本》的传说,大意是:唐朝末年有个秀才罗隐,科场屡试不第,只好看破红尘,和一个同样命运的武秀才结伴,浪迹江湖。一天,两人来到兴国潋江边,忽然听到悦耳的对歌声。罗隐听罢这悠扬的山歌,顿觉心旷神怡,于是情不自禁地学着兴国山歌的样子即兴念起一首冇头诗来:

桌上笔头尖又尖,双手磨墨自团圆;

一篇文章做得好,必定中个文状元。

武秀才不甘示弱,也和着罗隐的诗韵脱口而出:

袋中箭头尖又尖,拉开满弓自团圆;
九支飞箭射中靶,必定中个武状元。

两人正在得意之时,不防拱桥下面飞出一首山歌来:

胸前乳头尖又尖,双手搓乳自团圆;
一胎生下两个崽,必中文武双状元。

两人听了哭笑不得,想不到堂堂七尺男儿,饱学之士,竟然败在一个洗衣妇手里,欲想回诗相骂,却又无从开口,只得自叹不如,转而对洗衣妇的敏捷和才华十分钦佩,甘拜为师。后来,罗隐把洗衣妇唱的山歌一一记录下来,整理成歌本。从此,这些山歌便一传十,十传百,到处传唱,流传至今。人民追忆罗隐,至今传唱着这样一首山歌:

会唱山歌歌驳歌,呒怕朝廷礼节多;
罗隐秀才抄歌本,风流才子早登科。①

传说中的罗隐秀才浪迹江湖,跟客家先民大量进入赣南闽西在时间上相吻合,都是唐末,说明客家山歌是随着客家先民的迁入才逐渐产生的。它采借和吸纳了当地土著山都木客等少数民族的原始艺术形式,并在这一基础上由客家先民们进行了再创作的过程。在这一过程中,具有中原文化素养的客家先民势必把唐宋诗词的表现手法应用于山歌创作之中。

根据有关史籍的记载,隋唐以前,生活在赣南的土著居民山都木客是有自己

---

① 兴国县文化局等编:《兴国山歌选》,1986年。

的原始艺术形式的。如，前引南北朝时雩都人邓德明《南康记》就记载说，雩都盘古山北五十里有石山，上有玉台，方广数十丈，又有自然石室如屋形。风雨之后，景气明净，颇闻山上鼓吹之声，山都木客为其舞唱之节。又是"鼓吹之声"，又是"舞唱之节"，说明山都木客是能歌善舞的民族。此外，有关资料还记载说，唐朝末年，兴国上洛山（唐时属赣县）木客曾经来到汉民中间，一边饮酒一边唱起了自己编的歌："酒尽君莫沽，壶倾我当发；城市多嚣尘，还山弄明月。"这就是《上洛山木客歌》。这首木客歌折射出的历史信息是，木客喜隐山林，不习惯于闹市；他们善于用歌的方式来抒发感情，传情达意。有研究者认为，《上洛山木客歌》就是兴国山歌的雏形。

到了宋代，随着客家民系的孕育成长，兴国山歌也逐渐成熟起来。苏东坡《八境台八首》之八云："回峰乱嶂郁参差，云外高人世得知；谁向空山弄明月，山中木客解吟诗。"其中的"山中木客解吟诗"，可以理解为，那些常居山林的木客居民们与汉族发生了融合，接受了汉族文化，因此在他们的山歌中常有诗的意境。说明此时兴国山歌已深受唐宋诗词的影响而趋于成熟，并且已广为流传，以至于引起了苏东坡的好奇与注意。南宋后期，随着客家民系向赣南西南、闽西南及粤东粤北的发展，客家山歌也流传到更为广大的地区。客家山歌在流传过程中自然会带上浓厚的地方色彩，但从本质上说，都是兴国山歌的演变与发展。

在漫长的历史长河中，兴国人民创作的山歌，有如潋江之水，滔滔不绝。正如一首山歌唱的那样：

潋江流水波连波，兴国老表爱唱歌；
山歌好比山泉水，源源不断汇成河。

2. 客家山歌的文化内涵

客家山歌内容极其丰富，题材广泛多样；既有情歌，也有生产、生活歌谣，还有民俗歌谣以及杂歌等等。她历史跨度长，涉及社会面广，真实地反映了人民群众对情感世界的追求，对美好生活的向往，对旧社会罪恶的鞭挞，对封建礼教的反抗等等。特别是在第二次国内革命战争时期，客家山歌随之一新，成为苏维埃政权的主要宣传形式之一，在我国新文化史上写下了光辉的一页。

（1）情歌。

情歌，是客家山歌百花园中最为璀璨夺目的一朵奇葩，占据着传统民歌的主导地位。情歌有山野田头之中相互唱和的谣唱体山歌，有在室内公共场合演唱的叙事体山歌。它荟萃了客家山歌的精华，有着极高的文学价值。歌词中，形象生动的比兴、精确奇妙的用词、炽热的情感、优美的意境、浓郁的生活气息，宛如一杯清香扑鼻的春茶，沁人心脾；又如一杯甘醇的美酒，醉人心扉，堪称美妙绝伦。如，一首想情郎的山歌这样唱道：

> 日头一出浑浑黄，老妹日夜想情郎；
> 日里唔得到夜晡，夜晡唔得到天光；
> 黄鳝拿来钓拐子（青蛙），该号（这个）引（瘾）头实在长 。

一首谈情的山歌这样唱道：

> 至今到年冇几久，哥哥连妹好动手；
> 九冬腊月霜雪大，再好饼子蒸酸酒。

一首逗情的山歌这样唱道：

> 老妹今年十五六，奶菇大过茶缸肚（底）；
> 哥哥摸一下，当得食了腊猪肉。

另一首唱道：

> 昨夜连妹太慌张，摸到神台当是床；
> 摸到观音当是妹，观音莫怪探花郎。

类似的例子，俯拾皆是。这些情歌，大胆表露出对爱情和性需求的渴望；既直率，充满乡野气息，又不失幽默和诙谐，是坐在书斋里的秀才们绝对无法想象出来的。

（2）生产、生活歌谣。

生产、生活歌谣的特点是，取材于生活，直接为劳动生产服务。生产、生活和爱情常常扭结在一起，很难截然分开。所以，从广义上说，情歌也是一种生活歌谣。

生产、生活歌谣也分谣唱体山歌和叙事体山歌。谣唱体山歌如：

> 哇苦就算作田嫲，黄连树上挂苦瓜；
> 黄连树下埋猪胆，从头苦到脚底下。

> 作田要作土丘嫲，阿哥牵牛妹驮耙；
> 阿哥耙田妹脱秧，阿哥莳田妹送茶。

> 日出耘田夜绩麻，阿哥阿妹会当家；
> 作好良田金满斗，绩出精麻纺白纱；
> 要食要着靠自家。
>
> ……

叙事体山歌则多为劝世内容的，如"哥哥做事要坚心"、"行行都出状元郎"、"戒赌歌"、"戒嫖歌"、"劝郎歌"、"十劝妹"、"劝人莫把老人嫌"、"忍字为高是古训"、"十劝世人记在心"等等。此外，也有紧贴生产生活的，如"十二月长工歌"、"二十四节气农谚歌"、"十月怀胎歌"等等。反映出传统社会中客家人纯朴的求善心理和农本主义思想。

（3）民俗歌谣。

民俗歌谣是流传在民间礼俗和各种祀典上演唱的山歌，其中有相当一部分是和宗教迷信活动结合在一起的。兴国民间一向流行"跳觋"，这是一种由"觋公"主持的"祈福禳灾、降妖驱鬼"的古老活动。"觋公"除掌握一整套"跳觋"的程式外，更重要的是会演唱大量的民俗山歌及各种类型的其他山歌。所谓"跳觋"，在通宵达旦的活动中，大部分时间还是演唱山歌。所以，在兴国，"觋公"其实就是半职业歌手。

兴国的民俗山歌除大部分来自跳觋活动外,也有一部分来自一般的民间歌手、清乐班的鼓师、工匠师傅、和尚道士、灯彩领班等人的祝赞、劝诫等,所以,其内容比较庞杂。如"赞八仙"、"祝寿赞"、"十拜寿"、"斩轿煞"、"新婚赞"、"添丁赞"、"小儿满月过周赞"、"安大门赞"、"发梁赞"、"新居落成赞"、"新灶赞"、"四季赞"、"灯彩唱赞"、"猜花"、"褡裢贴花"、"十二月属相歌"等等。这些民俗山歌有不少含有"安贫劝善"的宿命论观念,也有宣传三从四德、迷信鬼神、金钱万能、及时行乐等等的,无疑,这是民俗山歌中的糟粕。但也有不少是有积极意义的,如"十拜寿"是劝人孝敬父母、和睦家庭的:

> 五拜寿来情义长,恭祝爷娘身健康;
> 阖家和睦永安乐,牵子带孙人丁旺;
> 万载兴隆百世昌。

如"灯彩唱赞"是祈求家业兴旺、五谷丰登,表达俗民们渴望过上幸福生活的良好愿望的:

> 天开文运大吉昌,龙灯摇摇到华堂;
> 贺喜东君好运到,五福临门喜洋洋;
> 青龙山上龙赶到,灌润此堂百世昌;
> 左舞三转龙显威,右舞三转凤呈祥;
> 前舞三转金银库,后舞三转万石仓;
> 中间舞个团团转,五谷丰登家兴旺;
> 今日□有祝赞后,老安少乐永健康。

还有男婚女嫁、新屋落成、筵席喜庆时的祝赞歌,也都是俗民们对未来的美好祝愿,是可以批判地吸收、借鉴的。

(4)杂歌。

杂歌是一种极具夸张、富有灵性、不拘一格的山歌。它那生动、丰富的群众

语言,幽默、诙谐的艺术风格,夸张、辛辣的创作手法,深受人们的喜爱。如"乱弹歌":

> 自从唔唱设谎歌①,风吹磨石下大河;
> 隔壁邻舍添赖子②,添了老弟添阿哥;
> 昨晡放鸭上高山,火烧岭上捡田螺;
> 捡只田螺三斤半,挑出肉来四斤多;
> 爷佬③讨亲伢扛轿,看稳外公讨外婆。

这是一首戏谑性的山歌,通篇看来全是荒诞无稽的不经之谈,只给你逗笑取乐而已。但它有趣味而不低俗,让人笑得健康愉悦。

如"黄鳅④咬尾巴"歌,又叫"尾驳尾"、"连锁歌"。这是客家山歌对唱的一种独特方式。对唱的双方,彼此接过对方的结尾句作为自己应答的开头句,起韵接意,前后呼应。这种唱法,可以围绕一个中心意思,阐发、深化主题,尽情抒发各自才智和感情,以达到难分难解的程度。请看下面的"黄鳅咬尾巴":

> 敢放白鸽敢响铃,敢唱山歌敢大声;
> 来段黄鳅咬尾巴,两人山歌消停扳。⑤

> 两人山歌消停扳,胡琴箫子你起扳;
> 潋江河畔摆歌台,擂台赛歌比输赢。

> 擂台赛歌比输赢,你唱山歌有名声;
> 莫怪徒弟冇礼貌,冇把师傅来欢迎。

---

① 设谎:说谎话。
② 赖子:儿子。
③ 爷佬:父亲。
④ 黄鳅:泥鳅。
⑤ 消停扳:慢慢较量。这里的"扳",是指驳歌。

有把师傅来欢迎,听到该句着一惊;
今日歌台初相会,唔敢跟你来对扳。

莫哇唔敢来对扳,你唱山歌出哩名;
手拿花边石上掸①,听你声音有八成。

你哇声音有八成,长衫落地过踭②;
该次来到贵地方,还要拜你做先生。

……

　　这种"黄鳅咬尾巴"最主要的技巧之一,就是要起韵接意,中途不得随意变韵离题;而且要应答得紧凑流畅,不能生搬硬套。一场好的"黄鳅咬尾巴"赛歌,往往能给人们丰富的生活知识、生动的群众语言,调动群众的参与情绪,让歌场高潮迭起,给人以难忘的美的艺术享受。

　　如"逞强歌",用斗歌的方式互逞歌才、互逞本领、互逞劳动等等,其语言夸张,气势压人,表现出客家人逞强好胜、互不示弱、不甘居下风的品格特征。

　　如"锁歌",又叫"猜问歌",由客家谜语、童谣演变而来。提问者曰"装锁",回答者曰"开锁"。有一首猜一事物的,有每一句猜一事物的。装锁者要形象风趣,开锁者也要机灵准确。在一问一答中,歌者的聪明才智凸现。

　　此外,还有猜诂歌、骂歌、劝世歌、书偈歌等等,亦各具特点,情趣妙生。

　　(5)革命山歌。

　　革命山歌是从情歌发展起来的。兴国民间流传着一首古老的情歌,为了爱情(俗称连妹),即使遭到杀身之祸,也在所不惜。它表现了一个渴望婚姻自由,殉于爱情的形象,长久地留存于民间:

打铁唔怕火星烧,连妹唔怕斩人刀;

---

　　① 花边:光洋。掸:这里指敲击。
　　② 踭:脚后跟,"过踭"谐音为"较争",意为较差,逊一筹。

> 斩了头来还有颈,斩了颈来还有腰;
>
> 就是全身都斩碎,还有魂魄同妹聊。

连妹情歌不知经历过多少年代,遭到封建统治阶级所代表的恶势力的阻挠、破坏、扼杀,但它仍然像严寒霜冻中的一支花,卓然挺立,生机无限,因为它深深地根植于广大人民群众的沃土之中。

在 20 世纪 20 年代大革命失败后的低潮时期里,从外地回到兴国的共产党员们,在家乡到处播撒革命火种。虽然当时反动势力甚嚣尘上,然而贫苦工农大众反抗呼声却越来越高涨,他们曾借用"连妹唔怕斩人刀"这首山歌,改为"造反唔怕斩人刀",作为动员民众参加反抗斗争的号角:

> 打铁唔怕火星烧,造反唔怕斩人刀;
>
> 斩了头来还有颈,斩了颈来还有腰;
>
> 就是全身都斩碎,变鬼还要把仇报。

这首山歌歌词虽然只改动了两处,但于此不仅可以看出山歌主题思想的变化,而且也可以看出革命山歌是从情歌发展起来之一斑。

中央苏区时期,配合革命斗争的中心任务,编唱红色山歌,成为扬眉吐气的苏区群众新生活的一项内容,成为苏区干部革命工作的一个部分。如,脍炙人口的"苏区干部好作风"就是这一时期创作的。当时,长冈乡主席谢昌宝同志,不但善于做组织宣传工作,而且在宣传工作中又最会唱山歌,成为苏区时期著名的山歌歌手。在他模范工作的影响下,群众热情地唱起了"苏区干部好作风":

> 哎呀嘞——
>
> 苏区干部好作风
>
> 自带干粮去办公
>
> 日着草鞋干革命
>
> 同志哥
>
> 夜走山路打灯笼

客家山歌,在动员人民参军参战,粉碎敌人的军事围剿、经济封锁,瓦解敌军士气,巩固红色政权方面,发挥过巨大的作用。

当敌人不断向苏区发动进攻,中央苏区面临巨大困境的时候,为了巩固革命根据地,保卫新生的红色政权,客家民众响应工农民主政府的号召,积极参加扩大红军运动,动员青年和自己的亲人,踊跃参加红军。于是,情歌中的"十劝郎",很快成为"十劝我郎当红军"的革命山歌了。

青壮年踊跃报名当红军,就涌现出许多母送子、妹送哥、妻送夫的动人场面。当年长冈乡著名的女犁耙手李玉英送丈夫当红军,临别时她唱道:

> 哎呀嘞——
> 潋江流水长又长
> 嘱郎安心上前方
> 勇敢冲锋多杀敌
> 心肝哥
> 家事你莫挂心肠

在红军长征出发时,有一对未婚夫妻,临别前夕,未婚夫来告别。他(她)们采用山歌对唱方式,互相鼓励,坚定信念,表示矢志不渝,一直唱到鸡啼三遍:

女唱:

> 一盏油灯结灯花
> 妹做军鞋坐灯下
> 厚厚铺来密密缝
> 送给阿哥好出发

男唱:

> 老妹做鞋到深夜

鞋绳抽得响沙沙

明朝出发来告别

要哇几多心里话

……

最后,女唱:

鸡啼三遍月影斜(音:霞)

千言万语一句话

妹送阿哥上前线

等你转来再成家

这样的革命山歌,声情并茂,句句动人,深为山区人民所喜爱,所以流传至今。

在红军长征途中,1935 年 6 月翻雪山时,遇到了极大的困难。此时,周恩来副主席就鼓动警卫员魏国禄同志(兴国县江背乡人)给大家唱兴国山歌:

哎呀嘞——

大雾围山山重山

红军队伍过雪山

千难万险都唔怕

同志们哟

红军面前冇困难

歌声刚落,战士们便欢呼起来,要求再来一个,气氛顿时热烈起来。周恩来一手扶着棍子,一手挥动着打拍子,歌声又响了起来。

战士们忘记了疲劳,忘记了饥饿,忘记了寒冷,一股劲地向雪山顶峰冲去,终于翻过了雪山,越过了草地,完成了举世闻名的二万五千里长征,在中国革命史上写下了壮丽的篇章。

3. 客家山歌的艺术特色

民间流传的几句顺口溜,概括了客家山歌口头创作的特点:

> 开头一声"哎呀嘞——",大水抛浪浪奔腾。
>
> 歌头一句或两句,见景抒情即兴生。
>
> 明比暗比连锁比,对花开锁丢关音。
>
> 灵活运用用得巧,转弯打曲含意深。
>
> 结尾之前有呼应,心肝哥妹要改称。
>
> 同志称呼更亲切,结尾有力点题名。

下面就客家山歌的艺术特色作一介绍。

(1)独具风格的艺术结构。

兴国山歌除了具有其他民歌的一般特点外,在结构形式方面,还有别于其他民歌的显著特点:开头一声"哎呀嘞——"具有强烈的音乐旋律感,随着激情的迸发出来,其歌声有如大水抛浪,奔腾激荡,大有一泻千里之势。结尾句之前的呼应语"心肝哥"或"心肝妹"(新山歌多称"同志格"),让歌者的喜怒哀乐可以自由而充分地抒发出来。这前呼后应,一气呵成,构成兴国山歌艺术结构上的独特风格。

兴国山歌具有歌头、歌腹和歌尾等完整的结构形式,基本格式是七言四句体。四句中开头一句或两句,俗称"歌头"。歌头不仅固定了一首山歌的韵脚,而且对整个山歌起到提纲挈领的暗示作用。歌头大致有三类:

一类是即景即情,兴之所至,随口而出。如:

> 哎呀嘞——
>
> 日头一出三丈高,
>
> 放只风筝天上飘;
>
> 郎哇风筝放得远,
>
> 妹哇风筝放得高;
>
> 心肝哥,

就怕风筝线唔牢。

这类歌头它本身同歌词内容并不具有内在联系,而仅仅是一种起兴、定韵的作用。

另一类"歌头"的构成方法,是劳动人民日常生活中提炼的经验总结,类似于格言、警句、俗语。这类歌头大多用比兴的修辞手法和整个歌词融为一体,密不可分。如:

哎呀嘞——
天上云多月唔明,
塘里鱼多水会浑;
朝中官多会乱职,
心肝哥,
老妹心多会断情。

这首山歌一气呵成,整个前面三句,都为第四句"老妹心多会断情"作铺垫。因此,作为歌头的"天上云多月唔明"就不仅仅是"起兴、定韵"的作用,而是成了整首山歌必不可少、无法轻易更改的一个重要组成部分。

第三类,开头一句确定声韵,直接进入歌词内容,开门见山。如:

哎呀嘞——
老妹唔来唔求,
条条坑门有水流;
条条坑门有水出,
心肝妹,
唔是老妹一人有。

哎呀嘞——
哥哥唔连就算哩,

老妹也唔强迫你；

烂蒲杓子丢下水，

由你浮东也浮西。

心肝哥，

老妹眼角唔看你。

这类歌头可以灵活运用。歌头过后，第三句(或第二、三句)称为歌腹，即歌词表达的主要内容。第四句称为歌尾，为画龙点睛之笔，点出该首山歌的主题。然而，由于四句山歌篇幅声韵等方面的制约，歌头、歌腹、歌尾之间的界限并不明显，其作用、排列、位置常常互为颠倒。如：

哎呀嘞——

芋子大哩要上行，

老妹大哩要连郎；

好比门口果子树，

心肝妹，

自家不食别人尝。

这首山歌中，画龙点睛之笔，是第二句"老妹大哩要连郎"，而第三、四句，则是对第二句的补充和深化。

以上是较短山歌的结构特点。

较长一点的山歌，跟其他文艺作品一样，必须具备凤头、猪肚、豹尾的艺术效果。特别是长歌的歌腹，要像猪肚那样有油水，让听众听得津津有味。由于老山歌手掌握了民间丰富的语言并积累了创作的经验，所以能够出口成章，即兴而歌，内容可以自由添减。添不嫌其多，减不显其少，运用自如。一些老山歌手为了显示自己的才智不同凡响，往往在这个部分大做文章，以不容置辩的比喻、夸张手法驳倒对方，而不让被驳倒。

如，下面就是一首可长可短的山歌：

哎呀嘞——

葛藤搭(延伸)过三条坑(han),

越搭越长越更青(音"蔷");(两句歌头)

你咯山歌经得唱,

心肝妹,

赛过画眉更好听。

　　这首山歌短至四句,如果成为长歌或者多唱几句,在第二句之后添上第三、四句,或者更多句(必须逢双),最后保留原来的结尾句。

哎呀嘞——

葛藤搭过三条坑,

越搭越长越更青;(托物起兴)

你咯山歌更唱得,

有好喉咙有好声;(增添句)

阳声当得吹箫子,

阴声当得鸽响铃(an韵);

声音高来云可阻,

声音低来风尾轻;

山首(开头)唱只千般曲,

转首(第二首)唱只过三班;(唢呐牌子)

高山跌水叮咚响,

大珠小珠滚玉盘;

红纸写字经得看,

白纸写字经得觇;

羊须做笔经得写,

牛肚百叶经得翻;

水浸牛皮经得抴,

鸡啄河蚝(蚯蚓)经得扳;

　　　　长线钓鱼经得等，

　　　　大河下网经得拦；

　　　　……（略14句）

　　　　你格山歌经得唱，

　　　　心肝妹，

　　　　赛过画眉更好听。

　　这首山歌采用了对比、连锁比的表现手法，用一些经久耐用的东西，比作经久耐听的歌声，像画眉那样唱得优美动听。歌头起兴，赋与比随之而来，上联下挂，左右逢源，语言流畅，滔滔不绝，令人回味无穷。这就是兴国山歌的魅力之所在。

　　（2）传统表现形式的创造性运用。

　　兴国山歌源远流长，它不但继承了传统诗歌的赋、比、兴，而且在人民大众长期的艺术实践中，不断加以丰富、发展，创作了多种多样的艺术手法和表现形式，跟其他地方民谣一样，具有浓郁的地方色彩和扑鼻的泥土芳香。

　　兴国山歌的表现手法，同样有比兴、夸张、对比、拟人、谐音、反衬、重叠等等。

　　比兴：所谓比，就是打比方，如"阳声当得吹箫子"比喻用本嗓唱来就像吹箫一样优美动听。"赛过画眉更好听"比喻歌声比画眉唱的还更好听。明喻常用"好比"、"当得"、"活像"、"赛过"等比辞，如："唱歌当得画眉子，哇事好比黄莺啼。"把比喻的本题和喻体联系起来了。此外，还有借喻、隐喻两种。借喻用"是"这一比辞，如"郎是龙骨妹是车"，比喻一对情人像龙骨水车车水一样，行动一致，和谐协调。

　　隐喻，用的是暗示方法，如："高山跌（滴）水叮咚响，大珠小珠落玉盘。"这里没有点明比什么，但一听，就能心领神会所比的是山歌的声音。

　　所谓兴，又称起兴。是山歌开头的一种方法。这种开头不直接叙述要歌咏的事物，而是用一种具有触动启发、引起人们某种思绪的事物做开头。"潋江流水波连波，兴国老俵爱唱歌。"这里第一句就是用的兴法，流水跟唱歌，并没有逻辑上的必然联系，只是为了韵律上的效果。又如："葛藤搭过三条坑，越搭越长越更青。"这两句兴法的运用就属于触景生情的用法。

夸张,把现实中的某一事物,加以夸大、扩张,使它比原来更突出、更鲜明,给人以更深刻的印象。但夸张不是浮夸,是在真实的基础上进行的。"汗珠落地当当响,化作心田朵朵花。"前一句就是夸张的说法,后一句体现了辛勤劳动获得成果的喜悦心情。

对比,把两种有关系的事物进行比较,从中看出它们之间的本质差别。兴国山歌中常常运用这种方法。例如:"富人十六成婚配,穷人六十尚孤单。"用"十六"与"六十"对比。"富人一餐酒肉饭,胜过穷人半年粮。"用"一餐饭"和"半年粮"对比,贫富悬殊,一目了然。

拟人,这是把物看作有思想感情的人,把它人格化。如:"勒古缠人钩手脚,左扳右扯难脱身。"这就把勒古(荆棘)看作一个活灵活现的人,纠缠得你难以脱身。

谐音,在情歌中常常出现,它能起到妙语双关的效果。如"麻布洗面——粗相湿"、"柴角烧火——炭无圆",前一句双关语"粗相湿"说明用粗麻布洗脸只能粗粗打湿脸;另一种含义"粗相湿"即"初相识"的谐音,意指情人双方初次见面。后一句双关语"炭无圆"说明用圆筒木劈成柴角,无论如何都烧不成圆滚滚的木炭来。"炭无圆"就是"叹无缘"的谐音,真是达到一语双关的效果。

重叠,也即重复,包括叠音、叠字、叠词、叠句等等。这种手法较常见,主要起到强调的作用。强调作品中的某些关键成分,使中心更加突出,如:"一壶难装两样酒,一树难开两样花。"这里用了句子类比的重叠,在情歌中突出了爱情的忠贞不贰。又如:"中秋之月月光光,丹桂飘香香又香;双双对对鸳鸯鸟,甜甜蜜蜜成莲塘。"这里有景物,有人格化的形象描绘,通过字、词的重叠的运用,达到更深刻地表现情景交融的境界。

(3)多样化的表现手法。

兴国山歌表现手法多样,有对花、猜花、锁歌、盘歌、赞歌、捡脚根、丢关音、绣褡裢、藤缠树、黄鳅咬尾巴等等。其中最具特色的有:

捡脚根:把前首山歌的结尾句,用类似的句式,作后首接唱山歌的歌头。如:"梧桐树上凤凰鸣,百鸟朝凰到树林,好比山歌一开唱,林间树树赛歌声。"第二首用"歌声"作歌头接唱,"歌声一起万人和"。这种捡脚根的形式也可以随时煞桩(方言即结束之意),运用灵活。

丢关音:是对歌中的另一种形式。丢关音为一方,解关音为另一方。根据它的结构形式又分为两种。一种是含义双关,另一种是谐音双关。它不同于谐音双关的歇后语表现手法。如,含义双关:

> (女)哎呀嘞——
> 河道咁长水路弯,
> 水流东海转头难;
> 丢只关音你去解,
> 心肝哥,
> 桩墩脑上晒酒坛。
> (男)哎呀嘞——
> 竹篙打水两分开,
> 关音丢来让猜;
> 酒坛晒在桩墩上,
> 心肝妹,
> 莫非要倒转来。

女方歌头说明事情曲折,像流水一样过去,回头来就艰难了。既然丢关音给你,桩墩脑上是放不稳酒坛的,只有把它倒转过来,让坛口套在木桩上来晒。这是暗示要倒转来(回头来之意)。

未解关音之前,有如竹篙打水,男方自忖无望,但一解关音,知道对方要自己倒转来,就是有转机了。又如,谐音双关:

> (女)哎呀嘞——
> 好酒好菜堆满台,
> 红纸请帖请来;
> 丢只关音你去解,
> 心肝哥,
> 灶前脚(足)下有冇柴(才)。

（男）哎呀嘞——

柴草（才藻）到户足五车（音ca），

关音丢来也唔差；

时风一起戴绒帽（容貌），

心肝妹，

冇帽也难到家。

　　这两首对歌，女方丢关音问男方，足下可有才？男方回答巧妙，不但有才藻，而且学富五车；当前时风崇尚容貌，能嫁到我家来，说明我看上你的品貌。这种对歌方式，也是兴国山歌中独具特色的。

　　此外，还有"黄鳅咬尾巴"，又叫"尾驳尾"、"连锁歌"，也颇有特色，前文已经述及，此不累赘。

对山歌

　　总之，兴国山歌的传统艺术，就像一支千年不败的山花，根深叶茂，本固花荣。因为它根植于赣、闽、粤大地，根植于客家沃土之中。今天，现代化建设又给了她新的养分、新的生长环境，她必将绽放得更加美丽灿烂。正如一首山歌唱的那样：

哎呀嘞——

兴国山歌一支花，

红霞万朵叶些些(sga)；

民间生活是土壤，

同志咯，

千年开放永不谢(cga)。

······

(二)民间器乐

1.于都唢呐

唢呐,是一种为广大农民群众所喜闻乐见的管弦乐器,在客家民间有着深厚的基础。一般百姓家里举办婚丧寿庆、盖新房、庆丰收、上大学等等,都要请唢呐乐手来热闹一番。村坊上举行迎神赛会,或其他大型活动,也必定有唢呐以壮气氛。然而,在赣、闽、粤客家各县市中,最有特色的要数于都唢呐。

据统计,于都县共有唢呐乐队800多个,唢呐乐手2000多人,是一个乡乡有唢呐队,村村有唢呐手,常常能听到唢呐声的"唢呐艺术之乡"(1993年江西省文化厅已授予于都县该称号)。

于都唢呐历史悠久。据有关资料记载,早在一千多年以前,于都民间便"鼓手举于道路,往来人家,更阑不歇"。于都人称唢呐为"鼓手",实为"吹鼓手音乐"。其乐器以扁鼓和唢呐为主,配以锣、钹等打击乐,所以俗称"吹打"。当地唢呐手就有这么四句顺口溜:"七寸吹打拿在手,五音六律里边有。婚丧嫁娶没有我,冇声冇息蛮难过。"

于都唢呐吸取了赣南采茶戏"灯腔"、"茶腔"音乐的内涵与特色,曲牌繁多。据调查,唢呐老曲调有280多个。分为喜调和悲调两种:喜调轻快、欢乐,悲调深沉、低吟。吹奏讲究"鼓板分明,粗细结合,高昂悠扬,音乐协调"。唢呐是客家八音最主要的乐器,也是客家人非常喜爱的一种传统乐器。

吹奏以齐奏、对吹、吹打并重。吹打能长能短,可坐可行,十分轻便灵活,不受时间、场地等条件限制。演奏分路行、坐吹两种。路行吹奏的曲调,一般为《将军下马》、《下山虎》、《百凤朝阳》、《春景天》等欢快热烈的曲牌。坐吹,即乐班围桌而坐,配合琴、笛、锣鼓进行吹奏。常用曲牌有《十堂花》、《扬州调》、《结心草》、《洞房》等。对吹的曲牌有《公婆调》、《斑鸠调》等细腻悠扬的民间小调。齐奏,就是几十人甚至一二百人在一起同吹一支曲子,也即大合奏。这时,激越而气势磅礴的演奏,会把整个场景推向高潮。置身其境,你会感觉到一种精神在升华,因为这是壮美和力量的汇合,是客家人勇敢顽强、开拓向上精神风貌的展现!

2. 宁化客家牌子锣鼓

宁化牌子锣鼓指主要流行于宁化境内,由唢呐、小鼓、边鼓、拍板、锣、钹等乐器组成,演奏唢呐曲牌的一种吹打乐。其作用主要在于营造热烈、喜庆的气氛。由于牌子锣鼓参与的活动基本上是须步行的,因此,乐队演奏形式分为坐奏和行走演奏两种。宁化牌子锣鼓有其自身的特点:一是乐队的人数和乐器种类与件数均有严格的选择和限制,由六至七人组成,使用九件乐器,一般不使用弦乐;吹奏乐器为大、小唢呐。二是牌子锣鼓在演奏时,须根据活动的内容性质与情绪的不同,采用不同的曲牌组合。其风格上通过具体的音乐旋律、调式、调性、节奏等音乐手段的运用,形成了浓郁的宁化地域特色。

3. 长汀鼓乐班子

长汀鼓乐班子,据传说是随着客家先民的迁徙从中原来到闽西的,通过民间师徒口传心授的方式流传至今。

长汀县有几十个鼓乐班子,人数上千,都是各自投资、独立经营。原来每个鼓乐班子有八个人,现在逐渐减少为六个。几乎每个成员都会几样乐器,在其他成员缺席的情况下可以互相顶替。他们都是农民,农忙季节都要自己耕种。每个鼓乐班子的成员基本上都是同一个村子的,有演出时通知比较方便,需要排练新曲子时也容易集合。

鼓乐班子成员一般是中老年男性,都有丰富的演出经验。他们文化层次较低,老年成员一般为小学文化,中年成员一般为初中文化,文化最高的也只有高中毕业。缺乏完整的乐理知识,有少数人识简谱,演出的曲子都是靠记忆演奏,不需要看谱。他们每年演出的时间约为半年,每位成员演出的年收入为一万元左右。

鼓乐班子的乐器包括打击乐器、吹管乐器、拨弦乐器和拉弦乐器。打击乐器有大鼓、大锣、小锣、镲、响板、小鼓。通常打击乐器由一人演奏,根据演出场合和演奏的曲目决定要用哪种或哪几种乐器,用得最多的是一手打响板,一手敲铜锣。

吹管乐器有大筒、唢呐、直箫。大筒是鼓乐班子的特色乐器之一,铜管乐器,近两米长,无孔,靠气息决定音高。大筒只在某些特定场合演奏,一般用于演出的开始,吹气七下,从低音到高音,其他乐器再开始演奏。现在通常吹五下,先吹低音一次,再吹高音三次,最后吹低音一次。

唢呐为鼓乐班子的主奏乐器,每个鼓乐班子最少有两把唢呐,分别由两个人吹奏,有同时吹奏的也有单独吹奏的,单独吹奏的时候较多。

在闽西的民间鼓乐队里有一个绝活,就是一个人可以同时吹奏两把甚至四把唢呐。可以用两个鼻孔同时吹奏两把,也可以用两边嘴角同时吹奏两把,还可以嘴和鼻子各吹一把。左右两只手分别按一个唢呐的按音孔,用鼻子吹奏时要拿掉唢呐哨子,将管体直接插在鼻孔里。最具特色的是同时吹奏四把唢呐,鼻孔两把、嘴角两把。当鼓乐队需要演奏四把唢呐时,必须两个吹唢呐的成员合作,一个人吹奏,双手按两把唢呐的按音孔,另一个人站在吹奏人的后方帮助按另两把唢呐的按音孔。这种演奏方式是鼓乐队显示技巧的一个重要标志。

直箫也是鼓乐班子的特色乐器之一,和一般的箫相比要短很多,细很多,长短粗细和笛子类似;但它是竖吹的,六孔,音色比笛子柔和,但又没有箫低沉。直箫在鼓乐队中应用得不多,主要是用来定音的,因为鼓乐班子没有校音器。

此外,还有拨弦乐器秦琴、扬琴;拉弦乐器二胡、巢弦等等。

鼓乐班子活跃于闽西的村村寨寨,演出的场合非常多,一般分为三类,即红喜事、丧事、迎神打醮。演出曲目范围很广,包括民间小调、大曲、南词北调,甚至包括改编的流行歌曲。不同的场合,演奏的曲目有不同。如丧事不能演奏流行歌曲,通常为了配合亲属的哭泣声吹奏哭板;而在办红喜事时是为了助长喜悦气氛,通常吹奏欢快的曲子,小调和流行歌曲吹得较多。迎神打醮是民间宗教信仰的仪式活动,而客家是多神崇拜,不同的神有不同的祭祀仪式。在不同的仪式中有些曲目是共用的,都可以吹奏;也有一些特定曲牌必须要在特定的仪式中吹奏。如长汀河田镇刘源村祭拜闽王王审知的仪式,祭典活动在中午,鼓乐队要在祭拜时扮演八仙,讲好话,把唢呐拿到神坛前,吹奏"八仙牌子"这首曲牌是必需的。到了晚上,必须先吹奏一曲"大乐",这是每次祭拜都必须要吹奏的。

4. 闽西十番音乐

闽西十番音乐又称"十班"、"五对"等，因用丝、竹、革、木、金制作的十件乐器演奏而得名。十番音乐是历代客家民间艺人传承的民间器乐曲，其乐曲标题多描绘大自然及客家人生活习俗情趣，如《碧水山涯》、《湖光柳色》、《好花圆月》、《梅兰菊竹》、《莺歌燕舞》等。此外，十番音乐还吸收了历代戏曲剧种中的曲段、唱段和曲艺作品等。

闽西十番乐队无论乐手的人数还是使用的乐器都没有严格的规定，一支十番乐队一般少则五到七人，多则十到几十人不等。十番音乐最基本的乐器有曲笛、芦管、琵琶、三弦、二胡、小胖壶、大胖壶、夹板等，笛子为其领奏乐器。十番音乐的演奏形式分坐奏和行奏两种，掌板者为指挥。笛子引路（主导），文场和武场间隔进行。

闽西十番音乐由于流传的年代久远，其间不断地吸收融会了当地畲瑶古乐、汉剧、祈剧、潮剧、采茶戏、木偶戏音乐甚至宗教音乐等，不断充实丰富自己，形成艺术积淀十分深厚和各种不同艺术风格的曲调。据称曲调总数曾多达1000余首，但许多已失传。至今仍可找到的古"工尺谱"和20世纪五六十年代搜集、记谱、油印流传下来的，不到300首；而如今尚在民间流传演奏的，更不到百首。它的曲牌大致可分为三类：第一类是大曲或大牌，如《过江龙》、《梅花三弄》等，是传统的十番乐曲；第二类是小调，如《红绣鞋》、《双扶船》、《螃蟹歌》等，是为打船灯、踩马灯伴奏的民间小调；第三类是戏曲弦串，如《南北进宫》、《琵琶词》、《一点金》、《小扬州》、《春夏串》等等，吸收了闽西汉剧、潮剧、采茶戏、饶平戏等过场音乐或唱腔。板式有单板、双板、双双板三种。单板又叫头板、慢板，节奏较慢；双板又叫二板、中板，节奏中等；双双板又叫三板、快板，节奏较快。在演奏中，经常是先从慢板起，然后接中板，最后快板。连接中常以笛子或吊规带头。大部分是器乐曲，也有少数有唱词可供演唱。

闽西十番音乐在城乡广泛流传并深得群众喜爱。不论城镇和乡村，几乎都有演奏十番音乐的班社，多为业余的自娱艺人组成。长年都有演奏，节假喜庆日尤甚。演奏者大多是商人和当地知识分子，也有少数普通民众。一些地区的班社还颇有名气，如连城的"集贤社"、"集英社"，长汀的"咏霓社"、"风雅轩"、"青雅轩"及新中国成立初期上杭的"上杭民间音乐小组"和永定的"老苏区国乐团"

等等。并涌现出连城的黄花孜、上杭的温福霖等一大批著名的民间艺人。

闽西十番音乐除班社和民众自身演奏外,还延伸到闽西汉剧、木偶戏、古首班和船灯、采茶灯、踩马灯等民间传统文艺活动中。20世纪50年代初期,"上杭县民间音乐小组"演奏的十番音乐名曲《高山流水》,被省遴选赴北京参加会演,得到高度评价并获奖,成为"闽西十番音乐"历史上的首次晋京。

据有关史料记载,"十番"在闽西至少已有600多年的历史,主要流传于闽西客家的永定、长汀、连城、上杭、武平等县,深得群众喜爱,不论城镇和乡村,几乎都有演奏十番音乐的班社,多为业余自娱自乐的组合。革命战争年代,一批文艺工作者用"旧瓶装新酒"的形式,用闽西人民喜闻乐见的十番乐曲,填上革命新词,如广为流传的歌曲《送郎当红军》用的就是十番音乐的曲调等,用以宣传革命道理,鼓舞群众斗志,发挥了很大作用,成为我国民族民间传统文艺与革命斗争紧密结合的成功范例,也为闽西客家十番音乐增添了灿烂光辉。

2006年,闽西客家十番音乐被列为首批国家级非物质文化遗产。

二、民间舞蹈与戏剧

(一)采茶戏

1. 历史沿革

采茶戏是赣南土生的剧种,它是在当地民间灯彩和采茶歌舞的基础上形成戏的。其产生和流传具有悠久的历史。

据传说,采茶戏萌芽很早。过去,一般老艺人们都说,在唐朝的时候就有了采茶戏。根据是采茶戏班里供奉的祖师爷田师父,是唐明皇时的宫廷乐师,原姓雷,叫雷光华,因和歌女产生爱情,犯了宫禁,于是相携逃出宫廷,流落到安远九龙山种茶为生,农事之余,不忘所好,教农民唱茶歌,玩茶灯,编成了《九龙山摘茶》这出戏,这就是赣南采茶戏的起源。当然,采茶戏不可能是某个人发明的。一般认为采茶戏于明代中叶开始流行于民间。关于这一点,明代文人学士的诗文著述里,有所反映。如,明代戏剧大师汤显祖,在他的一首即事诗里就有"僻坞春风唱采茶"的吟唱。可见那时,偏僻的乡村里已有"采茶"的演唱。他还有一首赠别的诗,更能说明当时"采茶"的发展情况:

粉楼西望泪眼斜,畏见江船动落霞;

四月湘中作茶饮,庭前相忆石楠花。

诗的题名《看采茶人别》,从诗中吟咏的情景看,所赠别的"采茶人",不是指从事采茶劳动的人,而是指从事唱"采茶"的职业艺人。这艺人在"采茶"的演唱艺术上可能已有相当的造诣,才有可能受到当代名人如汤显祖的深情眷注。可见采茶,已在当时的民间有了深厚的基础,否则,是不可能有这样的职业艺人的。

除上引诗文外,汤显祖《牡丹亭》里"劝农"一出戏,其中有一段戏是表演采茶歌舞的:

……

[门子禀介]:又一对妇人唱得来也。

[老旦、丑持筐采茶上]唱:

[孝顺歌]:乘谷雨,采新茶,一旗半枪金缕牙。

(白):呀,什么官儿在此?

(唱):学士雪炊他,书生困想他,竹烟新瓦。

(外白):歌的好,说与他,不是邮亭学士,不是阳羡书生,是本府大爷劝农,看你们妇女采桑采茶,胜如菜花,有诗为证:"只因天上少茶星,地下先开百草精,闷煞女郎贪斗草,风光不似斗茶清。"插花去。

[净、丑插花饮酒介]唱:

官里醉流霞,风前笑插花,采茶不煞俊。

……

这段戏写的是南安府太守杜宝出城春游,来到南安(今大余县)的城郊清乐乡劝农,清乐乡的父老,带领乡民们到接官亭迎接。这种"劝农"的仪式,是历代王朝的地方官吏,表示关心农民的一种例行公事;也是官吏们了解民情、采集民风的手段。清乐乡的父老,准备了反映当地民风民俗的歌舞向太守献演。上引这段歌舞,是一对采茶妇女表演采茶的。汤显祖是明朝万历年间人,在他写《牡丹亭》之前,曾两次途经南安,作过逗留,写有诗文,对当地的民风民俗颇为了解。《牡丹亭》的故事,即是以南安府为背景,在选取反映当地民风的歌舞时,必须是民间流传的,才足以表现剧情的地方特色。由此可见,汤显祖所选取的这种采茶歌舞,早已在当时当地的民间流行了。它有歌有舞,有科有目,还有人物、故事,已具备了以歌舞演故事的戏曲要素。这就足以证明,在明朝中叶,赣南采茶戏就流行于民间了。①

赣南采茶戏发展最盛的年代,是在清代康、乾年间,清人陈文瑞(乾隆时人)有一首《南安竹枝词》,反映了当时民间演出采茶的盛况:

> 谣哇小唱数营前,袭扮风流美少年;
> 长日演来三角戏,采茶歌到试茶天。

营前,在今上犹县,当时属南安府,是一个山区小镇。一个三角班,能在这样的小圩镇从采茶开始,长日地演,演到试茶结束,这在今日的专业剧团,也是很难办到的,它说明那时的采茶三角班,已有相当的基础,才有这么大的吸引力。否则,是不可能在一个地方维持这么久的演出的。

关于当时群众在观看采茶时的狂热程度,信丰县志里有一首《南安吟》描述得极为详细:

> 采茶歌,村童扮作妖娥。周历乡里寻瑶,回眸一盼巧笑瑳。纨绔子弟争打彩,持杯谑浪肆摩挱。可怜铁石燕泣口,茧民生计下煤窝。满面烟灰十指黑,出看采茶也入魔。辛苦得钱欢乐洒,囊空归去,学得"阿妹"一声咜——!

这首《南安吟》,是县里一个名叫谢肇祯的教谕写的。教谕是学官,他的观点,代表了封建社会统治阶级对采茶戏的看法,尽管满含贬意,但反过来看,正好说明当时群众对采茶戏的迷醉,尤其是那些生活在社会底层的挖煤工人(铁石口出煤),对"采茶"更是看得"入魔",哪怕把辛苦得来的钱全撒去,也带着"学

---

① 高宣兰:《采茶今昔——漫谈赣南采茶戏的沿革兴衰》,《赣州文史资料》第四辑,1988 年。

得'阿妹'一声哎——"的欢乐心情归去。

因为采茶戏内容贴近广大劳动群众生活,它人物少,布景简单,与其他戏曲程式相比,更具生命力,尤其便于山区流行。所以,自采茶戏在赣南诞生后,很快传遍与之相邻的闽、粤、湘等地,尤其是客家人聚居地区,竞相传演,蔚然成风,成为客家人最喜爱的戏曲形式之一。以致粤东农村有句俗语云"有钱丢采茶,冇钱买笠嫲",意为因贪看采茶戏,连身上仅有的准备买斗笠的钱都丢给演采茶戏的艺人了。

赣南采茶戏在明代自演自娱的"自乐班"时代,是受到社会上的尊敬的。因为当时演出《九龙山摘茶》这类灯戏,内容大都是欢庆升平的,如戏中的摆字灯,就有"天下太平"的摆字表演,所以能为封建统治者所欣赏。到了演杂套戏的三角班时代,剧目的内容,大都是以男女爱情为题材,而表达爱情的观点与方式,又往往与封建的伦理道德相逆悖。如《反情》、《睄同年》。有的还以喜剧的方式,从反面对社会的现实生活进行讽刺、揭露、批判,如《大劝夫》、《满妹贺喜》等等,这就为封建统治者所不容了,认为是诲淫诲盗,有伤风化。从乾隆以后,历代王朝,曾多次下令禁演。如道光四年《宁都直隶州志·风俗志》载:

查采茶亦名三角班,妖态淫声,引入邪僻,最为地方之害。……近来竟有听许搬演者,应拘该管约保重惩,以息此风。

类似的记载,在赣南各县的县志里均有。禁令不仅写在官文告示上,还刻碑勒石,立在乡场墟镇上。如1949年以前,在信丰的小江真君庙旁,还立有这种禁牌,把采茶和烟、赌、嫖、盗一律禁止。

赣南采茶戏遭禁演之后,交上了厄运,再不许进村坊和祠堂,只能在圩尾庙角搭台露天演出,在凄风苦雨中顽强地存活。

赣南采茶戏在其最盛的时候,发展到30多个班子,之后逐渐衰落,到新中国成立前夕,全赣南只剩下五六个班子,躲在深山角落里,偷偷摸摸地时演时停,真是奄奄待毙,一息仅存了。

1949年,新中国成立,大地春回,万物复甦,赣南采茶戏也得到了新生,走上了繁荣昌盛的新历程,成了赣州地区客家文艺百花园中的一朵奇葩。

2. 表演特点和传统剧目

赣南采茶戏的舞台语言是当地客家方言。它载歌载舞,气氛轻松活泼,语言幽默风趣,融民间口头文学、民间歌舞、灯彩于一体,具有浓郁的生活气息。其剧目多以喜剧、闹剧为主,很少正剧和悲剧。题材上多以下层群众、尤其是手工业工人、艺匠的日常生活为表现对象,尤其又以男欢女爱的戏情所占比重为大。其音乐唱腔属于曲牌体,以茶腔和灯腔为主,兼有路腔和杂调,俗称"三腔一调"。伴奏均为民间乐器,主要有勾筒(二胡类)、唢呐、锣、鼓、钹和笛子等。其表演艺术特点,主要表现在小丑、小旦两个行当,曾有"三角成班,两小当家"之说。

小丑分二:一是"丑行俊扮",称为"正丑";二是"丑行丑扮",称为"反丑"。

正丑:主要是劳动人民中的青壮年男子。他们具有勤劳朴实、爽朗大方、乐观风趣和机智勇敢的性格特征。演唱时,演员头戴"一把抓(罗帽)",身穿"三花衣",腰系"白堂裙",下穿"灯笼裤",右手舞"扇子花",左手甩"长袖筒"。载歌载舞,活泼轻松。表演以"矮子步"、"扇子花"为主,高矮步法相结合,节奏明快,颇具特色。

反丑:多是一些烟鬼赌徒、流氓地痞、浪荡公子等,常以一些生动、含蓄、诙谐、幽默的语言和动作,互相揭露或自我嘲弄。其表演常模拟一些动物形象如:"猴子洗脸"、"猴子撒尿"、"蜻蜓点水"、"懒猫抓痒"、"鸡公啄米"、"画眉跳架"、"狗牯摆尾"、"乌龟爬沙"等等。脸谱抹白鼻子,步法和扇子花的动作与"正丑"表演大同小异。

小旦:主要是勤劳纯朴和聪明伶俐的农村少女、少妇。表演矫健优美、朴素大方。其"扇子花"比小丑更为丰富,既能单手打扇子花,也能双手同打扇子花。其身段动作有:梳妆挑帘、园手摘茶、伞花、开门关门等。其基本步伐有八字步、跷步、踮步、磨子步、磋步、碎步等等,真可谓千姿百态。

赣南采茶戏的传统剧目,原有100多个,其中一部分已经失传,现保留的传统剧目有90多个。如:《九龙山摘茶》、《唐二试妻》、《卖杂货》、《上广东》、《双检菌》、《瞎子闹店》、《卖花钱》、《香火龙》、《阿三打铁》、《五岭之春》、《花灯仙子》、《吹鼓手招亲》、《满妹添喜》、《睄妹子》、《补皮鞋》等等。这些剧目,多为喜剧,反映了赣南广大劳动群众(农民、手工业者、小商贩等)的劳动过程和生活片断,具有鲜明的地方色彩和浓郁的生活气息。它不靠完整的故事和离奇的情节来吸引观众,而是靠幽默、诙谐、生动活泼的表演唱腔取胜,百看不厌,久演不衰。

近年来,赣州采茶歌舞剧团又推陈出新,创作出了《山歌情》、《长长的红背带——献给客家母亲的爱》等新剧目,并晋京汇演,分别获得中宣部"五个一工程"奖、文化部"文华大奖"及其他数十个单项奖。昔日的山茶花,今天开放得更加烂漫。

采茶戏

（二）东河戏

东河戏初名赣州大戏,它集高腔、昆腔、乱弹多种声腔于一身,是赣南的古老剧种之一。起源于赣县境内的田村、白鹭、清溪、劳田和睦埠（今属兴国县）一带,这里地处赣州东面贡水流域,故又称之为东河戏。

东河戏的雏形为明嘉靖年间出现在东河流域的坐堂班,这种坐堂班围桌而坐,和琴而唱,形式简单灵活,为当地百姓喜爱,被历代艺人和戏曲研究家认定为东河戏的胚胎。

清初,坐堂班与苏州来的一批以演唱昆曲为主的戏班合并,建"凝秀班",将两种表演形式融合为一,此后又相继吸收了江西宜黄调、桂剧西皮戏、安庆调、弋板、兴国南北词等,发展成为有高、昆、弹三大声腔,较为完整的地方剧种——东河戏。当时戏曲班社的分布甚广,仅赣县东河一带,此类职业班社就有坐堂班、凝秀班、清和班等。东河戏流行于赣县、兴国及与其相邻的万安、泰和、吉安一带。其角色分为九角头制,即老生、正生、小生、老旦、花旦、大花、二花、三花九行。传统剧目在1950年以前保存有一千余种。代表剧目有《雷峰塔》、《挽发记》、《玉簪记》、《扫秦》等。东河戏团除上演传统剧目外,挖掘、整理、新排了不少剧目。中央苏区时,还改编了不少东河剧现代革命剧目,如《活捉张辉瓒》、《送郎当红军》、《木兰从军》等,影响很大,风靡一时。20世纪60年代,赣州东河戏得到迅速发展,挖掘整理出一批如《封神》、《白蛇传》、《疯僧扫秦》等优秀传统剧目。1956年,东河剧团排演的《尉迟恭》一剧,赴北京中南海怀仁堂,向国家领导人作汇报演出。

20世纪80年代中期,受商品经济大潮的影响,东河戏专业剧团相继解散。但在白鹭村和赣县其他村镇,仍有不少东河戏民间艺人和业余爱好者,为保存和传承东河戏不遗余力。近年来,在政府的支持下,白鹭村又成立了东河戏剧团,他们挖掘和收集散落在民间的古老剧本,吸收周边地区其他民间戏曲的唱腔,创作排练了一些反映现实生活题材的新剧目,这一古老剧种又开始焕发生机。

(三)花朝戏

花朝戏源于紫金县乡村的"神朝"祭祀仪式,用客家话演唱,流行于广东省东部客家地区。其鲜明特点是民间音乐语言和民间文学语言的有机结合。唱腔朴素健朗,通俗易唱;唱词和道白常运用诙谐、隽永的双关语和歇后语,形象生动,通俗易懂;表演载歌载舞,气氛热烈,为群众所喜闻乐见。

花朝戏表演程式源于劳动生产,从生活中提炼出上山、下坡、涉水、过桥、碾米、推磨、纺棉、织麻、采花、摘果、挑担、洗衣等一整套优美轻快的、富有生活气息的表演程式。其表演手法以及台步、身段都区别于其他剧种。如比较固定的砻心脚、丁点步、穿心手和扇花、滚巾、圆手、采花、转步等都具有独特的艺术风格,动作纯朴、粗犷。

花朝戏与花鼓戏、山歌剧、采茶戏均属姐妹剧种,同是以演出民间小戏见长。尽管表演和音乐唱腔各有特色,但演出剧目常有交流,互相借鉴。花鼓戏《打铜锣》、《补锅》,采茶戏《小保管上任》等剧目被移植为花朝戏,用花朝音乐和技巧来表现,亦收到很好的效果。

花朝戏在发展过程中积累了上百个传统剧目,代表剧目有《秋丽采花》、《卖杂货》、《三官进房》、《过渡》等。其曲白浅显易懂,常用俚语、歇后语、双关语。唱腔音乐主要由神朝腔和民间小调组成,有时也采用客家山歌。脚色行当一般只有小生、小旦、小丑三种,有扇花、手帕化、砻勾脚、穿心手等特色技艺颇有特色,表演载歌载舞,质朴清新。

新中国成立后,作为专业表演团体,紫金县花朝戏剧团整理演出了一些传统剧目,创作演出了《苏丹》、《紫云英》、《红石岭》等现代戏,移植改编了《刘三姐》、《巧姻缘》等剧目。花朝戏的表演艺术有了很大提高,原来的脚色行当分工更趋细致,同时吸收了其他剧种的水袖、身段等表演技艺。唱腔音乐在运用曲牌连缀形式的同时,也运用板式变化的方式。涌现出一批优秀演员。花朝戏不断在紫金山区和邻近的中、小城市演出,造成了一定的影响。

（四）茶灯舞

茶灯舞是客家歌舞花灯的源流,也是客家采茶戏的原型。茶篮灯俗称"茶灯",茶篮灯歌舞灯会于都、瑞金客家俗称"揩茶篓",宁都客家则俗称"搬灯子"、"搬茶灯"。茶篮灯最开始流传于赣南客家地区,随着茶篮灯文化迅速而广泛的传播,到明清时期,只要有客家人居住的地方便有茶篮灯灯会。

茶篮灯作为独树一帜的客家灯彩,自其形成之日开始就纯粹为客家新春歌舞所用。它以一男丑角手捧宝伞灯,四旦角手捧茶篮灯,在传统客家管弦乐的伴奏下,载歌载舞。基本舞步是穿对角、押篱笆、绕八字、占四方等。这种表演形式的形成,在"花灯之乡"石城县还有一段传说。说的是石城名山通天寨盛产岩茶,岩茶进贡皇宫,皇帝品尝后龙颜大悦,赏赐御制黄罗宝伞。县令携茶农夹道迎接,当县令接过黄罗宝伞时,高兴得手舞足蹈起来,茶农们也跟着歌舞起来。从此,年年春节都要表演茶篮灯舞。

目前,传统客家茶篮灯舞保存完好的地方,主要有于都县沙心乡、宽田乡,瑞金县万田乡、岗面乡以及石城、宁都部分乡镇。沙心乡只有六个自然村,茶篮灯会最盛的20世纪80年代初期,曾经有十几支茶篮灯队,平均一村两队以上。由于每支茶篮灯队演员的服装、唱腔以及道具、音乐均各有风采,因此同一聚落同一晚上先后邀请两支甚至三支茶篮灯队来表演。

茶篮灯舞有两大表演体系,一种是手举茶篮花灯进行表演,另一种是肩挑茶篓花灯载歌载舞。花灯形制上,前者是茶篮形,后者则是茶篓形。两者的灯歌、灯词基本没有任何区别,只是队形、舞步各有要求。石城、宁都等地客家茶篮灯会多属于前者,于都县沙心乡、瑞金县万田乡客家茶篮灯会则完全属于后者。

茶篮灯的经典灯歌有《十二月采茶歌》、《倒采茶》等。其最初的演唱形式比较简单,先是一人清唱,一唱众和的联唱形式。后来则发展到用笛子、勾筒(基本类同二胡)、锣鼓伴奏,演员也由一人发展到六人、八人、十二人,单人清唱也就演变成多人的自然和声。

明末清初,茶篮灯已在粤东客家地区广为流传。清康熙年间吴震方《岭南杂记》记载:"潮州灯节,有鱼龙之戏。又每夕,各坊市扮唱秧歌,与京师无异,而采茶歌尤妙丽。饰姣童为采茶女,每队十二人或八人,手执花篮,迭进而歌,俯仰抑扬,备极妖妍。又有少长者二人为队首,擎彩灯,缀以扶桑茉莉诸花,采女进退行止,皆视队首。"又李调元《粤东笔记》载曰:"而采茶歌尤善,粤俗,岁之正月,饰儿童为彩女,每队十二人,人持花篮,篮中燃一宝灯,罩以绛纱,以为圈,缘之踏歌,歌《十二月采茶》。"

茶篮灯舞除了在传统客家地区广泛流传外,还波及江西、福建、广东三省非客家地区,以及安徽、湖南、湖北、浙江、广西、贵州等地。贵州、广西、安徽以及江西、福建两省非客家地区多称作"茶灯"或"采茶灯",湖南、湖北则多称为"采茶"和"茶歌",广西壮族聚居区又称为"壮采茶"和"唱采舞"。各地茶灯歌舞不仅名称不一,舞步、跳法也各有千秋。但是,一般基本上是由一男一女或一男二女或多男多女参加表演。舞者腰系红绸带,男的持扁担、锄头等,女的左手提茶篮、右手拿扇边歌边舞,主要表现姑娘们在茶园的劳动场景。

客家茶篮灯的灯歌、灯词除了传统的十二月顺采茶、倒采茶,往往是与时俱进不断谱写新词,或赞风调雨顺太平年,或言采茶劳动喜气洋洋,或抒客家男女缠绵情爱,所以客家茶篮灯会总是既传统又新颖。

如于都县沙心乡《茶灯迎春》灯词:"茶灯迎春闹呀么闹洋洋,新春佳节处处喜洋洋。今年茶灯舞得好哟喂,荣华里格富贵万年长。茶灯迎春闹连连,风调雨顺又是太平年。今年茶灯舞得好哟喂,五谷丰登笑开颜。茶灯迎春闹台台,男女老少人人乐开怀。今年茶灯舞得好哟喂,健康里格长寿幸福来。"所唱灯词不仅喜庆,且将客家新春的美好憧憬一一道出。

又如瑞金县客家中华苏维埃时期茶篮灯会中的灯歌《采茶姑娘心欢畅》:"三月茶,摘茶芽,片片采来片片香;一份送给毛主席,一份送给共产党。心肝哥,听我讲,个个生产要加紧。"既保留了传统《十二月采茶歌》按岁时活动来言情表意的风格,又将分享土地革命胜利成果所带来的感恩之情,由衷地表达出来。

客家茶篮灯一般从正月初二开始出演,每支茶篮灯队每晚要演出两场以上,直至正月十五元宵节过后才散灯。

三、灯彩

在客家方言中，"灯彩"与"丁财"谐音，隐喻"添丁发财"。舞灯彩有祝愿人财两旺，庆贺吉祥之意，故深受人们欢迎。明清以来，赣、闽、粤客家地区新春舞灯之风盛行。农历元旦将至，乡村间一些热心者就会自发组织各种灯会，制作各式彩灯，自正月初一起，游村串户舞灯为戏，直至元宵"谢灯"为止，久之渐成习俗。

（一）石城灯彩

石城灯彩是集灯具、音乐、舞蹈于一体的民间表演艺术，是客家灯彩艺术的典范。她具有悠久的历史，清乾隆十年（1745）修的《石城县志》就有"新春闹花灯"的记载。可见，早在明清时期，石城灯彩就很盛行了。

改革开放以后，石城灯彩这一古老的民间艺术得以恢复起来。据1983年编辑《民间舞蹈集成》时的普查，石城全县15个乡镇，183个自然村，竟有350个灯彩队。为此，1993年，石城县被江西省委宣传部和江西省文化厅授予"灯彩之乡"的光荣称号。

灯彩游春

石城灯彩品种繁多，万物皆可入灯。民间歌谣云："灯彩纸扎随意变，海阔天空万物全，扎物似物凭巧手，以假乱真难分辨。"常见的有龙灯、蛇灯、狮灯、、马灯、船灯、蚌壳灯、罗汉灯、莲灯、麒麟送子灯、寿桃灯、茶篮灯、宫灯等等，真是琳琅满目,不胜枚举。下面就其中的几种作一简介。

龙灯:旧时以龙灯为诸灯之首,象征吉祥与敬天祈年之意,故有"灯王"之称。表演时踏、摆、蹲、转,插以武艺,动作粗犷、豪放,给人以阳刚之美的享受。龙灯一出面,其他灯都要让路。龙灯到了,没有人不接的。又有"秆龙灯",用稻草扎成,上插神草,由童子或成年男子操持,走村串户。一般在年初一至元宵日期间活动。如遇灾年,用稻草扎成"应龙黄",到田地角舞动,以求降雨除灾。这种灯,实际上无灯,只插神香,有舞无唱。

蛇灯:在木兰村叫"桥板灯",在濯龙村叫"蛇灯",在长溪村叫"竹篱凳"。这种灯规模最大,凡村中男丁,每人须备一块五尺长的木板或五尺长的竹篙,上扎三盏灯,表演时首尾相接。少则三五百人,多则一两千人。结队游村,穿田塅、过山坳、占河滩、卷禾场,气势磅礴,如龙蛇舒卷。夜晚观之,灿若星辰。

罗汉灯:由120人操持各种人物,神仙、鬼怪、动物、花卉等扎成的灯具,以花神与仙女作烘托,表现观音娘娘频频向人间撒下滴滴甘露,造福人间。有歌有舞,其词曰:

> 一唱观音坐莲台,莲花朵朵绕台开。
> 观音慈悲普度众生哟,人间观音排打排。
> 二唱观音坐莲台,莲灯盏盏放光彩。
> 柳枝挥洒甘露水哟,风调雨顺万福来。
> 观音菩萨坐莲台,人间处处鲜花开。
> 鼓乐喧天唱灯歌哟,万民共抒太平怀。

麒麟送子灯和甑盖灯:这是石城民间婚俗所用的灯。女子婚后第二年的元宵日,亲友送灯来祝贺她早生贵子。是夜,新娘坐在椅上,头戴甑盖,众人用丝瓜络打,散出许多丝瓜子,象征子孙满堂。边唱边唱彩,词曰:

> 男领:哟嗬,打甑盖啰!
> 众唱:子啰子叭叭,
> 子叭叭子啰! 咳! 咳!

男唱:一打甑盖打来个二龙来戏水,

女唱:三打甑盖打来个三星高高照。

男唱:六打甑盖打来个六畜多兴旺。

女唱:九打九九长九九,

十打十满满堂红。

众:(喝彩)有喏——

众向新娘头上的甑盖上打。

男领:日吉时良大吉昌。

众:有喏——

男领:新打甑盖正相当,

众:有啊——

男领:夫妻双双同致富。

众:有喏——

男领:幸福日子万年长。

众:有啊——

　　类似《打甑盖》的还有迎亲嫁女的《喜庆灯》、《双喜灯》,庆祝寿诞的《寿桃灯》、《寿星灯》等等。[1]

　　除传统灯舞外,近年民众又创作出一套大型组合灯舞。这套灯舞以罗汉灯为主,将龙灯、狮灯、马灯、鸡灯、鱼灯、船灯、莲灯、茶灯、篮花灯以及高跷,再加观音坐莲台、八仙过海等神话传说故事的16种民间灯舞融为一体。共有110多个形色不一的灯具,由160余人演出。其中"观音莲花灯"的莲台高一丈五,宽一丈二,呈六角形,中间一支出水荷花,花芯内婷婷玉立一位持净瓶柳枝的观音,频频向人间洒下滴滴甘露;六角的莲花上,六位仙女轻盈袅娜,翩翩起舞。这座莲台,需20位彪形大汉扛着行起。整套灯舞气势磅礴,色彩斑斓,场景甚为壮观。

　　(二)香火龙

　　香火龙与布龙、凳板龙、狮舞一起,是龙南民间最普遍的舞蹈之一。

---

[1]　以上两段资料采自温何根:《石城灯彩》,载《客家源》总第2期,赣南中华客家研究会,1994年。

通常在春节期间或其他喜庆之时玩耍,一般在围屋表演,后来发展到城镇也时有表演。它是用竹篾和稻杆分别扎成龙头、龙身和龙尾,上面糊纸,用彩色画成龙的形象,连头尾在内一般9节至13节,取单数,节与节之间用棕绳加彩布条做成的彩色"布练"互相连接起来。每节密插燃着的香火,下面装有木柄,香火越浓表演越好看,故名"香火龙"。

演出时,舞龙者手擎木柄舞动,龙头前面有一人手持"龙珠"引龙戏舞。香火龙玩耍时,龙头一绕,龙身龙尾随之滚动。在浓重的夜色下,火花四溅,煞是好看。在舞法上既反映出龙的威武,也反映龙的美姿,舞龙时还有各种精巧的灯饰配合,如"鱼灯"、"虾灯"、"龟灯"等,全部是水族造型,增添热闹气氛。

香火龙有小型、大型之分,小则五、七、九人舞动,赣南县各地均有流行,多至由数百人共玩,只有汶龙乡上庄村流行。这种香火龙由龙头、节龙、龙尾组成。龙头由6人轮流擎举、挠动,节龙一人举1节,龙尾由两人轮流摆动。上庄人玩这种香火龙,祖传习俗每三年玩1次,每次玩3夜,时间一般为正月十三至十五日夜。十三、十四日夜,每次玩时都先举香火龙在老厅大门口"拜祖宗",接着举龙"游屋场",最后回老厅"放龙"。十五元宵夜,玩时从老厅出发至上汶老圩,接着走江夏村,最后回老厅大门口表演,表演完将香火龙及随行的灯、牌坊全部烧毁,以示灭灾。

每逢香火龙表演时日,龙南各地均有人往上庄走亲戚,以一睹香火龙或能参加香火龙为快。

(三)板凳龙

板凳龙是一种极为轻松活泼的民间舞蹈,是石城灯彩的一种,其他各县也有表演。板凳龙,也叫凳板龙,由于是儿童玩耍的象形龙,只是灯彩中的一个小项目。但因为儿童表演,情趣盎然,却在灯彩中备受男女老少喜爱。

相传,在很久以前,当地遇上了百年罕见的干旱,井枯河干,田地干裂,渴死的人不计其数。人们渴望天降大雨,可雨就是不下。这万物枯死,生灵干死的惨景被东海一小龙看在眼里,于是它不顾一切跃出水面,在当地下了一场大雨。万物复苏,百姓得到了解救,可小龙由于违反了天规,被刀剁成一段一段,撒在人间。人们忍着悲痛,把龙体放在板凳上,并把它连接起来,希望它能活下去……板凳龙灯的习俗也由此产生了。另一则传说更富有民间性:从前有一位以打卖草鞋为生的老人,收养了两女一男三个孙儿。某年春节,有钱人家的孩子舞龙灯,欢天喜地。三姊弟十分羡慕,回到家中后,聪明的小弟看到爷爷打草鞋用的长凳子,一端系着未打完的草鞋,活像一只龙头,就高兴地喊:"看这草鞋凳,活像一条龙!"两姊妹一看确实像,三个人就各举起凳子的一条腿舞了起来。他们舞得开心,村邻们发现后也觉得有趣,就领他们到街道上去舞。从此,"板凳龙"这个民间舞蹈便形成和流传开来。

板凳龙灯,顾名思义就是用板凳扎制的龙灯,在专用的板凳上用竹条扎成两个灯笼,内有烛台,外边就根据各自喜好加以修饰。拼接好的长龙在"龙珠"的带领下,摇头晃尾,穿屋过巷,煞是神气。所过之处爆竹喧天,烟花竞放,呈现出一派喜庆的气氛。

板凳龙分独凳龙和多凳龙两种。独凳龙是用普通长条高凳,由三人抬举,两人在前,一人居后的简易式板凳龙;多凳龙则是用细篾扎成,有龙头、龙角、龙尾、龙眼、龙嘴,再加上各种颜色的鳞片,把扎成的两条龙放在板凳上,木脚表示龙爪,非常形象美观。

独凳龙由三人舞,一人出右手,一人出左手,第三人则双手抓住后头的两只脚。舞时要求头尾相顾,配合协调。当头高时尾要随低,头向左,尾则随后右摆;头往上引,耍尾者则松手换位。舞龙尾者必须由步法灵、速度快、眼力好的人担任,舞龙头的两人要求身高基本一致。

多凳龙由九条长凳组成,第一节为龙头,第九节为龙尾,其余为龙身。龙头在耍宝人的带领下,时起时落,穿来拐去,活像出水蛟龙,整条龙要求配合默契,节节相随。

板凳龙灯的招牌动作有:二龙抢宝、黄龙穿花、金龙戏水、金蝉脱壳、黄龙盘身等。现今,板凳龙表演已搬上文艺舞台。

道具多取自民间用的条凳,一端塑造龙头型,另一端塑造龙尾型(与龙头一样,里面均有光源,过去为烛,现多为手电筒),为表演方便,去掉板凳下面的长木条。舞蹈时,有碎踏步、摆龙、龙花组合等动作,显示儿童的天真活泼,极富民间气息。夜空下,宛如一条巨龙腾舞,情景甚为壮观。板凳龙较之其他灯彩形式,极富表演性、观赏性与童趣,每每表演,观者如潮,掌声如雷。在第十九届世客会上,赣南就把这种客家儿童表演的板凳龙向来自全球的海内外客属乡亲作了表演,获得巨大成功。

(四)"九狮拜象"

"九狮拜象",这一名称本身就给人以有气派、有特点的感觉。它是流传于上犹县营前镇一带的大型春节民间灯舞。

营前镇地处罗霄山脉南段,是赣南西部的一个边陲乡镇。全镇总面积为65平方公里,现有人口两万六千多人,是赣南客家人中一个典型的聚落区。这里既有南宋以来的客家老姓氏(即"老客家"),也有明末清初从粤东等地迁来的客家新姓氏(即"新客家"),新老客家共处一个社区,创造了丰富多彩的民俗文化,"九狮拜象"便是其中的一朵奇葩。

"九狮拜象"以造型艺术为主要特征,整个灯彩由1龙、9狮、1象、1麒麟,另由若干牌灯,锣鼓彩亭组成。龙多为9节至11节。龙头用竹片造型,龙身多用红布或黄布缀接而成,内部均可点灯烛。龙身有的用金箔纸贴成龙鳞,鳞中贴小圆镜;有的则粉画而成,多用金黄,忌用白色。狮子造型有蚕形、狗面、猫头、猪脸等,狮身腹部可点烛,装有机关通耳、眼、鼻、口、爪各部。麒麟似鹿,独角、赤蹄、披梅花,颈部可以伸缩。象为庞然大物,白色,象鼻、口有机关,可以上下前后左右蠕动。狮象均以竹片为骨架,用篾片织成空心状,外裹粗布,缀以染了色的苎麻(也有的大象的毛片是用白纸剪成丝状粘贴而成,但不耐用,表演时需事先告诫燃放鞭炮者小心火烛)。牌灯上方扎着蝙蝠图样或花篮,中间书写姓氏堂名。锣鼓彩亭的扎制很讲究,扎有"八仙过海"、"鲤鱼跳龙门"、"水漫金山"、"刘海砍樵"等纸牌小人物,这些"小人物"会做各种各样的动作。

表演时,其队形庞大,前面是写有姓氏堂名的牌灯,接着是锣鼓亭、长龙,龙的后面是麒麟和神态各异的狮子(四只狗牯狮子,五只大黄狮子:狗牯狮子分红、青、蓝、白几种颜色,白狮子头上披红布;狗牯狮子形态似狗,狗有忠于主人守家守舍的秉性),麒麟居群狮中间,大象殿后。在锣鼓、唢呐和鞭炮的喧闹声中,龙灯队伍前呼后拥,浩浩荡荡;各色狮子咧嘴咂舌,摇头晃尾,做出各种怪相,相互逗趣;狗牯狮子上蹿下跳,前翻后仰地戏弄蛇龙来回穿插、翻腾,在鞭炮的硝烟中时隐时现,呈腾云驾雾状;麒麟伸颈缩腰,瞻前顾后;慈祥的大象则甩动着长长的可伸可缩的鼻子,接受龙狮麒麟的朝拜。表演节目有:金龙参神戏水、迎神、团龙、回龙、辞神、黄龙缠柱、狮龙相耍、群狮相戏、黄龙穿花、麒麟献瑞、黄龙戏珠、少狮戏金龙、九狮拜象等等。

　　乐队以民间吹奏乐和打击乐结合组成,最少两台,多到四五台。锣鼓点子有一花、二花、满堂红、长锣、引子、尾曲等,唢呐多按鼓点子轮流吹奏"三子对"、"将军令"、"十杯酒"、"嗽叭滚",有时也奏"缝绣鞋"、"小桃红"、"茉莉花"等曲调。整个演奏具有广东音乐情调,听起来雄浑、激越、热烈、悠扬、催人振奋向上。

　　据营前老人们介绍,"九狮拜象"的前身是"龙狮舞",它是随着"新客"姓氏的迁入而从粤东兴宁、和平等地传入营前地区并在这一特定的地域发展完善起来的。所以,营前"老客"不会搞"九狮拜象",只有"新客"才会搞;别地(包括兴宁、和平)客家不会搞"九狮拜象",只有营前客家才会搞。

　　初期的龙狮舞比较简单朴素,一般是一条蛇龙,3—5头狮子,最多是7头狮子,没有麒麟和大象,而且扎制很朴素,最初是"管龙、管狮"(即用稻草扎成的龙狮,客家话称稻草为"管"),后用纸做,再后是布龙、布狮子(即用篾片和布扎制而成)。约民国24年后,才兴起"九狮拜象"。起因是,民国24年春节期间,黄姓(新客家)搞"龙狮舞",一条蛇龙,七头狮子,看热闹的人很多。当搞龙队伍从高桥(即世荣桥,黄姓祖先捐修)过时,看热闹的人也都挤在桥上围观。因人太多,结果把桥压塌了。以后,为了保护桥,就规定观看人群不能站在桥上,必须等搞龙队伍过后再过。但这也同时提出了一个问题,即搞龙规模小,看热闹者多,难于避免拥挤和酿成事故。于是组织者们就在扩大搞龙规模上做文章,增加到9头狮子,9为阳数中的最大数。但光增加狮子的数量又显得过于单调,于是认为狮是兽中之王,象比狮更庞大,狮不敢侵犯象,增加一头大象,让狮朝拜象合乎情理;且"九狮拜象"可隐喻为"万象回春,九州同乐,共庆升平"。龙和麒麟同为传说中的吉祥物,且狮象征狗,象象征猪,麒麟象征牛,因此又增加一匹麒麟,寓"风调雨顺,五谷丰登,六畜兴旺"之意。这样,"九狮拜象"这一艺术形式就创造出来了。当然,以后又增加了锣鼓彩亭和一些道具,龙、狮、象、麒麟的扎制也更加艺术化,使这一形式愈显多姿多彩。因为搞龙队伍长,阵容大,随处皆可观看,所以尽管观者如潮,但不会太拥挤。这样,既避免了不安全事故的发生,又满足了群众的观赏要求。

　　从上述介绍中,使我们直观地感觉到,"九狮拜象"这一形式是根据群众的实际文化精神生活需要创造出来的。当然,因为"九狮拜象"是以姓氏宗族为单位组织的,能组织如此规模宏大的民间活动,自然该姓氏宗族的政治势力和经济实力也是强大的。因此,不可否认,搞"九狮拜象"也有炫耀宗族势力的一面。如,据村民们回忆,过去"九狮拜象"搞得最多的是黄、张、胡三姓,而这三姓均是营前族大人众势力较大者。还有另外一种说法是:营前地区"新客"有这么一条不成文的规定:凡是本姓中没有人做过皇帝或丞相的,不准扎象。有的姓氏就借九狮拜象来炫耀一下宗族的兴旺发达,人才辈出。因此,一些姓氏的族长、家长或长辈,往往就借春节闹龙灯的机会,鼓励后辈读书求学,奋发向上,做有作为的人。

过去,"九狮拜象"是以姓氏宗族为单位组织的,一般一姓搞一盘,不会联姓搞。每盘"九狮拜象"需动用三四十人,其中绝大部分皆练过武。另外,还有一些装成围观群众的武师,以防外姓捣乱。"九狮拜象"活动的组织由本姓氏各宗族各选举一人参加;其经费由各"众"凑,还有私人捐一部分,乐意者捐,绝不摊派。

每年腊月初便开始准备,组织者们分头筹办各项事宜。大年初一即开始搞龙拜年。

搞龙的地方,除本姓氏宗族的祠堂、屋场外,如外姓氏(包括"老客")会请,也会去搞。此外,年初八营前圩开圩(营前圩逢二、五、八),也到圩上去搞。

搞龙开始时不请礼生,先到本姓氏宗族宗祠烧香敬神(敬祖宗),然后按照事先安排好的路线搞龙,一般不走重路。碰到社官、土地伯公均要敬神,除烧香烛外,龙、狮、象、麒麟等要去拜社官和土地伯公。每到一姓氏(屋场),便放鞭炮迎入。一般在祠堂或厅堂搞,如祠堂或厅堂太小,也可在坪下搞;街上则在店面前搞。如从北门庵(营前的一座佛寺,今已无香火)前经过,庵主会放鞭炮迎接,也会进庵里去搞。每到一个地方,主人会在龙身上挂一条红(红布),另外包一红包(金额不限,随主人意)。如恰逢吃饭,则可能被地主各户分别请去用餐。除白天搞外,晚上也搞,晚上一般搞到九十点钟。

过去每年春节不止一盘"九狮拜象",一般有三四盘或五六盘。但每年搞"九狮拜象"都不会发生矛盾。如两盘龙队相遇时,双方均会很礼貌地打招呼让路,龙、狮、象、麒麟均要互相敬礼。

搞龙从初一到元宵晚才结束。元宵晚,要举行"谢龙神"仪式(将龙狮等火化)。这一仪式要请一礼生,先在祠堂烧香敬神(敬祖宗),说上一些好话,如祝新的一年风调雨顺,五谷丰登,本次搞龙很顺利等等。然后到祠堂外面扯下龙、狮、象、麒麟身上一些纸片象征性烧掉,其骨架子则留待下年还可再用。

"九狮拜象"除春节期间搞外,平时如有特殊需要也会搞。如:有钱人家盖新房竣工,会请"九狮拜象"去热闹添喜。此外,据老人们回忆,1945年10月,为庆祝抗日战争的胜利,营前各姓氏自发组织了九盘"九狮拜象"(每姓一盘共九姓);营前小学、新民小学等则是纸扎的坦克、大炮上街游行,整个场面甚为壮观热闹。

如前所述,最初的"龙狮舞"就含有驱邪和庆丰收的寓意,后来发展成"九狮拜象",其寓意就更加深刻。它既隐喻着新年伊始,"万象回春,九州同乐,共庆升平"的喜庆情景,又寄寓着来年"风调雨顺,五谷丰登,六畜兴旺"的美好愿望。而随着历史的发展和"九狮拜象"这一形式本身的不断完美,它除能满足俗民们的上述心理外,吉庆和娱乐的功能大大增强。改革开放以后,"九狮拜象"已走出山村,进入上犹县城;又从上犹县城来到赣州城,引来八方观众,深为人们所喜爱。如今,她已被载入史册和搬上了屏幕。

九狮拜象

四、民俗表演

（一）池塘龙舟赛

每年端午节期间，全国各地都会举行赛龙舟。赛龙舟一般在江河中举行。然而，在全国重点文物保护单位的客家围屋"燕翼围"所在地——赣州龙南县杨村镇举行的太平龙舟赛，则在大池塘中举行，真是别有一番情趣。

太平池塘龙舟赛自明弘治年间创办以来，已历 490 余载而不衰。

据传说，明弘治年间，杨村燕翼围赖思章和侄子放木排至九江出售。侄子的木头很快售完，思章公的曲木老杉停放多日却无人问津。一日，忽有两根木头向他漂来，他不耐烦地信手推出，不久木头又漂游回来，他又推开，又回来。如此反复多次，好似双龙戏游。赖思章觉得很是神奇，便对着河水虔诚许愿说："龙神呀龙神！你若能保佑我的木头卖个好价钱，我就归去雕你金身，造两条龙船，年年划船祭拜你。"

次日，果有官人来洽谈买木头事，说是皇家要修行宫，需曲木老杉做栋梁。赖思章听到皇家需要，受宠若惊，便慨言情愿奉送。官人见他对朝廷这样忠心，就上奏皇帝。皇帝闻言大喜，即下旨召赖思章晋京封赏。到京城后，皇帝命有司打开存放官帽的仓库，让赖思章"开仓取帽"，仓库中的各品官帽，准其任取一顶，拿到几品官帽，就给他封几品官。可是诚实厚道的赖思章，不拿官帽，却拿了一顶老人披风帽，于是受封为"天下老人"，见官加三级。归返途中，官员争相谒见，得到了丰厚馈赠。

赖思章回来后，谨记许愿，于是用上好的木头雕了两条金身龙，又造了两艘龙舟，并立庙祀奉龙神。赖思章还召集族人，在位于燕翼围边上的鲤鱼寨下开挖出 15 亩水面的池塘，定为龙舟盛会的划船场地。

太平龙舟盛会为期 5 天。五月初一为龙船下水。下水时要请出龙神，由唢呐鼓乐开路，旌旗罗伞护拥。在喜爆声中，沿鲤鱼街浩浩荡荡游行一圈，所过店铺人家皆设香案鸣爆迎接。待龙神老爷返至塘头，置塘边神案上坐定，龙船才可以下水，为期 5 天的划船活动即时开始。

初二为参赛船队报名时间。全镇 15 个村各派出男、女两个队参赛。如今，每年还有来自广东连平、和平两县的船队报名参赛。

初三是"龙船会"。宴酬各方各界捐助人士,此时亲友宾朋云集,畅饮交杯,同祈平安。

初四至初五上午,进村扫邪。30余人组成的旌旗鼓乐队随龙神爷,在邻近数村走街串巷,家家门前设香案,摆三牲祭酒,以喜爆迎龙神洗礼,驱邪布泽,保佑平安。

初五上午,进行龙舟预赛,下午进行龙舟决赛。十里八乡的群众乃至赣州、广东的城市居民,都赶来看龙舟赛。数万人云集塘头山岗,人声鼎沸,观者如潮。整个下午喜爆连天,热闹非常。赛事结束后,要举行游船仪式,所有仪仗队员执旗持鼓乐登上龙船,龙船在竹篙点撑中缓缓前进。船上有人往塘中撒泼米饭和米酒。仪仗队绕塘游行3周半后即登岸快步行进,在连绵不断的鞭炮声中环游鲤鱼寨,送龙神老爷返庙上座。最后来到河边,将小纸船和游船鸭丢入河中随波流下,以示将灾邪带走。

龙南杨村池塘龙舟赛

（二）罗坊走古事

每年元宵节期间,闽西连城县西北面的罗坊、北团、隔川等地都会举行盛大的"走古事"活动,尤以罗坊最为壮观。走古事的来源,据传为昔日本乡常闹旱涝之灾,当地罗氏第十四世祖曾任陕西宁州知府、武陵知县等职,卸任返梓时,即把流传于湖南的走古事移授乡梓,以祈风调雨顺、国泰民安,兼兴民间娱乐活动。除了"文革"期间遭禁,一直相继延流风行至今。

设置古事棚按房族为单元,一族一棚,当地有九大房族即为九棚。因本乡宗族闹矛盾,现减到七棚。棚内装扮两位本族身体健壮、胆大的男童,一扮主角,一扮护将,均按戏曲规则着装、上脸谱等。九棚古事中,有一领先的天官、武将,后面跟随李世民、薛仁贵、刘邦、樊哙、杨六郎、杨宗保、高贞、梅文仲、刘备、孔明、周瑜、甘霖等古代文臣武尉,在走古事活动中,他们可以竞相追赶,赶前者为大吉大福,壮本族声誉,但不得超领先的天官、武将。扮主角的男童并非端坐棚中,而是直立在铁杆上,如踩高翘,腰身用铁圈固定,古事走起来摇摇晃晃,惊心动魄,护将则坐在棚中,以手托主公,成为主次两层次。古事棚则是由木柱镶成,四周饰有精美画屏,两根轿杆,共400余斤,须用22名抬夫,竞走时需三班轮换,故每棚古事共需66名抬夫,九棚共用600余人,加上邻村观众,为几千人的大活动场面,极为壮观。

按传统习俗,每年春节正月初三、初四,房族内被挑选的66名抬夫(一般为青壮年)就要上山劈芦箕草,以锻炼脚力;到正月十二开始戒斋三天,与妻离房,养精蓄锐;十三日晚则净浴更衣,十四日早穿上红衫、打红绑腿,穿新草鞋,抬着古事,在三大祖师菩萨轿、万民宝伞、彩旗、十番鼓乐队、神铳的领引和烘托下开始竞赛奔走。

走古事在大坪与河水中分别举行,第一次在大坪中,大坪由成千上万观众围成约四百米环形跑道,古事在跑道中竞相奔走,观众在里外两边拍喊鼓舞,每跑两圈,休息换人。另在坪中央设神祭位,善男信女燃香不断,铳声轰鸣,与赛场情景构成极为热烈之场景,至抬夫精疲力尽,赛出名次,方为结束。

第二次在河水中举行,时为正月十五上午,观众在河两边观看。古事在河水中竞走五百米,虽天寒水冻,河石苔滑,更有跌倒浑身湿透者,但情绪异常激昂,脚下浪花飞溅,群众欢呼迭起,最后分出名次,这一年一度的民间大型文体活动才算结束。

(三)姑田游大龙

姑田游大龙是闽西连城县姑田镇的一项大型民俗表演。

姑田镇的游龙起源于明朝万历年间的下堡村邓屋。据考证,邓氏八世祖邓应,出任潮州府检校,其弟邓恭仍居姑田邓屋。邓恭子孙到潮州探亲,在潮州看到舞龙,兴叹不已,便将龙画成图样带回姑田仿制,未几姑田邓屋于元宵节期间首次游龙,正月十四晚龙游中堡、厚洋等村落,村民们欢天喜地,家家门前点松

连城罗坊走古事

明、放鞭炮迎接。

　　当时的龙偏小偏短,直径只有 0.4 米左右,长度只有 20 多节。以后经过多次改进,至清乾隆年间,龙的制作式样基本定型:龙头的高度为 2.4 米,长 7 米,大直径 0.8 米,眼圈直径 0.7 米,龙口大张,内含一个直径 0.6—0.7 米的大红龙珠,大有吞云吐雾,威震山河气势。龙腰每节高度 2.2 米,大直径为 0.7 米,长 4.3 米。龙尾高度为 2.4 米,长 6 米,大直径 0.8 米。龙的制作业臻完美且相承沿袭至今。

　　因为龙头硕大,出游时一般要 8 个人照应:1 个人看路,看前方有无障碍物;3 个人擎龙;4 个人用绳子从四方拽住龙头,使其保持平衡,并减轻擎龙者的负重。龙尾与龙身脱节,由 3 个人抬着跟在其后。据说,若龙尾接上龙身,与真龙相似,会招来雷鸣电击、暴风骤雨,故而不与龙身接上。每节(又称"桥")龙的龙板两头各凿一个 6 厘米的洞,节与节之间用小竹做的长 2 米的龙棍穿插洞中,将龙连接。龙棍在下端放在"插袋"(用牛皮制成的袋)里,这样才能将龙擎起出游。每桥龙至少要 2 个精壮小伙,方能胜任。

　　清代至民国年间,姑田有 12 条大龙,分布在上堡、中堡、下堡、华垅、城兜、长较、上余、下余、东华、白莲、洋地等 11 个村。其中,有 9 条龙是由两三个姓合擎 1 条的,如上堡陈、赖、桑 3 姓合擎 1 条;下堡村邓屋与万堂(邓、蒋两姓)合擎 1 条,周屋与黄屋(周、黄两姓)合擎 1 条;小洋地邓、詹、钱 3 姓合擎 1 条;长较村童、陈、林 3 姓合擎 1 条。

姑田 12 条大龙中,形体大同小异,其中 5 条龙最有特色:

下堡邓屋从明朝万历年间开始游龙,若干年后,邓屋十五代的弘才公与邻居万堂的蒋志贤认同年,尔后邓屋与万堂(邓姓与蒋姓)合擎,一姓轮流擎一年。这条龙的"桥"数一般是五六十节。历史最久远。

中堡江、华 2 姓清代开始合擎龙,随着人口的增长,龙也逐渐增长。从清乾隆年间起始分开擎,一姓游一年。为了保持"长得好",当时两姓立条规定,不论江姓或华姓出龙,均需 100 桥以上,若确有困难不能凑足 100 桥时,也应用龙蛋凑足。每两桥龙蛋抵一桥大龙,从此两姓至今都按这一条例执行,保持了"长得好"的特色。

华坑的龙每节大小、长度与其他村一样,但它起游时的高度是别具一格的,高得惊人。龙头的第一竿龙棍是一丈二尺长,第二竿是一丈一尺九,第三竿是一丈一尺八,由此类推每桥矮一寸。但桥数不多,一般只有三四十桥,故最后的一竿龙棍也有八尺高,比其他村的龙棍还高出两尺多。"驳龙"要选择特殊的地点,平路不行,要选择在斜坡处,桥与桥之间用短绳子互系着,发一声喊"起脚",霎时全部举起,动作不能快慢不齐。龙棍没有上栅的装置,顶端呈十字,喊"落脚"时全部放下来卸掉。华坑人擎龙特别有功夫,一股蛮劲令人叹服。龙头不用绳索牵引,龙腰不用插袋,起脚时靠双手硬擎,擎龙人只在腰间系条腰带,擎得疲劳时可将龙棍插在腰带上稍作休息。一路上昂首阔步游来,实在壮观。华坑的龙不仅"高得好",而且"游得好"。

下堡周、黄屋原来是游花灯的,后改为游龙。他们的龙画,好似举办农民画展一样,观众喜爱看。龙身上画少量的龙鳞和云彩外,大部画的是双龙戏珠、丹凤朝阳、梅兰竹菊、牡丹芍药、八仙献宝、仙姬送子、雄鸡白鹤、奇花异卉、鲤鱼跳龙门等等。他们的龙不仅画得好,两头口上的诗词、句子也题得很好,字体真草隶篆今古书体集于一龙,画工技术代代相传,久经不败。所以自古至今他们的龙都被誉为"画得好"。

城兜陈、江、杨、李 4 姓大龙"抬得好"。城兜的龙要游于河旁,走许多田间道路,但秩序井然,观众叫好。

姑田扎制大龙的技术是历代相传的。父亲扎龙儿子相帮,帮上两年无形中就学会了。大龙制作包括备龙板、备筋骨、扎龙头、扎龙尾、扎龙腰、扎龙爪、扎龙蛋、糊裱、画龙、剪贴、题字、装灯、备龙棍、备插袋、备插袋布等 15 道工序。龙的骨架用竹篾制扎,外糊裱宣纸和画上龙鳞和云彩。制作时间为初三到十四,每节龙腰至少要 4 天以上。

春节一过,姑田家家户户就开始忙于抬竹、备龙板、扎龙。大龙制作工序相当复杂,有备龙板、备筋骨、扎龙头、扎龙尾、扎龙腰、扎龙爪、扎龙蛋、糊裱、画龙、剪贴、题字、装灯等 15 道之多。龙板每节长四米,两头凿有一圆洞用以相互连接。龙头高达二米四、长七米,龙口内含一大红龙珠,大有吞云吐雾、威震山河之势;龙腰每节高二米二、长四米三;龙尾高二米四、长六米。龙腰两端要题字,诸如"国泰民安"、"风调雨顺"等,百姓的美好愿望跃然纸上。

姑田"游大龙"已有四百多年历史。姑田人爱龙,把龙看成是祈保风调雨顺,国泰民安的象征。游龙史上有三次创历史的纪录,一次是 1946 年,共 173 节龙,700 余米;第二次是 2002 年,230 节龙,900 余米;第三次是 2012 年,348 节龙,长 1500 米,成功打破最长游行花车吉尼斯世界纪录。

连城姑田游大龙

第四章　客家文化特质与客家精神

随着客家研究的不断深入,关于客家文化的文化特质是什么的问题,越来越引起学者的关注和重视。然而,学者在探讨客家文化特质问题时,首先就碰到对"文化特质"这一概念进行准确界定的困难,而这一困难,也不仅仅是学者在从事客家研究时才有,在进行其他文化研究时也同样存在。学界对"文化特质"的理解,主要在于对"特质"中"特"字含义的理解有分歧。一是强调专有性,把这里的"特"理解为"唯我独有"之义。如,《汉语大词典》对"特质"一词定义为"特有的性质"。①"特质,指的是特有的性质或品质。文化特质是指一种文化的基本特征和最小分析单位。它既可以是物质的,也可以是非物质的或抽象的。一定的文化可以看作是诸文化特质的总和。每一个文化特质都有其特殊的意义、历史和社会背景以及在整个文化系统中的功能。"②二是特别强调特征性,主要是从功能上进行区分,把"特质"中的"特"理解为是"特别彰显",并且因为特征明显而能够把不同文化加以区分。如:"一种文化的特质是指该文化带有决定性、本质性的特点,包括精神层面的文化特质以及物质层面的文化特质。"③李晓方认为:"所谓文化特质中的'特质',不能作唯我独有来理解,而应理解为相对于别的文化更具凸显性和稳定性的文化因子。"④

我们认为,要正确理解文化特质这一概念的内涵,首先,要弄清"文化"的概

---

①　汉语大词典编辑委员会、汉语大词典编纂处:《汉语大词典》(第六卷),汉语大词典出版社 1990年版,第 266 页。

②　朱光磊:《当代中国社会各阶层分析》,天津人民出版社 1998 年版。

③　林晓平:《客家文化特质探析》,《西南民族大学学报(人文社科版)》2005 年第 12 期。

④　李晓方:《客家文化特质研究三题》,《赣南师范学院学报》2006 年第 4 期。

念。众所周知,"文化"是一个非常广泛的概念,给它下一个严格和精确的定义是一件非常困难的事情。不少哲学家、社会学家、人类学家、历史学家和语言学家一直努力,试图从各自学科的角度来界定文化的概念。然而,迄今为止仍没有获得一个公认的、令人满意的定义。据统计,有关"文化"的各种不同的定义至少有二百多种。笼统地说,文化是指一个国家或民族的历史、地理、风土人情、传统习俗、生活方式、文学艺术、行为规范、思维方式、价值观念等。从文化的概念中我们可以知道,一方面,文化是人类创造的为人类社会所独有的物质精神现象。正是通过文化的创造,人类与其他有生命体从本质上得以区分。另一方面,由于不同的国家或民族,更由于不同的环境,文化的表现也有所不同。而"文化特质"概念的提出,就是要将不同的文化有效地加以区分。这个概念的核心,在于"特质",应该是指一种文化的特质。这种特质,是这种文化所含有的能够将其与别的文化区别开来的因素,其内涵强调的是某种文化的个性。因而,文化特质并非文化事象和表征的简单相加,而应是对某种文化事象和表征做出最能反映其个性的抽象与概括。简单言之,所谓文化特质,就是指某一种文化所含有的最能体现这种文化的个性、能够有效地把这种文化与其他文化进行区别的文化因子。一种文化的文化特质正是由这些文化因子的来体现。文化因子的性质不同和数量多寡,都对文化特质有影响。这也就意味着那些"唯我独有"的文化因子固然能够体现一种文化的特质;某些文化因子的数量很多,同样能够彰显这种文化的个性。具体到客家文化的特质上,诸如"买水浴尸"、"二次葬"、妇女不缠脚、喜唱山歌等特殊因子当然能够体现客家文化的特质,同时,客家人那种崇文重教、崇宗敬祖等显著族群品性,同样也是客家文化特质的体现。从这个意义上来说,体现客家文化特质的文化因素固然很多,但我们认为,多元性、移民性、地域性和亚文化性等几个文化特性,是客家文化比较明显的特性,应该能够很好地体现出客家文化的特质。下面就结合相关的史料逐一进行阐述和分析。

第一节　客家文化的多元性结构特征

在讨论客家文化的多元性结构特征之前,首先应该对"客家"一词的概念做个必要的阐释。

我们认为,"客家"是一个文化上的概念,而不是血统意义上的概念,因为使客家人与其他民系或其他族群相区别的完全是文化的因素,而非种族的因素。强调"客家"是一个文化概念,是因为当我们认识"客家"时,首先是从文化——客家方言、客家意识、客家民俗以及其他诸种文化事象入手的,离开了文化,就无从谈客家民系的存在。换言之,"客家"本身就是一个文化概念,而不是种族概念。认识了客家文化的内核,我们就把握了客家这一"民系"或者说"族群"的本质特征。如同我们认识湖南人、江浙人、闽南人、广府人一样,不是从生理上、血缘上加以区别,而主要是从语言上、风俗习惯上、认同感上加以分辨。因为同为汉民族的支系,生理上、血缘上是无法区别的。

上述关于"客家"概念的认识,对于我们分析客家文化的多元结构特征有帮助。既然客家文化主要是由客家人的族群意识、行为及其结果来体现,那么客家族群的来源以及所包含的原有文化特征,应该会在客家文化体系中体现出来。因此,我们应该分析客家族群的族群结构和文化结构,以此窥探客家文化的多元结构特质。

一、客家族群的多元结构

客家族群是客家文化的载体,我们要分析客家文化的结构,首先就须弄清客家族群的结构。如前所述,客家是历史上由于战乱、饥荒等原因,中原汉民渐次南下进入闽赣粤三角区,与当地土著和畲瑶等民族长期融合而形成的一个具有独特的客家方言系统,独特的文化民俗和情感心态的稳定的汉族支系,或曰族群。所以,"多元一体"是客家族群结构的重要特点。其中,既有历史时期里大量来自北方的汉民族因子,又有赣、闽、粤边区的土著古越族及其后裔以及隋唐时期迁入的畲瑶民族的因子。这些不同族源的群体由于历史上的因缘际会,一起汇集在赣、闽、粤毗邻区,通过长期的交流和互动,最后融为一体,这就是客家民系(族群)。

二、客家文化的多元结构

客家族群的多元来源对客家文化影响很大,在客家文化的各个层次中,都可看到不同族群文化的痕迹,体现了客家文化的多元结构特征。

（一）客家文化的结构层次

关于文化的结构和分层,文化学界有很大的分歧。有一元文化和多元文化、高雅文化和通俗文化、上层文化和下层文化、精英文化和大众文化等等不同的区分。[①] 其中,庞朴先生提出的文化结构三层次说成为我国文化理论界的主流观点。他从物质和心理以及两者相结合的角度,认为广义的文化结构包括物质文化层、理论制度层和心理文化层。具体说来,他认为显露在外面的是劳动化了的自然物,即马克思所说的"第二自然";中间层是心、物结合所形成的"理制度文化",包括隐藏在外层物质里的人的感情意识和精神产品,以及各种制度和政治组织等;心理层面居于文化结构的深层,包括价值观念、思维方式、审美趣味、道德情操、宗教情绪、民族性格等。[②] 他的理论得到了许多人的认同,但也有不少修正。如不少学者都主张把被庞朴先生划入文化中层结构的思想意识部分和精神产品划归到心理文化层,中层文化只保留制度和政治组织。这样,文化结构就分为物质、制度、精神三层次。目前,"物质、制度和精神"三层次的文化结构的观点,成为我国文化理论界普遍接受的学说。[③]

在客家学界,也有学者参照上述文化结构理论,把客家文化结构划分为物质文化、制度文化和精神文化三个层次。[④] 所谓客家文化的物质文化层次,主要是指以满足人类最基本的生存需要(如衣、食、住、行)为目标,既包括人们的生产方式,又包括由人类加工自然物所创造的各种器物,是人的物质生产活动及其产品的总和。例如,客家人的农业生产方式、生产工具、居住建筑、饮食文化等等,都属于物质文化层次。客家人的物质文化构成了整个文化创造的基础。所谓制度文化层次,是指人类在社会实践中建立的各种社会规范、行为习俗、社会组织等的总和。所谓制度,就是关于人们(个人及组织)行为的规则,是关于人们的权利、义务和禁忌的规定。在客家制度文化层次中,这些处理人与人相互关系的准则,集中体现在客家社会的经济制度、婚姻制度、家族制度等等。至于客家文化的精神文化层次,是由客家人在长期的社会实践和意识活动中缊缊化育出来

---

① 魏承恩:《文化分类面面观》,《书林》1987 年第 3 期。
② 庞朴:《文化的民族性和时代性》,中国和平出版社 1988 年版,第 37—73 页。
③ 邵汉明:《中国文化研究二十年》,人民出版社 2003 年版,第 433—335 页。
④ 邹春生:《物质·制度·精神:客家文化的层次结构———一种基于文化学视野下的学术考察》,《西南民族大学学报》2005 年第 12 期。

的价值观念、审美情趣、道德观念、思维方式等等。它是整个客家文化的核心部分,也是客家文化区别于另一种文化的重要标志。

客家文化体系层次结构的划分,使我们可以更好地了解客家文化的内部结构,为我们探析客家文化的多元文化特征,提供了便利。

(二)客家文化层次结构中的多元文化特征

如前所述,客家族群是由古越族及其后裔、畲瑶等少数民族和北方汉人等多个因子构成的,这些不同因子所蕴涵的族群文化,在新的客家族群共同体中是否也有所体现呢?下面我们就将客家文化的各个层次进行逐一分析。

畲瑶、古越族的文化在客家文化的物质文化层次中体现比较集中。清代学者屈大均在论述当时广东土著民族的生产方式时,用"刀耕火种"来概括,即"耕无犁锄,率以刀治土,种五谷,曰刀耕。燔林木,使灰入土,土煖而蛇虫死,以为肥,曰火耨"①。客家人至今仍在使用的耕作方式中就有"烧土肥田",即铲好草皮,晒干,然后呈圆锥形堆垒起来,中间填干稻草作为火引,让其闷燃,燃尽,连土带灰,一起挑至田里用作肥料。很显然,这种生产方式就保留了刀耕火种的痕迹。又如,在客家地区常见的"走马楼"民居建筑,也与古代南方百越人,以及今天西南地区一些兄弟民族的"干栏式"住房相似。显然,这是客家先民南迁后吸收了南方土著民居的优点,以适应岭南地区多山、潮湿和多虫蛇兽害等自然环境。② 再如,赣、闽、粤边区的客家初婚女子一般是在晚上嫁至夫家拜堂成亲,而按照中原风俗,只有寡妇出嫁,才在晚上进行。客家人以前还盛行"买水浴尸"的葬俗,即死者刚逝,亲人家属即"往河浒,焚纸钱,取水浴尸"③。学者认为这些民俗现象是吸收了古越、畲瑶之俗的结果。④ 此外,赣、闽、粤边区的客家族群还普遍种植畲禾⑤、制造土纸、石灰撒田、伐木烧炭、养蜂酿蜜以及制饮擂茶、椎髻

---

① 屈大均:《广东新语》卷7《人语·举人》,第243页。

② 丘桓兴:《客家人和客家文化》,商务印书馆1998年版,第44页。

③ 乾隆十五年《嘉应州志》卷1《舆地部·风俗》。

④ 刘佐泉:《客家文化中的南方土著民族习俗因素举隅》,《客家》1994年第1期。

⑤ 畲禾又称百日禾,棱禾,是赣、闽、粤边区以前普遍种植的粮食作物,速生,高产,适合在酸性土壤的山区种植。

跣足、女劳男逸,等等,都是客家人保留了畲瑶、古越族等非汉文化的表现。①

在制度文化层面,客家人无论在社会经济制度、婚姻制度、家族制度等方面,都与中原主流文化保持着高度的一致。最为常见的是,客家社会保留了十分严密的宗族结构,而且宗族制度对客家社会生活有着十分重要的影响。② 客家地区以姓划村,聚族而居,建祠堂、修族谱、购族产的现象十分常见。他们还修订了严谨的家族法规,要求族人严格遵守,如果有人恣意任为,将会按照家法族规受到的严厉处置。③ 在婚姻制度中同样也可以看出客家文化与中原汉文化的一致性。例如客家婚嫁礼仪中不仅比较完全地保留了古代中原地区的"六礼",而且还严格遵循着"同姓不藩"的遗训。"凡子姓不得与同姓为婚。如有不肖子孙违犯,通族告官离异。"④

又如,在客家文化的精神层次中,也表现出客家人对中原主流文化的高度认同。对客家精神的探讨,学者们从不同的角度,结合自己的理解和体验,对其作出了不同的概括。如勤劳与洁净、冒险与进取、俭朴与质直、刚愎与自用、纯朴保守、坚忍刻苦、崇尚忠义、尊文重教、尊重妇德、持重武术、爱国爱乡、喜斗好胜、尚鬼信巫等等。⑤ 这些归纳和总结虽不尽相同,有些甚至只能算是爱好或生活习惯,但作为对客家人的人文特质的基本概括,学术界还是比较一致认可的。客家人的这些族群性格和精神禀赋,尽管部分濡染当地土著的一些习气⑥,但他们所体现出来的种种人文气质,基本上与中原汉族是一致的。

综上所述,在客家文化的各个结构层次中,古越族及畲瑶等南方土著民族的文化因子在客家文化的物质文化层次中保留最为集中,而中原汉族的文化因子,则在制度文化和精神文化层次中有更多的体现。当然,不同族群文化因子在客

---

① 关于客家文化的土著因子的详细举证,请参见《客家与畲族的关系》(蒋炳钊,1994年)、《客家源流探奥》(房学嘉,1994年)、《客家传统文化概说》(吴永章,2000年)、《畲族与客家福佬关系史略》(谢重光,2002年)、《客家文化中的楚文化因素举隅》(刘佐泉,2000年)等著文。

② 孔永松、李小平:《客家宗族社会》,福建教育出版社1995年版。

③ 谢庐明:《传统与变迁:赣南客家法族规的地域性分析》,《赣南师范学院学报》2004年第4期。

④ 弘农郡"四知堂"杨氏族史编纂委员会瑞金市分会编印《瑞金杨氏族史》卷首《杨氏祖传族规族训》。

⑤ 冯秀珍:《客家文化大观》(中册),经济日报出版社2003年版,第698—720页。

⑥ 例如,客家人尚鬼信巫、迷信风水、喜斗争胜的族性,常为争夺风水宝地、水源圩场等事大打出手,甚至衍生为宗族械斗。学者也认为这是受了楚地巫风浓烈、畲瑶等少数民族强悍民风的影响。参见罗勇主编《客家文化特质与客家精神研究》,黑龙江人民出版社2006年版。

家文化体系各个层次中的遗留,并不是如此泾渭分明的。即便是在土著文化表现最为集中的物质文化层次中,仍然保留着诸如梯田、水利、围屋等,与当地"刀耕火种"的游移农业大相其异,而与北方灌溉、垦耕农业文明的联系却十分紧密的文化痕迹。① 同时,在中原文化相对集中的制度文化和精神文化层次中,同样也有南方土著族群的习俗。如,客家人有尚鬼信巫的习性,当与古楚文化有关。楚人信巫,巫文化特别发达,这种"巫文化"势必沉淀于客家的人文土壤中,成为客家文化的一因子。客家人也有喜斗争胜的民性,常常为了一些芥末小事大打出手,甚至衍生为宗族械斗。学者也认为这是接受了畲瑶等少数民族强悍民风的影响。②

总之,在客家文化体系中,无论是物质文化层次,还是制度文化和精神文化层次,都既包含了来自北方地区的汉族文化因子,又包含了古越族及畲瑶等南方土著民族的文化因子。这就明确体现了客家文化是一个融多元文化于一体的结构特征。这些不同族群的文化之所以能够在客家文化体系中共同存在,就在于客家文化的载体即客家族群本身就是一个具有多元因子的族群共同体。

第二节　客家文化的移民性特征

客家文化从其文化属性来说,是否属于移民文化,这在学术界有一定的争议。我们认为,因为客家文化的形成与客家在形成发展史上的移民运动有密切关系,因此在客家文化中保留了比较浓厚的移民性文化色彩。但这种文化色彩并不意味着客家文化就是移民文化,因为客家社会不是典型的移民社会,客家文化也并不是北方文化的原版移植,而是有着自己独特的稳定的文化内涵。

客家文化具有移民性,是因为在客家文化体系中,存在不少移民文化的痕迹,而这些移民文化痕迹的存在,则是因为客家族群在形成和发展过程中,一直有着移民运动的历史。

---

① 关于中原农耕文明在客家生产和生活中的诸多表现,请参见《客家聚族而居与魏晋北朝中原大家族制度——客家居处方式探源之一》(黎虎,1995 年)、《客家人和客家文化》(丘桓兴,1998年)、《客家文化概论》(张佑周,2002 年)等著文。

② 许怀林:《江西史稿》,江西高校出版社 1998 年版,第 352 页。

诚如前面所述,客家民系或曰族群是由古越族后裔、北方汉人和畲瑶等长期融合而形成的。如果说古越族是赣、闽、粤边区的原住民,那么,北方汉人和畲瑶等都是从外面迁徙而来。北方汉人是客家民系的重要组成部分,他们从北方迁徙而来进入赣、闽、粤边区的历史,学术界有一定的争议。有学者认为最早可以上溯到秦始皇派秦兵攻打南越之时。也有学者认为真正对客家族群的形成产生直接影响的应该是从唐朝黄巢起义所引起的战争难民的南迁开始。① 不过,学术界通常还是以罗香林先生的五次迁移为圭臬。罗香林先生认为,在历史上,客家民系经历了 5 次大的迁徙活动:从汉末至东晋,中原汉人南迁鄂、豫南部,到达皖、赣,进入长江流域,这是第一次大迁徙;东晋至五代,汉人又由长江流域南迁至皖南及赣之东南、闽之西南,以至粤之东北边界,这是第二次大迁徙;第三次大迁徙是客家民系形成中的大迁徙,宋高宗南渡时期,客家先民的一部分,由第二次大迁徙后的旧居,分迁至粤之东部、北部;第四次大迁徙是明末清初,满族南下及入主时期,客家先民的一部分,由第二、三次大迁徙后的旧居,分迁至粤之中部及滨海地带,与川、桂、湘及台湾等地;第五次大迁徙为清同治年间,由于受到广东西路事件及太平天国事件的影响,客家一部分人民,分迁于广东南路及海南岛、台湾、香港、澳门、南洋群岛以及欧美等地,为世界范围的迁徙。② 从罗香林先生所提出的五次迁移说中我们可以清楚地看出,在客家形成和发展历史上,一直都伴随着移民运动。前面三次主要是北方汉人迁入赣、闽、粤三省毗邻区,后两次则是客家族群从赣、闽、粤毗邻区这一客家大本营地区迁出来,流散到广西、四川、台湾、甚至东南亚等广大地区。正是这些客观存在的移民运动,使得客家人带上了十分浓厚的移民情结,从而使客家文化带上了比较浓厚的移民文化色彩。

客家人带有浓厚移民情结的突出表现之一,就是表现在对故土和祖先的眷恋。黄发有在《纸上的故乡》一文中,对客家人这种情感有着十分细腻的描绘:客家人被迫背井离乡,过着一种颠沛流离的生活,那种对故乡的眷恋,对逝去祖先的崇拜的浓烈感情,只好泼洒在一页页发黄的土纸上,把自己祖先的姓名、故

---

① 伍荣蓉:《近十年来国内客家源流研究综述》,《赣南师范学院学报》2006 年第 2 期。
② 罗香林:《客家研究导论》,台湾南天书局 1996 年版。

乡的地址,以及家乡的味道,浓缩成一部沉重的族谱,无论漂泊至何方,都永远背负身上。①

除了对族谱的珍视之外,客家人的移民情结还表现在其堂号和楹联上。在客家地区的客家祠堂楹联中,追根溯源绝对是其中最重要的一项内容。例如:

江西宁都县李氏祠堂楹联:叶密柯聚,自世根深柱下;支分派远,由来源自陇西。说明该宗族是从陇西辗转迁徙至宁都的。

江西赣县戚氏祠堂楹联:堂基开宋代,昔自苏州分派;世袭出临辕,颇看赣水发祥。表明戚氏本是江苏苏州人,后来在宋代迁居于赣县。

江西上犹县廖氏祠堂楹联:源远流长自唐代为御史中丞,祖德宗功当思发扬光大;溪清水秀由博州迁豫章南野,瓜繁椒衍毋忘好友亲朋。概述了廖氏宗族自博州(山东聊城)南迁至江西上犹的情况。

福建武平王氏祠堂:脉本太原今蔚起人文自昔曾魁四杰,派向桃溪衍鼎新门第徙今好植三槐。叙述王氏起源于太原的往事。

广东蕉岭县城蓝氏祖堂楹联:天近彩云文澜汝水,堂开东阁玉种蓝田。揭示了蓝氏起源于陕西蓝田,而望出汝南的历史脉络。

客家人崇宗敬祖,饮水思源,他们将其宗族之渊源以及其先人迁徙的概况,郑重其事地写进家族的谱系、祠堂的楹联,甚至口耳相传地讲述给子孙后代、不辞劳苦地回到原乡拜谒祖地等等,正是客家族群具有浓厚移民文化心理的表现。

此外,在客家族群文化中,也有不少具有浓厚移民色彩的文化事象。

语言是划分不同民系的主要标准之一。客家方言的特色非常鲜明,被认为是保存古音最多的一种方言,是古代汉语发展演变的"活化石"。而之所以具有这一特点,实与客家民系迁徙的过程有密切的关系。据研究,客家方言中所保存的"魏晋古音"或"六朝古音",与"次生形态的客家先民"在东晋南北朝时期的迁入有直接的关系;而客家方言在不同程度上带有唐代汉语和宋代汉语的某些特点,则是"新生形态的客家先民"在两宋之际及宋末元初大规模迁入的结果。②

客家音乐是客家文化的重要组成部分,客家地区的戏曲艺术,经过几百年的

---

① 黄发有:《客家漫步》,南方日报出版社 2002 年版。

② 王东:《客家学导论》,上海人民出版社 1996 年版,第 212 页。

孕育、选择、交融、同化和发展,形成了丰富多彩的剧种,主要有汉剧、采茶戏、山歌戏、木偶戏(又称傀儡戏)等。这些客家戏曲剧种的产生与移民文化有着直接或间接的关系,同时也是各地民间戏曲艺人行艺传播的结果。例如,客家汉乐是客家民间器乐中最具代表性的器乐合奏乐种,因其与中原汉族音乐有紧密联系而得名。又叫汉调音乐、外江弦、儒家乐、清乐,亦有中州古乐之称。从"外江弦"、"中州古乐"的别称中,可见客家汉乐并非土生土长的乐种。它的流行面很广,除以梅县、大埔县为中心的粤东客属地区外,赣南、闽西、闽南、台湾及东南亚一些客家华侨聚居地,均有演奏。客家汉乐演奏的曲目很多,如把客家汉乐的许多曲名与中原各地的民间乐曲相比较,可以发现两者有不少是相同的。这些现象,都是与客家移民密切相关的。

在客家饮食中,也可找出移民文化的踪迹。擂茶,是客家人的一种制茶和饮茶习俗,就是把茶叶、芝麻、花生等原料放进擂钵里研磨后冲开水喝的茶饮习俗。擂茶是我国茶叶最早的制作方法,啜擂茶是我国最早的饮茶方式,它是中国茶文化的一个重要组成部分。然而,这种最早的制茶和饮茶方式,在明清以后就逐渐地在全国的绝大部分地区消失了,只有客家人及西南地区极个别的少数民族仍传承了下来。擂茶之所以能够在客家地区传播并保留下来,就是与客家族群的移民运动有关。客家先民是因战乱、灾荒等种种原因,从文化发达、经济繁荣的中原地区南迁的,这种南迁并非只有一次,而是进行过多次。南迁系逐步推进,开始时大多滞留于长江中、下游一带,而这一带,自南北朝以来食茗粥的风气特别盛行,由于南迁汉民在北方早有食茗粥的习俗,所以很容易将这种习俗传承下来。嗣后,更有一批批移民迁徙到赣、闽、粤边,这些移民的主体又是普通的劳动人民,于是,北方饮盐姜茶的习俗就自然地带到了这里,并在相对闭塞的自然条件下一代又一代地传承下来。宋代以后,中原地区的饮茶习俗发生很大改变,从原来的啜饮过渡到汤饮再到品茗,饮茶也从填饱充饥发展到休闲娱乐,尤其是从北宋开始,"斗茶"之风逐渐盛行,明清以后,芽茶又逐渐得势,但这些茶制作考究,茶艺程序又十分繁杂,价格贵得惊人,所以在客家地区并没有流行起来,而是保留了原先那种古老的饮茶方式。

此外,客家文化的移民文化色彩还体现在客家民居建筑、服饰文化,以及神灵信仰等诸多方面。客家文化的这种移民文化色彩,是客家形成发展史上有过长期移民运动的产物。

然而,近年来在客家与移民关系问题上,有些学者根据历史上中原汉民曾数度迁徙到客家大本营地区的背景,因此提出了"客家文化是移民文化"这一学术主张。① 这种观点关注到客家文化与移民运动之间的密切关系,把客家文化的形成与客家历史上的移民联系起来,这是值得我们肯定的。我们在上述行文中也坦然描述了客家文化中所保留的浓厚的移民文化色彩。但是客家文化所具有的移民性,并不意味着客家文化就等同于移民文化。

我们知道,客家民系是历史时期迁入赣、闽、粤三角地区的北方汉民与先前生活在这一区域的古越族的后裔及畲瑶等少数民族经过长期交融而形成的。客家民系之形成,也就意味着其民系表征的客家文化之形成。而客家文化一旦形成,就应当具有相对独立的系统和稳定的结构。她与原生态的中原文化保持着血肉联系,但又有自己的鲜明个性。换言之,她不是原生态的中原文化的"原版"迁移,而是融入了许多南方山区地域特点和少数民族因子的一种新型文化。王东先生指出:"客家文化不是中原文化的单向、简单移植,而是包括了燕赵文化副区、黄土高原文化副区、中原文化副区、淮河流域文化副区、荆湘文化副区和鄱阳文化副区等众多区域文化在内的多向、复杂整合。"② 从人类发展的通则来看,不同民族间文化的影响和融合是双向式的。南来汉民在进入客家大本营地区后,以自己的文化去融合、征服土著居民,那么,土著居民也势必以自己固有的文化去迎接这种外来文化,双方便在这种不断地撞击中激荡和交融,最终孕育出一种新文化,即客家文化。一部汉民族发展史,一方面是不断融合周边其他民族的历史,另一方面又是汉民族向北向南播迁、伸延的历史,而且,前者在很大程度上,是通过后者得以实现的,从这个意义上来说,客家民系与汉民族的南方其他诸如广府民系、福佬民系,都是北方汉人南迁的产物。既然有一部同源的南移史,为什么广府文化、福佬文化就不是移民文化,而只有客家文化是移民文化呢?这显然也是讲不通的。事实上,历史时期由于战乱、饥荒、疫病等原因,中华大地

---

① 丁毅华:《客家与"客家文化"四论》,载《"移民与客家文化"国际学术研讨会论文集》,广西师范大学出版社 2004 年版;林晓平:《关于客家文化特质的思考》,载《"移民与客家文化"国际学术研讨会论文集》,广西师范大学出版社 2004 年版;安国楼、刘劲峰、刘晓春:《话说客家人——客家学研究者三人谈》,《新华文摘》2004 年第 19 期。

② 王东:《客家学导论》,上海人民出版社 1996 年版。

的人口是不断流动着的,一个姓氏在一个地方居住几百年、上千年的情况是不多见的。也就是说,人口是动态的,而文化却是相对稳定的。地域文化一旦形成,对进进出出的人口就具有很强的影响力和同化力,而不会因为人口流动而改变其整体属性,客家文化当然也不例外。

我们坦然承认,客家文化带有浓厚的移民文化的色彩,在上述文字中我们也已充分地论证了这一点。然而,客家文化中的移民文化色彩毕竟并不完全等于移民文化。这是因为移民文化有其特定的涵义,移民文化从内容上看,主要包括伦理道德、宗教、哲学、艺术、政治法律思想、教育思想等成分。从结构上看,主要包含移民心理和移民意识形态两个基本层次。① 同时,移民文化是移民社会产生的观念形态文化,即移民社会中人们的精神活动及其产品。它是一个历史范畴,有其严格的时空界限。作为产生移民文化的母体,移民社会是有其严格规定的。所谓移民社会,是指以移民为基本成员的地区或国家。它具有两个特征:一是移民人口占移民社会总人口的一半以上;二是人口高度流动。与非移民社会的人口较稳定状况不同,移民社会由于移民的主观动机和社会政治、经济环境的变化,其社会成员处于高度流动状态。② 此外,作为一个典型的移民社会,还有一个十分显著的特征,那就是移民以祖籍地缘关系进行组合,移民与祖籍地一般都保留一定的关系。③ 对照移民社会的这几个特征,我们发现客家社会并不属于典型的移民社会。这是因为:

首先,从人口数量方面来说,尽管我们说在历史上曾经有过大规模的北方汉人和南方其他地区的蛮獠之族迁入到赣、闽、粤边区,但由于文献资料的严重缺乏,我们无法证明这一地区的土著人口和外来人口的数量和比例。

其次,从人口的高度流动来看,在研究中,有的论者注意到了客家社会的移

---

① 所谓移民心理,是指移民社会人们的情感、意志、风俗习惯、道德风尚和审美情趣等要素,以及以价值观为核心,包含在经济、政治、道德、文学、艺术、宗教、哲学等方面的观念因素。其中,以价值观为核心的观念因素是移民心理的深层结构,制约着情感、意志、风俗习惯等其他要素。所谓移民意识形态,是指直接反映移民心理的各种社会意识形式,即以移民心理为基础,理论化、系统化的思想体系,包括政治法律思想、道德伦理学说以及宗教、哲学等思想体系。参见张然《论移民文化及其特征》,《深圳大学学报(人文社会科学版)》2001 年第 1 期。

② 张然:《论移民文化及其特征》,《深圳大学学报(人文社会科学版)》2001 年第 1 期。

③ 陈孔立:《有关移民与移民社会的理论问题》,《厦门大学学报(哲学社会科学版)》2000 年第 2期。

民问题,并借以分析客家文化的移民性。他们认为客家民系是因迁徙而形成的,客家社会是一个移民社会,故客家文化就是移民文化。诚然,客家在形成和发展史上虽然有过长期的移民运动,但这些大规模的移民运动在明清以后就已停止。在客家民系形成之前,客家先民社会具有很大的流动性,客家民系的形成与移民有很大的关系。关于客家民系的形成,学界有"五代宋初说"、"宋元说"、"明清说"等不同的观点,但不论哪种观点,都肯定客家民系形成之后,客家文化也就成为一个独特而稳定的系统。虽然在客家民系形成之后,也一直存在人口流动,如明清时期闽粤客家的倒迁入赣。① 但这些人口流动主要是客家内部的人口流动。用客家社会的人口流动来证明客家文化的移民性显然不可取。

再次,从移民与祖籍地之间的联系来看,目前虽然有不少海外客家人回到祖国来寻根谒祖,但这仅仅是一种漂泊游子慰藉乡愁的一种情愫,他们与原乡的联系,实际上已十分遥远和模糊。至于"以祖籍地缘关系进行组合"这一特征,在赣、闽、粤边区,也许在外来族群刚迁入不久时曾经有过,而现在则是荡然无存了,各族群都杂错相居,不分彼此地密切融合在一起了。

造成学界对客家文化与移民文化之间关系的争论,还在于学者没有弄清楚移民文化与非移民文化之间的差别。移民文化是相对于非移民文化而言的,它不同于地域文化、民族文化。移民文化与非移民文化的分水岭并非其所处的地理位置或所属民族的差异所致,而是由移民社会与非移民社会的内在结构及变迁来确定的。与其他文化相比较,客家文化极为独特,这种独特就在于客家文化是一种以人口迁徙为背景而发展来的。所谓以移民为背景的文化,最根本的一点就是凸现出移民生活对于人的精神生活的影响。强调客家文化形成的迁徙背景,而不是一般地将客家文化称为移民文化,是为了与现代意义上的移民文化相区别。客家文化赖以生成的基础是历史上的人口迁徙、独特的地理环境和中原文化与土著文化的融合。客家文化既与中原文化一脉相承,又具有与中原文化不同的特质。就像孕儿从母体中脱胎而出,但孕儿并不是母体的"克隆"一样,客家文化也不应该是中原文化原版迁移的"移民文化"。

当然,一些学者还混淆了客家文化与客家移民文化的内涵,所以才引起了在

---

① 罗勇:《明末清初闽粤客家的倒迁入赣》,《客家学研究》,上海人民出版社1993年版。

客家文化是否为移民文化的争论。客家移民文化是指客家民系、客家文化形成之后客家移民的文化,如四川洛带镇的客家移民文化、陕西南部商洛山中的客家移民文化。以此类推,我们还可以说,香港的移民文化中,有客家移民文化;台湾的移民文化中,有客家移民文化;新加坡的移民文化中,有客家移民文化;等等。显然,以上列举的客家移民文化是客家文化的一种同质迁移,而不能据此说,客家文化是移民文化。就如历史时期里中原文化会随着汉民族人口的迁移而发生迁移,给不同的地区带去"中原移民文化",我们难道能据此说,中原文化是移民文化吗? 显然不能!

　　综上所述,如果主张客家文化是移民文化,也就等于主张中原(北方)地区原来就存在一个客家民系、客家文化;赣、闽、粤三角区的客家文化是由中原(或北方)的客家文化迁移过来的。这样一个判断的不合理之处在于:忽略了客家文化的形成过程及赣、闽、粤三角区地理环境、社会环境以及土著文化的作用和影响,也在实际上否定了客家文化的独特性,因而是难以成立的。客家文化,概括地说,是以汉民族传统文化为主体,融合了古越族和畲、瑶等少数民族文化而形成的一种多元文化。客家文化不仅是指产生于赣、闽、粤客家大本营地区这个特定的地理范围内的文化,而且更为主要的是她具有自成体系的历史渊源、特定内涵和鲜明的地域特色。这个文化体系,具有其风格的地域性、历史发展的稳定性和构成的完整性等特点,由此才形成为一个独立的文化体系,在全国地域文化之林中占有重要的一席之地。

第三节　客家文化的地域性特征

　　文化是对生态环境的适应。任何一种文化形态的产生,都与它所处的环境密切相关:它既受环境的制约,又体现出环境的特色。环境分自然环境和社会环境两种,其中自然地理环境主要表现在地貌地形结构上。自然条件可以限制人类活动的范围,进而影响文化区域。我国早就认识到自然环境对于文化的影响作用。《礼记·王制》曰:"凡居民材,必因天地寒暖燥湿;广谷大川异制,民生其间异俗,刚柔、轻重、迟速、异齐,五味异和,器械异制,衣服异宜。"客家文化是在赣、闽、粤毗邻区形成和发展的,该区域的地理环境特征也必然使客家文化带上

明显的地域色彩。客家文化的地域性特征,我们可以从以下方面加以认识:

客家方言与赣、闽、粤边区地理环境的关系。语言学认为,语言是思维的物质外壳,是人们彼此交换思想情感的最重要的交往工具。人类各个文化群体生活在他们特定的地理环境中,需要不断地认识、适应、利用和改造变化着的环境,以求得生存和发展。在这个过程中经常产生有关地理环境的思想和情感,需要用语言表达和交流。而地理环境的地域差异性使这种思想情感具有地域差异从而给人类的语言打上了地理环境的烙印。① 著名方言学家李如龙先生亦云:"方言是和一定地域相联系的。地理的阻隔在古代社会里往往成为方言分化的条件。"②

客家方言是汉语七大方言之一,也是客家族群最为显著的外显性特征,不少学者都主张把其母语是否为客家话作为判别客家人身份的标准。那么,客家方言是否也体现了赣、闽、粤边区的地域色彩呢?罗美珍和邓晓华在《客家方言》一书中,十分详尽地介绍了客家方言的语音、语法和词汇特点,认为客家方言是一种在古汉语基础上独自发展演变并吸收了百越语成分的汉语方言。操这一方言的人主要是南迁中原、江淮汉人以及改换了原有语言的畲族。客家先民原为中原汉人,由于历史上的战乱、饥荒,从东晋五胡乱华开始,就逐渐有一些姓氏举族从中原往长江以南迁徙,到北宋末年,更有大批中原流人迁徙到赣南、闽西、粤东交界处,形成以赣江、汀江、梅江三江流域为中心的连片区域。地理环境由宽阔的平原变成了偏僻的山丘林地;原有的麦作文化变成了盆地的畲田稻作文化。这群社会生活共同体与中原汉人隔离疏远,与当地原住民却往来密切,他们携手共同开发了这片山区地域。在这种客观环境的变化和土、客文化交融下,这个群体的语言发生了不同于中原汉语的变化,既有继承古汉语的一面,又有独自变化的发生。表现在语音、词汇、语法方面都有一些不随中原汉语同步变化的现象,有自己的发展方式,终于演变为汉语的一个方言。③ 王东先生也认为,任何一个地域性的社会文化系统,都是在独特的文化源头和独特的文化历史进程中形成和发展起来的。这是由于这种文化源头以及发展过程中的独特性,才从总体上

---

① 海山:《地理环境对语言的影响》,《经济地理》1998 年第 2 期。
② 李如龙:《汉语方言学》,高等教育出版社 2001 年版,第 17 页。
③ 罗美珍、邓晓华:《客家方言》,福建教育出版社 1995 年版,第 6—27 页。

决定着这个地域内部各种社会或文化因素在成因上的一致性以及它们在空间形式上的同质性。这种一致性和同质性，不仅造就了该地域独特的文化景观和文化氛围，而且还使得该地域从总体上区别于周边的其他区域。"赣、闽、粤边"作为一个独特的地域性社会或文化单元，也当如此。为此，王东先生十分仔细地考察了客家方言在赣、闽、粤边区的分布概况，以及它与该区域内部山形水势的走向和分布之间的密切联系，在很大程度上揭示了客家方言的产生和分布与赣、闽、粤边区地理环境之间的关系。①

客家艺术是在客家人的生产、生活中产生的，同样也与当地的自然环境密切相关。采茶戏是赣南客家人的重要艺术，以载歌载舞而著称，"矮子步"、"扇子花"和"单袖筒"被认为是构成赣南采茶戏舞蹈表演独特美的"三要素"。有学者认为，赣南采茶戏的产生，采茶戏的剧目内容、舞蹈表演、服饰道具等，都与赣、闽、粤毗邻区的山区环境和产茶生活密切相关。② 客家山歌是客家文化中最具代表性的文艺形式之一，而客家山歌的产生和流行，也与赣、闽、粤边区多山的地理环境有关。关于这一点，我国著名民俗学家钟敬文先生早就指出："至于客家人的生活，因为他们所处的环境的关系，所以每日作业于田野山岭间的，颇占多数，并且男女俱出，没有'男子事于外，女子事于内'之严格差别。至少，我们这一带客家人的情形是如此。他们的气质，大都简朴耐劳，很少慵惰浮夸的恶习，犹保存古代人民的风范。这些，都和他们山歌的产生及内容等有关系。"③美国传教士罗伯史密斯也指出了山歌的创作及歌唱与这一地区山多林深环境特点的关系：客家妇女"在山中砍柴草时，常常是一面劳动，一面唱她们自己所创造和喜爱的山歌，而且一问一答，应对如流。有些会唱歌的男子，便会唱起含有爱情词句的山歌，向女方挑逗，往往因此成就良缘。现在这种特殊风格的客家山歌，在东方民俗学中，已占有重要地位了"④。由此足见赣、闽、粤毗邻区的地理环境

---

① 王东：《那方山水那方人：客家源流新说》，华东师范大学出版社 2007 年版，第 40—68 页。

② 参见廖军《无茶不成戏——略谈茶与赣南采茶戏及其艺术特点》（载于《农业考古》1996 年第 2 期）、黄玉英《江南一枝花——谈赣南采茶戏》（载于《戏曲艺术》1998 年第 3 期）、薛俊敬《客家茶叶文化对"采茶戏"发展的影响》（载于《歌海》2009 年第 4 期）等论文。

③ 钟敬文：《客音的山歌》，《语丝》，1927 年，第 118 页；《钟敬文民间文学论集（下）》，上海文艺出版社 1985 年版，第 301 页。

④ 新加坡《客总会讯》1986 年第 11 期。

对客家艺术的影响。

在饮食文化方面,也体现了赣、闽、粤边区的自然环境对客家饮食文化的影响。饮食文化也是环境的产物,它是特定人群在其特定环境中的长期生活而形成的,由于自然环境和人文环境的不同,以及受地域限制索取的食物对象存在差别,从而形成了以共同的区域经济文化为基础的具有共同饮食风格、共同的饮食礼节禁忌以及共同的制作方法的具有地方饮食特质的各自不同的饮食文化。客家饮食文化是中原汉人迁徙南方定居下来后,根据南方的气候条件和当地人民的生活、生产的风俗习惯,将原来的风俗习惯与南方当地人民的风俗习惯相结合而创造出的一种新的饮食文化。客家先民从北方迁到南方,从平原地带入居山区丘陵,他们虽然远离了动乱与战火,却面临新的生存劣境。因此,他们不得不对原来的思维方式和生活模式作某些调整以适应新的环境,由此久之而形成新的风俗习惯。例如,在客家地区至今还有萝卜饺、酿豆腐这样的传统客家菜品,就是一种结合了环境特色、因地制宜的一种文化创新。"萝卜饺"是赣南信丰、龙南一带的客家人用红薯粉代替面粉做饺子皮,用萝卜丝、肉末等作馅所做的"饺子";"酿豆腐"则是在赣南、闽西和粤东北都十分流行的一道菜肴,其做法比较简单,就是把水豆腐切成块状,中间挖出一个洞,填塞瘦肉、鱼等做馅。学者认为,从文化发生的涵义来说,无论是萝卜饺还是酿豆腐,都与北方中原地区的饺子十分相似,是客家人的移民心态在饮食文化上的反映。然而,这种饮食文化又带上了十分明显的地域环境的色彩,因为赣、闽、粤边区极少栽种麦子,面食不是客家人的主要食物,因此他们就用红薯粉、豆腐等这些在客家地区十分常见的食材代替面粉做成饺子,从而使北方的饮食文化到了赣、闽、粤边区地区发生变异,体现了客家文化的创新性。赣南的腊香肠、板鸭和"闽西七大干"(武平猪胆干、宁化老鼠干、长汀豆腐干、永定菜干、上杭萝卜干、连城地瓜干、明溪肉铺干)都是客家地区有名的传统食品,这些食品的产生也与赣、闽、粤边区的物产和气候条件密切相关。①

自然环境条件对客家人的人文气质的形成也有巨大影响。我们知道,一定的历史活动,总是要在一定的地域上开展,该地域的自然环境,与生活在这里的

---

① 王增能:《客家饮食文化》,福建教育出版社 1995 年版。

人们精神面貌、气质特征,有着十分密切的关系。法国思想家孟德斯鸠认为,"由于中国的气候,人们自然地倾向于奴隶性的服从"①。黑格尔也认为,"平凡的土地,平凡的平原流域把人类束缚在土地上,把他卷入无穷的依赖性里面"②。我国唐代史学家杜佑也曾说:"华夏居中,生物气正,其人性和而才惠……(边陲)其地偏,其气梗。"③吴泽先生也说:"一方山水所提供给生活在那里的人们的,不仅仅是衣食住行所必需的物质资源,同时还包括这方山水所蕴含的精神资源。"④客家族群是北方汉人、南方畲蛮和土著族群在赣、闽、粤边区经过长期交流和融合才形成的,这里的自然环境对他们的人文气质的形成有着巨大影响。有学者从赣、闽、粤边区的自然灾害入手,比较详细地论述了当地的自然灾害与客家人的流移性、强烈的宗族观念、浓厚的迷信思想等若干人文特质的产生之间的关系。⑤

此外,客家族群的神灵信仰、服饰文化、民居建筑等等,都是客家人在长期的生产、生活过程中产生并积累的文化,因为这些文化都是在具体的自然环境和社会环境中产生的,所以也都或多或少地带上赣、闽、粤边区的地域色彩。

总之,由于任何一种文化都是在一定的环境中产生和发展起来的,并接受其影响和制约的,所以这种文化总是要或多或少地带上该地域的某些特征和色彩。客家文化是在赣、闽、粤毗邻区形成和发展起来的一种族群文化,这里多山、多水和盆地众多的地理环境和气候条件对客家文化都有着这样那样的影响,体现出浓厚的地域性色彩。这些强烈的地域特征,恰恰是把客家族群与其他族群明确区分开来的重要标志。

---

① 孟德斯鸠:《论法的精神》(上册),张雁深译,商务印书馆1961年版,第279—283页。
② 黑格尔:《历史哲学》,王造时译,三联书店1956年版,第121—147页。
③ 杜佑:《通典》卷185《边防典》。
④ 吴福文:《客家探论》(序言),北京燕山出版社2000年版。
⑤ 邹春生、朱钦胜:《自然环境与客家人文特质的形成——以赣南自然灾害研究为中心》,载于《赣南师范学院学报》2003年第5期。

第四节　客家文化的亚文化特征

一、"亚文化"的概念

文化,是人类在长期的社会生活实践中创造并积累的精神财富的总和。它以人的物质创造活动为基础,是一个社会物质活动的精神积淀。文化作为一个社会精神财富的总体表现,并非每个社会只有一种由它的全体成员所共认的单一文化,而是成为一个复合的体系,由许多不同文化成分组成的。

所谓"亚文化"(subculture),是指与主文化相对应的那些非主流的、局部的文化现象,指在主文化或综合文化的背景下,属于某一区域或某个集体所特有的观念和生活方式。关于亚文化的内涵,美国学者波普诺(David Popenoe)曾这样定义过:"从广义上来说,亚文化通常被定义为更为广泛的文化的一个亚群体,这一群体形成一种既包括亚文化的某种特征,又包括一些其他群体所不包括的文化要素的生活方式。"[1]澳大利亚学者盖尔德(Ken Gelder)也对"亚文化"作了类似的界定:"亚文化群(subcultures)是指一群以他们特有的兴趣和习惯,以他们的身份、他们所做的事以及他们做事的地点而在某些方面呈现为非常规状态(non-normative)和/或边缘状态的人。"[2]从这两位学者的定义看来,"亚文化"(subculture)就是指一种与占主导地位的文化相对、包含于占主导地位的文化之中并试图与之相区别、由某一群体所共享的价值和行为方式。

要正确理解亚文化的内涵,还必须了解以下几点:

第一,亚文化与主文化是相对应的概念。主文化是在社会中居主导地位的文化,为社会普遍认同;亚文化是以主文化为参照的同一共生环境中的不同文化类型,是社会中辅助的、次要的、边缘的文化。按不同的划分标准,主文化可以描述成"主导文化"(按照权力支配关系)、"主体文化"(强调占据文化整体的主要部分)、"主流文化"(在一个时期产生主要影响、代表主要趋势)。[3]　与之相对应,亚文化则也分别描述成"次文化"、"副文化"、"潜文化",它们所包含的价值

---

①　戴维·波普诺:《社会学》(第十版),李强等译,中国人民大学出版社 1999 年版,第 78 页。

②　Gelder, Ken, ed. The Subcultures Reader, 2nd Edition. London and New York: Routledge, 2005.

③　高丙中:《主文化、亚文化、反文化与中国文化的变迁》,《社会学研究》1997 年第 1 期。

观和行为方式有别于主文化，在文化权力关系上处于从属的地位，在文化整体里占据次要的部分。

第二，不同社会群体的存在是多样化的亚文化存在的基础。现代社会中广泛存在的阶级和阶层、职业群体、年龄群体、方言地域群体、宗教群体、民族群体创造了丰富多彩的亚文化。……虽然许多亚文化在群体成员上互相交叉，在文化内容上彼此共享，但是，不同的阶层和群体已经能够按照自身的活动特点和精神要求塑造各具个性的内涵和形象，形成属于自己的文化特质。

第三，任何社会和国家中都存在着主文化和多种多样的亚文化。文化，是人类在长期的社会生活实践中创造并积累的精神财富的总和。它以人的物质创造活动为基础，是一个社会物质活动的精神积淀。文化是人类在长期的社会生活实践中创造并积累的精神财富的总和，作为一个社会精神财富的总体表现，每个社会不可能只有一种由它的全体成员所共认的单一文化，而是存在着多种多样的文化群。[①] 其中，有一种文化成为较为所有成员普遍接受，因而这个社会的主文化；此外，还有许多与主文化并行不悖，并体现着自己特殊个性的行为方式和价值追求的文化成分，这些文化成分就是亚文化。亚文化是主文化的有益补充，它们与主文化一起，构成了一个社会复杂的文化体系。

二、客家文化是汉文化的亚文化

从上述对亚文化概念的阐述中我们可以知道，由于亚文化与主文化是一组互为参照、互相依存的概念，所以当我们在探讨客家文化的亚文化特征时，必须先要了解与客家文化相对应的主文化是什么，客家文化与主文化之间的联系和区别。只有这样，才能更好地揭示客家文化的亚文化特征。

与客家文化相对应的主文化是什么，我们可以从学者的相关著述中来探知。客家学的奠基者罗香林先生在《客家研究导论》一书十分明确地指出，客家是汉民族的一个支系，并从移民史的角度，对客家与北方中原汉族之间的血脉联系作了充分的论证。[②] 青年学子邹春生在其论文中，也从文化学的角度，引用文化分

---

①　姜楠：《文化研究与亚文化》，《求索》2006 年第 3 期。

②　:罗香林《客家研究导论》，台湾南天书局出版社 1992 年版。

层理论,充分论证了客家作为汉民族一个支系的文化依据。① 而汉族是中华民族最重要的组成部分,汉文化也是中华文化的主体,诚如学者所云,"汉族是中华民族的主体, 汉族文化是中国的主体文化。如果离开汉民族, 中华民族便不成其为中华民族; 如果离开汉族文化, 中国文化便不成其为中国文化"②。既然客家族群是汉民族的一个组成部分,这也就意味着汉文化在客家文化中占主体成分,客家文化是汉文化的亚文化。而汉文化又是中华文明最重要的主体,所以从这个意义上来讲,客家文化也是中华文明的亚文化。

在客家学界,学者常把客家文化与中原文化进行比较,发现两者的共同特点,意图挖掘客家文化的根源来自中原。这种做法是值得肯定的。这是因为,一方面,汉人是客家族群的重要组成部分,而客家族群中汉人主要来自中原地区,所以客家文化的形成与中原地区自然存在密切的联系;另一方面,中原文化与汉文化存在密切关系。中华文化中原文化是中原地区物质文化和精神文化的总和。从形态上来看,中原文化在北宋及其以前作为主流文化,其主要理念、准则等,已从中原地区传播到周边及其他地区。中原文化不仅体现了中原地区的文化气质,甚至也成为中华民族精神的重要组成部分。因此,中原文化虽属地域文化,但又与一般的地域文化有较大的差异。这就是文化的正统与主干,中原文化实际上代表了中华主流文化的特点。③ 既然客家文化是汉文化甚至是中华文化的亚文化,所以我们在揭示客家文化的亚文化特征时,亦可从它与中原文化的比照中窥知。

三、客家文化的亚文化特征

客家文化是汉文化的亚文化,其特征我们可以从客家语言、民俗、宗教信仰和社会结构等几个方面来说明。

客家文化是汉文化的亚文化,首先体现在道德伦理和价值追求方面。道德伦理和价值追求是文化的核心,也是一种文化区别于另一种文化的最重要标准。

---

① 邹春生:《略论中原文化在赣、闽、粤边区的传播及其对客家族群文化的影响》,《客家学刊》(第二辑),中国社会科学出版社 2011 年版,第 97—107 页。

② 陈进玉:《汉文化论纲》,北京大学出版社 1993 年版,第 13 页。

③ 张新斌:《中原文化解读》,文心出版社 2007 年版,第 1—3 页。

"价值观是内在化于人们意识之中的一般行为判断标准,它决定着一切具体的、外在行为准则之间逻辑上的一致性,并且在具体的文化规定发生矛盾和对立时帮助人们做出'正确'的选择。它把握的不是一时一事的因果关系,而是事物得失的总的倾向,所以我们说价值观是文化的核心。"①"文化的特殊性和差异性主要是由价值观决定的,世界各国各民族的不同的文化在很大程度上取决于价值观。"②汉文化的道德伦理特征是什么?"中国的伦理思想体系主要由三方面内容构成:人伦关系原理,道德主体品格要求,人性的认同。概括说,就是人伦、人道、人性。'礼'的法则,'仁'的原理,修养的精神,构成中国伦理体系的基本结构要素。"③中国伦理通过"亲亲、忠恕、仁道"的运作途径,把血缘、宗法与政治结合起来,成为中国特殊的政治伦理化和伦理政治化的社会秩序,是维系中国社会不断向前迈进的基本思想体系。客家人重视人伦规范,强调族群内部的孝悌观念。客家人十分崇拜祖先,每年的春节、清明或冬至都要举行全族性的祠祭和墓祭仪式。如宁都《李氏族谱》中有"敦孝友"、"崇祭祀"、"睦宗族"等条目,还指派人员管理祭祖事宜,建立了固定的祭祖组织和制度。再如《于会瑞刘氏联修族谱》中的《家规十二则》有"睦宗族"、"和乡里"等条目,认为"一族之中虽有远近亲疏,然皆祖宗一脉流传不可异视"。"同乡共里姓氏众多,非属姻戚即为友游,一当以和为贵,若以强协弱,以众暴寡,将积怨成仇,挟仇图报而耕谋出入嫌隙互生,与其日启衅端何如早从礼让,从此联修之后,凡我族众,不得藉势凌人,尤当和睦乡里,永敦友好。"粤东大浦县《南阳邓氏族谱十则》有"正人伦"一则:"人有五伦,古今天下之大道也。在家莫重于祖父、伯父、兄弟、子侄、母婶、兄弟嫂、弟妇、女媳及六眷属,均是骨肉至亲,务宜孝悌,奉亲友爱,敬祖为先,不可悖逆,横行乱伦,无理取闹,以至同室操戈,干犯法纪,如有此辈,通族公决处治。"爱国爱乡是汉民族的价值追求,也是中华精神文化的重要体现。爱国、爱民的节烈观在客家谱牒中也是着力宣扬的重要内容。那些为国为民建功立业的志士及本族先贤,往往载入谱牒,用大量篇幅颂扬他们的高尚品格,为晚辈树立楷模。祖先中的英雄人物是全族子孙世代引以为豪的。谱牒中有很多家训、规劝类

---

① 刘云德:《文化论纲———一个社会学的视野》,中国展望出版社1988年版,第39页。
② 曾小华:《文化·制度与社会变革》,中国经济出版社2004年版,第34页。
③ 张岱年、方克立主编:《中国文化概论》,北京师范大学出版社1994年版,第297页。

诗文,家族长辈往往在此劝勉后辈子孙立志高远,报国兴宗。"观先正而益励精勤,而继往开来者,在余也岂敢视为故套,飘不配之芳徽,表无渐之快志。凡子孙之贤达者,不能不睹先世而光大之,始可返踪往哲,而无忝祖宗也已。"①

　　客家文化的亚文化特征还体现在社会结构中。我国汉族地区传统的社会结构主要是以线性为中心,以旁支为辅助的结构。"线性中心"就是:小家—宗族—村落—县—州—府—国家,这种结构其实是从"小家"到"大家"的结构方式;"旁支为辅"就是一个家或宗族以外还有与之有血缘关系的另一个家或宗族,这种有血缘关系的家或宗族呈网状结构向四周扩散开来,形成了无数条的线性结构,共同构成了一个"大家"。我们以村落内部社会结构为例,看看在社会结构方面客家文化的亚文化特性。在客家社会结构中,也存在明显的汉民族传统社会结构方式,即村落—宗族—小家的结构方式。其中村落不是一个结构单位,而只是地域性的概念,真正成为客家社会结构的主要经络的,是宗族而非其他。在村落中,宗族是社会结构单位中最主要的一个层次。客家人的家族建构,主要是按中国传统的"父慈子孝,兄友弟悌,夫义妇和"道德伦常来维系其家族内部关系。第一层次是父子之间的关系。要求"子道宜尽,孝为百行"。第二层次是兄弟姐妹之间。兄长有教导和示范于弟妹的义务,弟妹有遵其训导的义务。第三层次是夫妇之间。为夫者应刚毅信义,负责家庭主业,不应随意驱使和休弃妻子。妻子应辅佐其夫,为夫分忧,以节义为导向,尽其本分。关于客家族群的社会结构的形成,有学者从移民运动的角度进行了分析,认为"客家先人在由北方辗转南迁的过程中,虽然在总体上隔断了其与原先那方热土的联系,但在同一的生产生活方式(农耕文明)以及已有的心理定势和文化心态的作用下,并没有隔断其原有的家族血缘关系。相反,由于迁移过程中的艰苦与险恶,更是加强了其血亲成员之间的相互照顾和扶持。……使得他们到达赣、闽、粤毗邻的山区之后,却能够完整地保留原先的血缘家族关系"②。当然,客家人的宗族社会结构,又因为地理环境的特点,呈现出鲜明的特点。客家人的宗族结构,并没有形成北方中原地区那种巨家大族的组织形态,而是多以村落、家族的方式存在。究其原

---

① 梅县温氏宗族理事会编委会:《温氏族谱》,1991年。
② 王东:《社会结构与客家人教育》,湖北教育出版社2003年版,第64—65页。

因,就在于地理环境的制约。由于客家地区地处山间,缺乏面积广袤的平原,具有血缘联系的社会成员无法像在北方大平原地区那样集中居住在一起,而只能分散到山间村落之中,所以单姓村、两姓村这样的小宗族聚落是客家宗族的最主要形态。此外,山高林深、土地资源贫乏的状况,也使得后来客家宗族在日益发展后,出现"生齿日繁"、"地狭人稠"的局面。为了拓展新的生存空间,他们不得不再次迁徙,这样就使生长起来的宗族组织遭到拆分离散。在这样的条件下,客家族群的宗族结构呈现出了与北方中原大不相同的特点。

客家话也十分明显地体现了其亚文化性。客家话是我国现代汉语的八大方言之一,保留了大量古代中原音韵,被称为是语言的活化石。客家先民来自以中原为中心的广大北方地区,客家文化与中原汉文化血脉相连,具有很大的同质性。这种文化同质性特别表现在客家方言词汇里,即客家方言中有大量来自古代汉语的词汇(包括上古、中古、近代汉语),而且许多是基本常用词汇。如"吃饭"一词,今普通话称三餐饭为:吃早饭、吃午饭、吃晚饭;而客家人则称:食朝、食昼、食夜。显然,两相比较,客家话可谓其源更古,其词更雅,且可从典籍中找到印证。如,"食朝"一词,源于春秋,《左传·成公二年》载有"余姑剪灭此而朝食"之句。又如,客家人称未下蛋小母鸡叫"鸡僆",僆,《广韵》"郎甸切",《尔雅》"未成鸡",郭璞注:"江东呼鸡少者曰僆",其读音和含义与古者几乎完全相同。除了客家方言保留了大量古汉语语词外,客家方言还保留了完整的古入声。例如,现在的普通话中入声已消失,古入声都转到平、上、去三个声调里,而旧体诗词的格律都是遵循古代平仄声韵,其中平声包括阴平、阳平,仄声包括上、去、入,这些旧体诗词如用现今的普通话来读,音律、节奏很不协调,而用客家话来读,则无此弊病。举一个大家非常熟悉的唐朝诗人杜牧所写的《山行》:"远上寒山石径斜,白云生处有人家。停车坐爱枫林晚,霜叶红于二月花。"其中,"斜"应读成古音"xia",而在客家话中,"斜"则读成"qia",亦可入韵,但若读成现代音"xie",就无法与下文中的"家"、"花"相韵了。以上这些例子充分说明了客家方言既继承了大量的中原古韵,又有自己的新的个性,体现出鲜明的亚文化性。

民俗是人们在传承文化中最贴切身心和生活的一种文化,无论生产劳动、日常生活、传统节日、社会组织,以及人生成长的各个阶段,都产生了各种各样的习俗。客家人的习俗同样也十分丰富多彩,并且与中原文化有着很多相似之处,表现出明显的亚文化性。例如,在婚姻方面,大体遵循"父母之命,媒妁之言",其婚俗礼仪与中原古风的繁文缛礼一样,沿袭"六礼"(纳采、问名、纳吉、纳征、请期、亲迎),但内容有所简化,合并为求婚、送果子、报日子和归亲四项。此外,"闹洞房"的习俗也保留了下来,甚至还有窥听圆房的古俗,也有在新婚之夜,有人悄悄先躲进新房,偷走新娘绣花鞋,第二天再归还的嬉戏之举。在民居建筑方面,既有把中原地区坞堡式、府第式建筑技术直接传承,建筑起了赣南关西新围、福建永定福裕楼等这样的大型建筑,也有把北方四合院进行改装,只保留前后两进,把东西厢房精简成两堵墙,原来中间院落浓缩成天井的"两堂屋"。此外,为了与当地湿热、多蚊虫毒蛇环境相适应,客家人还吸取了南方地区原来特有的"干栏式"建筑,改建成了一层多为厨房、厅堂、杂物间,二层多为卧室、仓库等的"走马楼"。

在客家饮食风俗中,也呈现出中原亚文化特征。在餐饮礼节上,在座位编排时依然保留了古代中原以右为尊的习俗;从食品的制作来看,我们前面曾经提到,客家传统小吃中的萝卜饺子、擂茶、酿豆腐等,都保留了比较浓厚的中原习俗,又有自己新的创意。此外,在饮食餐品中,还出现大量吃蛇肉、老鼠干、腊狐狸、生鱼片等,也使客家饮食风俗与中原文化大异其趣,呈现出鲜明的文化个性。

此外,在客家人的宗教信仰、服饰文化、民间艺术等各个方面,都传承了大量中原地区的文化血脉,同时又具有自己独特的族群个性,从而表现出鲜明的"大同小异"的亚文化特性。

第五节　客家人文特质观照下的客家精神

客家精神是客家人文特质的核心内容,是客家人生生不息的力量源泉,是客家人在长期的迁徙过程中和历史发展进程中提炼出来的客家文化的深刻内涵。它的形成与客家人的迁徙过程及迁入地的社会、自然环境、生存方式的作用密不可分。客家精神,一方面是对中原优秀传统文化的继承和发扬,另一方面又吸取了入居地的文化因素;它寓于中华民族精神之中,与中华民族精神是个性与共性的关系。因而,客家人在具备中华民族精神的同时,又彰显出自己鲜明的精神个性。

一、客家妇女的人文特质

郭沫若先生于 1965 年去梅县考察时,看到田间地头妇女劳作的情景,大为赞叹,挥毫写出了"健妇把犁同铁汉,出歌入夜颂丰收"的著名诗句。

确实,在关于客家的人文特质中,客家妇女的人文特质是特别突出的,也是颇受赞誉的。

我们先来看国外人士和学者对客家妇女的评价。

美国传教士罗伯密斯,在客家地区居住多年,著有《中国的客家》一书,其中评价客家妇女云:

> 客家妇女,真是我们所见到的任何一族的妇女中最值得赞叹的了;在客家中,几乎可以说,一切稍为粗重的工作,都是属于客家妇女的责任。你如果是初到客家地方居住的话,一定会感到极大的惊讶,因为你将看到市镇上做买卖的,车站及码头上的苦力,在乡村中耕种田地的,深山上砍柴的,乃至建筑房屋时的粗工,几乎全是女人。她们做这些工作,不仅是能力上可以胜任,而且在精神上也非常愉快,因为她们不是受压迫的,反之,她们是主动的。原来客家因山多地少的关系,大部分的男子壮丁,都到南洋去谋生,或去到军政界服务了,在家中多数是有老年人或幼小的孩子,因此,妇女在家中,便成为主干,这情形粗粗看来,与原始民族社会,真是一模一样,而实则大大不同。
>
> 客家妇女,对于她们的丈夫,都是非常尊敬和服从的,单就这点来说,与原始社会,便有很大的差异,换句话说,即男子仍旧是一家之长。……客家妇女,除了刻苦耐劳和尊敬丈夫以外,她们的聪慧热情和文化上的进步,也是很使我们羡慕,因为需要劳动,所以客家妇女,自有历史以来,都无缠足的陋习,她们的迷信程度,也远不及其他地方的妇女。她们的向神祈求,多是以敬重祖宗为动机。比较客家的男子来,妇女所受的教育,机会是很少的,但她们多数很聪颖,当她们在山中砍柴草时,常常是一面劳动,一面唱她们自己所创造和喜爱的山歌,而且一问一答,应对如流。有些会唱歌的男子,便会唱起含有爱情含义的山歌,向女方挑逗,往往因此成就良缘。现在这种

特殊风格的客家山歌,在东方民俗学中,已经占有很重要的地位了。①

英国人爱德尔在其所著的《客家人种志略》、《客家历史纲要》两书中对客家妇女有如下的评语:

> 客家人是刚柔相济,既刚毅又仁爱的民族,而客家妇女,更是中国最优美的劳动妇女的典型。
> 客家民族犹牛乳之乳酪,这光辉,至少有百分之七十是应该属于客家妇女的。②

日本人山口县造著《客家与中国革命》,其中就日本妇女与客家妇女作了比较,评论道:

> 日本女人以温柔顺从著称于世,而客家妇女亦毫不逊色。而且我们可以说,日本妇女之所以温柔顺从,是病态,因为她们的生活,须靠男子,不能不藉此求怜固宠;而客家妇女的温柔顺从是健康的,因为她们都能够生活,她们纯然是真挚的爱,和传统的对于丈夫的崇敬……③

再看客家地区有关方志和学人的记载。
清嘉庆《大埔县志·烈女篇·序》④云:

> 埔女持家作苦,习为固然,设有不幸,加以勤俭犹可自立,则胡为贬节事人哉。语云:健妇当男;又云:劳则忘谣,埔妇之节,埔俗有以成之矣。

《清稗类钞·风俗类·大埔妇女之勤俭》⑤云:

---

① 张卫东、王洪友主编:《客家研究》第一集,同济大学出版社 1989 年版,第 176—177 页。
② 张卫东、王洪友主编:《客家研究》第一集,同济大学出版社 1989 年版,第 179 页。
③ 张卫东、王洪友主编:《客家研究》第一集,同济大学出版社 1989 年版,第 175—176 页。
④ 清嘉靖:《大埔县志》,大浦县地方志办公室整理排印本,2000 年。
⑤ 徐珂:《清稗类钞》,中华书局 1986 年版。

日出而作,日入而息,自奉俭约,绝无怠惰骄奢之性,于勤俭二字,当之无愧。至其职业,则以终日跣足,故田园种植,耕作者十居之七八。即以种稻言之,除犁田、插秧和用男子外,凡下种、耘田、施肥、收获等事,多用女子。光、宣间,盛行种菸,亦多由女子料理。种菸、晒菸等法,往往较男子汉为优。其余种瓜果、植蔬菜等事,则纯由女子任之。又高陂一带,产陶颇多,其陶器之担运,亦多由女子承其役。各处商店出进货物,或由此市运至彼市,所用挑夫,女子实居过半,其余为人家佣工供杂作者,亦多有之。又有小贩,则寡妇或贫妇为多。又除少数富家妇女外,无不上山采樵者,所采之薪,自用而有余,辄担入市中卖之。居山僻者,多以此为业。又勤于织布,惟所织者多属自用耳。总之,大埔女子,能自立,能勤俭,而坚苦耐劳诸美德无不备具,故能营各种职业以减轻男子之担负。其中道失夫者,更能不辞劳瘁,养翁姑,教子女,以曲尽为妇之道,甚至有男子不务正业而赖其妻养之者。至若持家务主中馈,犹余事耳。

最早的一篇记述客家历史与文化的文字——徐旭曾作于清嘉庆十三年(1808)的《丰湖杂记》是这样赞美客家妇女的贤劳的:

客人妇女,其先亦缠足也。自经国变,艰苦备尝,始知缠足之害,厥后生女不论贫富,皆以缠足为戒。自幼至长,教以立身持家之道。其于归夫家,凡耕种、樵牧、井臼、炊爨、纺织、缝纫之事,皆一身而兼之;事翁姑,教儿女,经理家政,井井有条,其聪明才力,直胜于男子矣,夫岂他处之妇女所可及哉!又客人之妇女,未有为娼妓者,虽曰礼教自持,亦由其勤俭足以自立也。[①]

晚清著名梅州籍诗人、外交家黄遵宪对客家妇女的勤劳俭朴,作了更为全面

---

① 罗香林:《客家史料汇篇》本篇《族谱中之客家源流》"三十三、徐氏",台北南天书局1992年版,第279—299页。

细微的描述。他在为启蒙恩师李伯陶的母亲所作的《李母钟太安人百龄寿序》
中云：

> 五岭以南，介乎惠、潮之间者为吾州……而妇女之贤劳，竟为天下各种
> 类之所未有。大抵曳靸履，戴叉髻，操作等男子。其下焉者，蓬头赤足，帕首
> 裙身，挑者负者，提而挈者，阗溢于闹肆之间，田野之中；而窥其室，则男子多
> 贸迁远出，或饱食逸居无所事。其中人之家则耕而织，农而工，猪栅牛宫，鸭
> 栏鸡架，牛牙贯错，与人杂处。而篝灯砧杵，或针线以易屦，抽茧而贸织，幅
> 布而缝衣，日谋百十钱，以佐时需。男女线布，无精粗剧易，即有无赢绌，率
> 委之其手。至于豪家贵族，固稍暇豫矣，然亦井臼无不亲也，针管无不佩也，
> 酒食无不习也。无论为人女，为人妇，为人母，为人太母，操作亦与少幼等。
> 举史籍所称纯德懿行，人人忧为之而习安之。黄遵宪曰：吾行天下者多矣，
> 五部洲游其四，廿二行省历其九，未见其有妇女劳动如此者。①

类似的评述还有很多，在此不一一列举。这些评述，集中揭示出赣、闽、粤边
客家妇女勤劳俭朴、天放劲健、贤良贞淑的优秀品质。

客家妇女的这些优秀品格，不仅在赣、闽、粤边客家原住地保留，而且随着客
家人的向外迁徙，远播海内外。发表于 20 世纪 40 年代初的《蜀北客族风光》②
在介绍迁徙到四川的客家人时说：

> 客家人的妇女最勤苦莫过的，她们一般的体格都很健康，在未出阁时，
> 读读书习习绣，有时协助母亲或学烹任，或学纺织，一天到晚忙个不休，极少
> 赋闲享乐的。……她们习惯了劳动，并不以为苦的。我们知道，寻常一般妇
> 女，大都愿作男子的玩物整日涂脂抹粉，除了替丈夫生育子女外，衣食住行，
> 一切都仰给于男子。惟有客家妇女，刷洗了这个耻辱，她们不特别依靠丈
> 夫，大都能独自经营家庭生活的。她们因肯劳动，一切都有办法，如穿衣她

---

① 黄遵宪：《李母钟太安人百龄寿序》，载张永芳、李玲编《黄遵宪研究资料选编》，香港天马图书有
　限公司 2002 年版，第 208—210 页。
② 钟禄元：《蜀北客族风光》，《文史教学》1941 年第 3 期。

们则自己种棉,自己纺织,自己制缝;食的问题,也是一样的就解决了,纯粹是"自耕而食,自织而衣"。再加上从事农村副产,如养鸡、鸭、鹅、蚕,或喂兔、羊、猪等,每年的收入也非常可观。她们的经济,满可以自给自足的。若当旭日方升的时候,只要你到三家村去散散步,听见那种机杼之声和弦歌之音,是不绝于耳的,真使人在不知不觉中起了一种敬佩的心情。她们勤奋工作,周年如常的,从未听见她们发一句怨言。

可见,客家妇女不管迁到哪里,居住地变了,生活环境变了,贤劳的人文特质却不会变。

客家妇女为什么会具有这样的人文特质呢? 温仲和在《嘉应州志·礼俗卷》中说到了其中的原因:

> 州俗土瘠民贫,山多田少,男子谋生,各抱四方之志,而家事多任之妇人。故乡村妇女,耕田、采樵、织麻、缝纫、中馈之事,无不为之,絜之于古,盖女工男工皆兼之矣……古乐府所谓"健妇持门户,亦胜一丈夫",不啻为吾州之言也。[①]

赣、闽、粤边山多地少,土瘠民贫,谋生不易的自然生态环境,造成了这里"男外出,女留家;男工商,女务农"互补型的家庭模式。妇女们在狭小的山沟盆地里"日出而作,日落而归",这和忌讳女子到田间劳动,认为"女人到田间,连续旱三年"的华北一带旧习相比,有着很大的差别。所谓"男耕女织",在纯客家地区是不适用的。因此客家地区的妇女不缠足、不束胸,普遍形粗体壮,有独立生活能力。所以,客家妇女最突出的特点,就是罕见的天放劲健、贤劳俭朴。

由于贤劳俭朴已成为传统美德懿行,所以客家女子从小就受到严格的"家头教尾"、"田地地尾"、"灶头锅尾"和"针头线尾"四项妇工的教育与培养。

"家头教尾",就是要养成黎明即起,勤劳俭约,举凡内外整洁,洒扫洗涤,上侍翁姑、下育子女等各项事务,都料理得井井有条。

---

① 光绪《嘉应州志》卷8《礼俗》"仲和案",第151页。

"田头地尾",就是播种插秧,驭牛犁田,除草施肥,收获五谷,样样农活拿得起,切不使农田耕地荒芜。

"灶头锅尾",就是指烧饭做菜、调制羹汤、审别五味,样样都能得心应手,学就一手治膳技能,还能割草打柴以解决燃料问题。

"针头线尾",就是对缝纫、刺绣、裁补、纺织等女红,件件都能动手自为,心灵手巧。

按客家传统观念,只有学会了这些妇工,才算是能干的、合格的、标准的女性,才能嫁个好丈夫。民间歌谣《客家好姑娘》形象生动地描绘了客家妇女的美好形象:

> 勤俭姑娘,鸡啼起床;梳头洗面,先煮茶汤。
> 灶头锅尾,光光昌昌;煮好早饭,刚刚天亮。
> 洒水扫地,挑水满缸;食完早饭,洗净衣裳。
> 上山捡柴,急急忙忙;淋花种菜,炖汤熬浆。
> 纺纱织布,唔离房间;针头线尾,收拾柜箱。
> 唔说是非,唔取荒唐;爱惜子女,如肝如肠。
> 留心做米,冇谷冇糠;人客来到,细声商量。
> 欢欢喜喜,捡出家常;鸡蛋鸭卵,豆豉酸姜。
> 有米有麦,晓得留粮;粗茶淡饭,老实衣裳。
> 越有越俭,唔贪排场;就冇米煮,耐雪经霜。
> 捡柴出卖,唔蓄私囊;唔偷唔窃,辛苦自当。
> 唔怪丈夫,唔怪爷娘;能够咁样,真好姑娘!

相反,在客家地区,懒惰贪馋的女人则被讥为"懒尸嫲",为人所瞧不起。有一首民间歌谣《懒尸妇道》这样讥讽道:

> 懒尸妇道,讲起好笑;半昼起床,喊三四到。
> 日高半天,冷锅死灶;水也唔挑,地也懒扫。

发披鬏秃,过家去聊①;讲三道四,呵呵大笑。

田又唔耕,还偷谷粜;家务唔管,养猪成猫。

上墟出入,一日三到;煎堆扎粽,样样都好。

冇钱来买,偷米去告(交换);老公打哩,开声大叫(哭)。

去投外家,目汁(眼泪)像屎;外家伯叔,又骂又教。

爷骂无用,哀(娘)骂唔肖;归唔敢归,聊唔敢聊。

送回男家,人人耻笑;假话投塘,瓜棚下聊。

当年娶她,用银用轿;早知咁样,贴钱唔要。

二、客家人与近代中国革命

日本学者山口县造在《客家与中国革命》一书中对客家人的革命性是这样评价的:"翻开数百年之中国历史,没有一次政治变动,是与客家人无关的。……没有客家人,便没有中国革命,换言之,客家的精神,是中国革命的精神。"②这一段话虽然讲得未免绝对,不可能没有客家就没有中国革命,但是他说到了中国近代史上一个重要事实,即客家人在中国近代革命中发挥了非常重要的作用。

为什么客家人在中国近代革命中能发挥如此重大的作用呢? 这必须从客家人敢于斗争的传统讲起。

客家人一向有敢于为正义而斗争的传统。早在南宋末期,当着蒙古大军越过长江往南推进的时候,便遇到了客家人的顽强抵抗。当时主政赣州的知府文天祥,积极响应南宋朝廷的"勤王"诏令,在赣州开府抗元。客家人云集响应,有钱出钱,有力出力,纷纷加入抗元大军。如宁都的连、谢、吴、唐、明、戴六大姓,就有几千人参加抗元队伍。③ 梅州也是"男执干戈,女贯甲裳,举旗起义,倾邑勤王"④。临安陷落后,宋帝辗转南迁岭表,客家人"不但故家世胄,即百姓亦多举族相随,有由浙而闽,沿海至粤者,有由汀赣逾岭至粤者,沿途据险,与元兵战,或

---

① 客家话"玩"的意思。
② 转引自张卫东、王洪友主编:《客家研究》(第一集),同济大学出版社1989年版,第175页。
③ 参见黄定平、蓝宇蕴:《文天祥与客家人的抗元斗争》,《赣南师范学院学报·赣南客家研究专辑》,1992年。
④ 参见古直:《客人对》,上海中国书店1930年版。

徒手与元兵搏,全家覆灭,全族覆灭者,殆如恒河沙数"①。梅县"松口卓姓有800人勤王,兵败后只存卓满1人"②。南宋灭亡后,客家人拒不降元,与元军进行了殊死斗争。1279年3月,元大军包围了久攻不下的上犹县城,南安府巡检李梓发与上犹县令李申巽及乡绅何时、唐仁等率全城军民歃血盟誓,誓与城池共存亡。他们与元军展开顽强拼搏,直至弹尽粮绝,许多人自焚就义! 城破后,元军屠城,全城"死者1316家,年八十以上及褓襁无遗者"③,演绎了抗元斗争中最为悲壮的一幕!

客家人反抗封建统治的斗争有很多例子,其中最为重大的是明正德年间以蓝天凤、谢志山等人为首的客、畲人民联合反抗明朝封建统治的斗争。他们以现崇义县横水、桶岗为中心,占据八十余座山头,"界乎三县之中,东西南北相去三百余里,号令不及,人迹罕到",几任赣州地方官员都没有办法,最后朝廷派王阳明来才平息。④ 这充分反映出客家人顽强的反抗精神。

在中国近代史上,客家人更是演出了一幕幕悲壮的革命活剧。中国近代史上的第一次革命高潮——太平天国运动是由客家人掀起的。太平天国运动的发动者洪秀全的老家在广东花县,他科举失利后,创立拜上帝教,从广东到广西,于1851年在广西金田起义。广西金田是客家人的聚居地,所以太平军主要将领和队伍基本成分是客家人,这一点学术界已经作了很多研究,没有多少疑议。太平军从金田向北进发,一路招收部队,很多客家人参加。夺取南京建立政府,当时称为天京。维系了十多年,天京陷落。洪秀全的儿子率余部,最后逃回到客家地区。幼天王在赣南盘旋了一个多月,最后在石城被捕,石城县城有一个囚禁幼天王的地方。太平天国从起义到失败与客家地区都有关系,而且组织者大部分是客家人。这次运动对中国近代史影响非常大。

第二次革命高潮是"辛亥革命",领导人孙中山是客家人,关于这一点学术

---

① 参见广东《和平徐氏族谱》收录的徐旭曾《丰湖杂记》,罗香林《客家史料汇篇》第297页,台湾南天书局1993年版。

② 光绪《嘉应州志》卷32《丛谈》,中国方志丛书第117号,台湾成文出版社1968年版。

③ 转引自黄定平、蓝宇蕴:《文天祥与客家人的抗元斗争》,《赣南师范学院学报·赣南客家研究专辑》,1992年。

④ 参见清同治魏瀛主修《赣州府志》卷32《经政志》"武事",赣州地区志编纂委员会办公室,1986年重印。清同治黄鸣珂主修《南安府志》卷24《艺文七》"疏":王守仁《立崇义县治疏》,赣州地区志编纂委员会办公室,1987年重印。

界曾经有争论。20世纪40年代，客家研究泰斗罗香林撰写了《国父家世源流考》①，根据孙氏族谱及其他史料，详细论证了孙中山先祖从赣南宁都，迁到宁化石壁，再迁到广东紫金的过程及其客家身份，为学术界所认可。1964年，罗香林又发表《国父家世源流再证》论文②，进一步确证了孙中山的客家后裔身份。孙中山手下的廖仲恺、何香凝、邓演达等重要成员都是客家人。辛亥革命推翻了中国两千多年的封建帝制，在政治上、思想上给中国人民带来了不可低估的解放作用，是近代中国比较完全意义上的资产阶级民主革命。

上述太平天国和辛亥革命这两次革命高潮，客家人均发挥了举足轻重的作用，这令中外人士和学术界为之瞩目和震惊！

客家人的革命性强，还表现在共产党领导的新民主主义革命。朱德、叶剑英、叶挺等一大批革命者都是客家人。有人提出，毛泽东、邓小平是客家人，学界进行过研究，但并没有找到相关的直接证据。

所以，在中国近代革命史上，客家人扮演了非常重要的角色。这充分说明客家人具有勇于革命的传统，这种革命的传统，跟共产党领导的革命非常容易发生接触，产生共鸣。这一点毛泽东在井冈山时期似乎就有所认识，他在《井冈山的斗争》一文中说："这种客籍人从闽粤边起，沿湘、赣两省边界，直至鄂南，大概有几百万人。客籍占领山地，为占领平地的土籍所压迫，素无政治权力。前年和去年的国民革命，客籍表示欢迎，以为出头有日。"③毛泽东的这段话，就是讲的客家人的革命性。客家地区贫穷，穷则革命；客家人受压迫，则容易激起反抗情绪。总之，客家人容易点燃革命的火种，容易动员起革命。

正是因缘于此，第二次国内革命战争时期，中国共产党在客家人聚居的赣南和闽西建立起当时全国13块革命根据地中面积最大、人口最多的一块根据地，即"中央革命根据地"，亦称中央苏区，

大革命失败后，中国共产党开始了用武装斗争反抗国民党反动派，走农村包围城市革命道路的探索。1927年秋，毛泽东在湘赣边发动秋收起义，随后率领

---

① 罗香林：《国父家世源流考》，商务印书馆民国31年（1942）12月版。
② 罗香林：《国父家世源流再证》，见罗香林《客家史料汇篇》"附篇"，台湾南天书局1993年版，第387—396页。
③ 毛泽东：《井冈山的斗争》，《毛泽东选集》第一集，人民出版社1991年版，第74页。

起义队伍上井冈山,创建了第一块农村革命根据地。1928年春,朱德率领南昌起义革命军队与毛泽东在井冈山胜利会师,组成了中国工农革命军第四军(后称中国工农红军第四军),井冈山革命根据地进一步巩固扩大。1929年1月,为了打破国民党反动派对井冈山革命根据地的围剿,朱、毛率领红军主力往赣南、闽西转移,寻找更大的根据地。从1929年春开始,红军转战于赣南闽西山区,广泛发动群众,先后建立了赣南、闽西根据地。

1931年1月,根据中共中央决定,中共苏区中央局成立,周恩来任书记。1931年9月,红军第三次反"围剿"胜利以后,赣南、闽西根据地连成了一片。1931年11月,中华苏维埃第一次全国代表大会在江西瑞金召开,成立了中华苏维埃共和国临时中央政府,毛泽东任主席,项英、张国焘任副主席;同时,组成中华苏维埃共和国中央革命军事委员会,朱德任主席,王稼祥、彭德怀任副主席。这就宣告了中华苏维埃共和国临时中央政府的成立,临时政府就设在瑞金。至此,中央革命根据地正式形成,并统辖和领导全国苏维埃区域的斗争。

中央革命根据地最大的时候,辖有江西、福建、闽赣和粤赣四个省级苏维埃政权,拥有60个行政县,军民人口共计453万余人。[①] 其核心区域几乎涵盖了今赣南、闽西所有的客家县市。它对各地区的红军游击战争的发展和革命根据地的建设起了鼓舞和示范的作用,为中国共产党的政权建设、法制建设、经济建设、思想文化建设、军队建设等积累了初步经验;"是人民共和国的摇篮和苏区精神的主要发源地"[②]。

客家人为苏维埃革命作出了巨大贡献和牺牲。仅以赣南为例,中央苏区时期,赣南总人口只有240万,而参加红军的就达33万人,参加赤卫队、担架队等支前作战的约60万人。中央红军长征出发时有86000多人,其中赣南客家人有50000之多。不少赣南客家儿女经过中央苏区的锤炼,都先后成为栋梁之材,在1955年至1965年授衔的共和国将军中,赣南籍的有132名,其中有3名上将,10名中将,119名少将;兴国更是成了中外驰名的将军县,将军达54名之多。

据统计,赣南在苏维埃时期牺牲的有名有姓的烈士10.8万人,占全国烈士

---

① 舒龙、凌步机主编:《中华苏维埃共和国史》,江苏人民出版社1999年版,第132—133页。
② 《国务院关于支持赣南等原中央苏区振兴发展的若干意见》,国发〔2012〕21号。

总数的 1/16。兴国县苏区时总人口 23 万人,全县烈士有 23213 人,其中牺牲在长征路上的约 12000 人。瑞金县苏区总人口 24 万人,全县烈士 17200 余人。此外,赣南还有千千万万被国民党杀害的普通百姓。据新中国成立后调查统计,红军长征后被国民党杀害的干部群众,瑞金 18000 人;兴国被杀 2142 人,被捕 6934 人,逃亡 3410 人;于都被杀 3000 余人,其中禾丰一个乡被杀 500 多人,沙心乡全家被杀绝的 37 户;寻乌被杀 4520 人,被杀绝 900 余户;宁都被杀 4820 人,其中干部 1442 人,群众 3378 人;上犹被杀干部 1466 人,群众 658 人。可见客家人对中国革命作出的牺牲和贡献是多么巨大。

三、关于客家特质与客家精神的概括

近代以来,随着客家民系在中国社会和国际舞台作用的日益显现,国内外出现了一波又一波关注客家、研究客家的热潮。中、外学者除研究客家的历史源流与民俗文化外,亦对客家人文特质及其精神进行了许多有益探讨。

（一）国外学者对客家人的评价

国外人士对客家人的评价,多有溢美之辞。如,美国天主教神父拜尔德耳,在嘉应州传教多年,著有《客家易通》和《客家浅说》两书,有这样的评价:客家祖先之历经变乱,流离转徙,老弱已淘汰,存者均属少壮,此乃中华民族中之精华,有如牛乳中之乳酪一般。他们将其刻苦耐劳的优良精神,传于子孙,因此,现在客家人,均具有一种聪颖坚强之特性,求知欲因亦随时发达。吾人观于各地大中学之学生成绩,客家学生常列优等,进而获选公费留学欧美日本者,更占较大之百分比,由此可知客家教育之特别发达,因由于其环境压迫使然,而客家人之优良传统,且又聪颖好学,亦其重要原因也!

又,美国《国际百科全书》收集了大量关于客家记述之著作,最后作出综合评语:客家是中华民族中优秀民族之一,教育普及,在全国中为最。

又,法国籍天主教神父赖里查斯,曾在嘉应州传教 20 余年,著有《客法词典》,在自序中评语云:一般来说,中华民族的特性是保留的、保守的,但客家人例外,因为客家人的特性、客家人的精神,那是革命的、进取的。

又,日本人山口县造著《客家与中国革命》赞云:客家是中国最优秀的民族,他们原有一种自信与自傲之气质,使其能自北方胡骑之下,迁到南方,因此,他们

的爱国心,比任何一族为强,是永远不会被人征服的。气候又受到海洋交通环境
之影响,养成一种岛国人民之热血与精神……翻开数百年之中国历史,没有一次
政治变动是与客家人无关的。其中的例子,当推洪秀全所领导的太平天国革命,
几乎全部参加革命的将领,都是客家人。其次是孙中山先生领导的革命,除了其
本人乃为客家人后裔以外,其他,亦有许多是客家人。可以说,没有客家人,便没
有中国革命,换言之,客家的精神,是中国的革命精神。①

……

（二）罗香林关于客家特性的论述

20 世纪 30 年代,客家研究的集大成者罗香林在其大作《客家研究导论》中,
对客家民系的特性作了较为详细的分析。其文略曰②：

> 一民系有一民系的特性;所谓特性,与属性不同,属性是指构成民族或
> 民系的种种规准,如语言、文教、地理等等便是;特性是指各种属性规范而成
> 的惯例或脾气与好向;属性是母体,特性是子是用;属性是整个的,特性是片
> 面的畸形的,不片面,不畸形,便没什么特不特性了。客家特性,过细地分析
> 起来,也许可以单写成书,不过这是导论,只能略举几项,做个引儿罢了。

> 其一为客家家人各业的兼顾与人才的并蓄。客家家庭,奇怪的就是同
> 一家内往往兼营农工商学仕兵种种不同的业务;他们度的是大家庭生活,一
> 家中:普通总有多少田地(客家社会,很少纯粹佃农),耕植的工作,大体由
> 妇女或一二居家力练的男子任之;农隙无事,则在家从事普通工业,如织布
> 制扇,或其他工艺。农和工,简直分析不开;二三比较精利的男子,则往往于
> 所居县邑,或国内各地,或南洋群岛,经营工商各业,就是资本短绌,没一定
> 商店,也必辗转负贩,奔走谋生;其一二比较聪明的子弟,则必令之读书成
> 名,或叫他游宦各地,或操其他专门职业;近数十年来,各家家长,受着时代
> 驱迫,往往于农工商学各业外,更使一二子弟离乡从戎;因此遂致一家以内,
> 各业齐全,诸色具备;不幸而败于工商,仍可以农产补之,其或败于仕学,则

---

① 以上摘自张卫东、王洪友主编:《客家研究》第一集"外国人对客家人的评价",同济大学出版社
　1989 年版,第 175—180 页。

② 罗香林:《客家研究导论》,台北南天书局 1992 年版,第 240—247 页。

可转为商旅,又或,败于农工,仍可仰给军粮。客家家庭可说是复式组合,没专一家业,要想找出一二纯粹商家或工家,或仕宦世家,那是不很容易的。客人家庭,除掉兼营各业外,又必兼豢一二牛猪,若干鸡鸭,或狗猫等类;秋收完后,各家必酿些米酒,以备一年饮用。他们真可说是自给人家,就是不和外人交易,也可稍为支持。他们的家庭,就像国的缩影;他们的男子,活动不过;但家庭,却是稳稳固固,很可靠的,分工而又合作的。

其二为妇女的能力和地位。……客家妇女的生活是劳动的,她们的职业是生产的,她们的经营力甚大,而自身的享取却非常菲薄;她们不但自己有经济独立的能力,而且在家庭经济社会经济上,占着重要的地位;常见一家男子远出海外,十年八载不回,而她却仍安然度日。她们自己有田的耕自己的田,自己没有的,则向别人租种几亩,以供一家全年的米粮。……在山地及阡陌间,则植杂粮为家畜之饲料。……妇女在农忙时耕田,在农闲时,则日间替商店挑运货物……或向成衣铺订零碎缝纫工作,夜间则多操纺织之业。……因是,一家妇女所得,不但足以维持一家生活费用,甚至可供给子女受中小学教育;而男子在外地寄回之金钱,则涓滴不漏,储积以生息,及购置田屋;故客家家庭之支柱是妇女……而子女教育之得延续,亦妇女血汗交换所得之结果。……而其在社会经济活动中亦占一重要角色,如年节时之消费合作,肥料购买合作,农具使用合作,以及流通经济或储蓄性质的票会摇会等,她们都热心参加,而乡村中之种种旧经济组织内容,她们均能了如指掌,缕悉无遗,而对于农业经营的知识经验尤丰,以此足见客家妇女之经济活动范围的广大和她们社会经济的地位。……客家妇女,表面上劳苦极了,然其内在的精神,确比外界妇女尊贵得多,幸福得多;她们从没涂胭画眉缠足束胸以取悦男子,也没故意扩大臀部的规模,增高两乳的身分以夸耀人世;所以到过中国的西洋教徒,都口口声声说她们好!

其三为勤劳与洁净。客家是最喜勤劳的民系,无论男女,皆以勤劳为做人的唯一本义,游手好闲不事生产(广义的)的青年男女,虽就有钱有势,在客家社会也是没有人看得起的。……又他们最爱洁净,虽以经济限人,饮食居住,不能纯合卫生原则,然其对于身体及衣服器用的洗浣,实较一般汉人为留意。他们每天必洗澡一次,虽在隆冬,亦无少间;衣服亦然,不论新旧,不干净,总不敢穿。……

其四为好动和野心。客人生性好动,男子从不肯安闲闲地在家乡住着,除非少数号称绅士的人们(他们虽说是闲住,然亦是好生事端的)。普通男子,无论贫富贵贱,苟无家务拘束,大抵都欲及时出外,尝尝异地风光。或经营各业;幸而所营成就,则更以出外为荣;不幸而所营不遂,则以为将为社会所薄,不敢轻以返里,故必百计以谋在外自立。……

其五为冒险与进取。客人生性冒险,只知进取,只知出路,至于前途危险与否,他们不太管的,所以他们当中,成功的固然很多,而失败不堪的,究亦不少。他们有句话说,"情愿在外讨饭吃,不愿在家撑灶炉",他们的理由,以为外面讨饭,碰着了机会,还可成名立业,若老在家里住着,那就一辈子没出息了。唯其观念如此,所以男子们已到了相当年纪,便欲冒险远处。今日南洋群岛及南北美洲等地,差不多没一处没客人脚迹,他们去的时候,多半都是一文不名,露天点火,一无凭藉的,然而却能安然到达,而且还要在海外握掌金融势力,有时还要称王称霸,这不能不算是冒险进取的结果。客人冒险的精神,随便做什么工作,都可以表现出来,带兵的,当兵的,走小道,攻险境,打偏锋,充便衣队充炸弹队更是拿手好戏;做生意的,贩奇货,入穷荒,更行夜走,亦所不惜;他们怕的是没有路走,生死是不虑的。

其六为简朴与质直。客家可说是比较简朴的民系,尤其是他们的妇女,真是节俭朴素极了。她们最喜储蓄,最善筹划,预备几年要买屋若干,买田若干,凡百服用,皆以节俭为原则;稍好的衣服,爱惜至极,不肯常穿,鞋袜亦仅于年节或出外作客时稍微穿穿,平常总是赤脚磨沙或稍穿木屐的;日常蔬菜,大体以家产为限,油盐柴米,不肯稍多花销;男子们虽说没像妇女们那样讲究经济,然而其算盘也是打得很微末的,无益的开销,他们不干的,化妆品,奢饰品,在客家地区,没什么好销场的。又客人性较质直,待人接物,重真情,少糅节;做事,棱角太甚,直白硬干,不肯敷衍,表面看去,很像方板固执;然此正是客家精神的所在,其可敬重,亦即在此。

其七为刚愎与自用。客人最喜自负,往往稍为有所见解,或感触,辄为死死争执,不知权衡,或挺然奔动,冷静不下,治学如此,从政如此,从军如此,做人如此,交友如此;不知这都是成见。客人行动的表现,往往有正负两面各趋极端的常例,就其在学术上的见解来说,有的主张绝对地复古,有的主张绝对地解放;就其对于最近的政见来说,有的主张急进的共产主义制度,有的还主张找出个真命天子来统治;其他见于实际行动的,也是如此。方面虽有两个,然其同为刚愎自用,那是无疑义的。……今后客家能否"日新又新",其关键就在能否去成见为主见,去刚愎自负为有为自知!

上引资料中,罗香林既阐述了客家人的优良品格,也指出了其不足的方面,如"刚愎自用"等等。可见,罗香林对客家特性的评价还是居于客观立场的。

遗憾的是,长期以来,罗香林关于客家人缺陷的论述不为人们所关注;外国人的过誉之词,却成为一般客家人士乃至文人学者的"老生常谈"。直至20世纪90年代初期,改革开放之风猛然吹拂赣、闽、粤边客家古老的山川大地,这里的人们才意识到观念的落伍是贫穷落后的关键之所在。为了找出客家的"劣根性",在梅州市委宣传部的发起和组织下,举办了一个主题为"客家人面临的时代挑战"的国际性学术研讨会。会上,许多论文作者站在现代化时代要求的高度,对客家传统中的一些消极面,如封闭保守、刚愎自用、轻商等进行了梳理,并深挖其原因,会后正式出版了论文集。[①]

(三)当代学人关于客家特质和精神的概括

随着客家研究的深入发展,近年来,"客家特质与客家精神"作为客家研究领域一个深层次的问题,不可回避地越来越受到学界的关注。对客家特质和客家精神进行准确的、富有内涵的概括,既是研究本身逻辑的发展,更是现实需要的呼唤。在这一背景下,学者们进行了一些新的探索。

1996年,王东出版《客家学导论》一书,在这本专著里,专门辟出一节以概括客家文化的基本特质。书中在对客家文化的物质基础和社会土壤进行深刻分析的基础上,将客家文化的基本特质概括为"质朴无华的风格,务实避虚的精神,反本追远的气质"等三个方面,并分别就其内涵进行了深刻阐述,可谓鞭辟入里。[②]

---

① 即严峻主编:《客家人面临的时代挑战》,香港经济导报社1994年版。
② 王东:《客家学导论》,上海人民出版社1996年版,第244—249页。

2004 年,世界客属第十九届恳亲大会在江西省赣州市举行。在大会通过的《世界客属恳亲大会赣州宣言》中,将客家精神概括为"吃苦耐劳,开拓进取,崇先报本,和衷共济"十六字①,获得海内外客家人的广泛认同。

2005 年 12 月,江西省人文社科重点研究基地——赣南师范学院客家研究中心举办了全国性的"客家文化特质与客家精神"学术研讨会,来自全国各地的 50 余位专家学者围绕"客家文化特质与客家精神"这一主题各抒己见,从客家文化形成的历史背景与主要内容、客家文化的传统、客家人的族群意象、文化构建、客家与土著的关系,特别是客家文化特质与客家精神的内涵等方面,展开了热烈讨论。会后将参会论文整理出版了《客家文化特质与客家精神研究》一书。该书序言作者将客家精神概括为"崇先报本、爱国爱乡精神","崇文重教、耕读传家精神","艰苦奋斗、锐意进取精神","穷则思变、勇于革命精神","团结协作、海纳百川精神"五个方面,并展开了详细论述,是目前所见关于客家精神的较为全面的提炼和总结。②

2007 年,吴福文在一篇文章中也论述到客家人的精神和价值观念,他认为:"客家文化是以中原儒家文化为主体,并兼容了客家先民南迁过程中沿途其他民族和民系的先进文明的文化。在具体表现上,如晴耕雨读的生产生活方式、聚族而居的村落居住形态、敬祖睦宗的宗族伦理思想、守望相助的团结和谐精神、热情好客的为人处世观念……"③

2008 年,谢重光出版了其又一部力作《客家文化述论》,该书最后一章专论客家人文性格与客家文化特质,主要从"山林性"、"边缘性"与"向心性"三个维度探讨了客家特质与精神。书中认为:

客家人具有山的品格。他们"在山谷间自耕自食、自相嫁娶、自得其乐、自生自灭,游离于王朝政治权利和文化控制之外自成一个天地。……自足于山林,安土重迁,商业意识薄弱,相对于海洋文化来说,比较缺乏漂洋过海、对外拓殖的冒险精神"。

---

① 赣州客家联谊会编:《客家亲·摇篮情》,世界客属第十九届恳亲大会纪念特刊,2004 年。
② 罗勇等:《客家文化特质与客家精神研究》(序言),黑龙江人民出版社 2006 年版。
③ 吴福文:《客家文化:客家地区旅游的特色与潜力——以闽赣粤边区为例》,《客家纵横》2007 年第 4 期。

客家文化的边缘性,"在政治上的表现是不服管辖的叛逆精神";在民俗方面的表现,"则是饮食、服饰、婚嫁、丧葬、文艺、神明崇拜、民间信仰等领域的'奇特'习俗"。

客家文化的向心性,"首要表现是中原正统观念的确立与推展";其次表现为耕读传家的传统和"对于儒家文化的自觉认同、自觉趋归";还表现在生活礼俗方面的"文公家礼"渐渐取代蛮夷之俗;历史上对外族入侵表现出的民族大义和爱国精神,对朝廷的"忠义";当今表现出的关心国家大事;等等。

"客家文化的边缘性与向心性,看似矛盾的、对立的,其实正是这样的矛盾和对立,深刻反映了客地由蛮荒化外之地变为崇文重教之乡过程中,客家文化内在的蛮夷因素与中原儒家文化因素的此消彼长;客家文化正是在两者的互相涵化、互相制约、辩证统一中展现出无尽的活力。"①

很显然,这是该书作者试图突破已有的结论对客家文化特质进行的一种全新的思考与提炼。这种勇于探索的精神是值得钦佩的。

然而,通过以上的介绍,我们也看到,至今为止的关于客家文化特质与精神的研究和论述,几乎没有跳出传统文化的视野且众说纷纭。客家文化特质与精神在当今社会有何表征?或者说,客家文化特质与精神对现代化有何适应性和关联度?则少有论及。

诚然,客家文化特质与精神的研究是客家研究领域中的一个深层次的课题,没有对客家历史与文化以及当代客家人社会的深入研究和把握,是难于得其真谛的。这或许是许多学者还不愿意把时间耗费在这一问题上的原因之所在。但是,随着客家研究的深入和客家文化影响力的不断扩大,这又是一个挥之不去和亟待解决的问题。所以,深入发掘客家文化内涵,对客家文化特质与精神作出系统的、科学的概括,是客家学界面临的一项重要任务。

---

① 谢重光:《客家文化述论》,中国社会科学出版社 2008 年版,第482—486 页。

第五章　客家文化资源的
保护与开发利用

　　随着社会和经济文化的发展,文化作为一种资源,越来越受到人们的认可和重视。赣、闽、粤三角区是客家人的大本营,是客家文化的原生态地域。这里保留着完整的客家社会形态、地道的客家方言、古老的客家民居、淳朴的客家风情、精湛的客家艺术、神奇的客家风水以及丰富的客家人文景观,是了解客家、研究客家、体验客家的理想之地,是海内外客家人寻根问祖、探寻客家文化之踪的"客家原乡";这里的客家文化内涵丰富,特色鲜明,是彰显地方魅力,促进经济社会发展的宝贵资源。

　　自20世纪80年代以来,随着我国改革开放的推进,海内外兴起了客家文化热潮。客家地区在对客家文化资源进行广泛调查研究的基础上,相继提出了对客家文化资源进行保护和开发利用的一系列举措,促进了客家文化旅游与产业化的发展,形成了多种形式的客家文化旅游项目与线路,文化产业也初成体系,涌现出了赣、闽、粤"千里客家文化长廊"、西部客家第一镇"洛带"、台湾桐花祭等客家文化旅游与文化产业品牌。

　　然而,随着现代化进程的加快,客家地区的文化生态环境正发生急剧变化,呈现出令人担忧的状况。如许多传统民间技艺、民间知识濒临失传;民间音乐、传统戏剧、曲艺的传唱范围越来越小;许多民俗活动正在失去它的本真性;一些非物质文化遗产项目传承人年事已高,后继乏人,特别是缺乏群体性传承人;作为非物质文化遗产载体的文化空间如古村、古寺庙、古祠堂和自然生态环境也陷入了颓败的困境,失去原有的风貌。所有这些都在警示我们:对客家文化的生态保护刻不容缓! 幸喜的是,最近几年来,国务院先后批准设立了梅州、赣南"客家文化生态保护实验区"(闽西也在申报审批中),从而把对赣、闽、粤客家文化资源的保护提升到国家层面,给予了组织上、政策上、资金上的有力保障!

第一节　客家文化的特色与价值

客家文化资源中既包含着丰富的物质文化遗产,如独特的客家民居土楼、围龙屋、围屋、古村落等等,更有大量的非物质文化遗产,如客家山歌、采茶戏、汉剧、口传文学、传统工艺、祖宗崇拜与民间信仰、庙会与节庆活动等等,这些文化体现客家人的品格特征和精神风貌,颇具独特性。

客家民居建筑以围屋为代表,包括赣南的方围屋、闽西的土楼和粤东的围龙屋,形式上有方围、圆围和半圆围等。围屋外观雄伟,内制齐全,与北京的四合院、陕北的窑洞、云南的一颗印和广西的杆栏式建筑并称为中国五大传统建筑。围屋中有关西围、燕翼围、集庆楼等十余座被列入全国重点文化保护单位。2008年7月,以客家土楼为代表的福建土楼被列入世界文化遗产,更是凸显了客家民居建筑的文化魅力。客家府第式的古村落也为数众多,如赣南的白鹭村、闽西的培田村、粤东的苏家围等都是文化底蕴深厚、自然环境优美的客家古村落,其中培田、白鹭先后被评为中国历史文化名村。无论是围屋还是古村落,都集客家宗族文化、民俗文化、风水文化于一身,成为一个个客家文化资源的综合体。

客家方言是中国八大方言之一。客家人十分注重对自己语言的保护,从小就受到"宁卖祖宗田,毋忘祖宗言"的训导;加上客家人多居山区,与外界沟通较少,因此客家方言中保留了大量的中原古语成分,被称为古汉语的"活化石"。文化产业化中文化传播是其基本形式,客家方言以山歌词、童谣、谚语和特色语句等载体在客家文化产业化,特别是客家文化的传播方面起到了重要的作用。

客家民间信仰是根植于客家地区民间的一种文化创造,是普通百姓日常生活和精神世界的重要内容和表达形式。客家民间信仰的种类繁多,从祖先崇拜到自然崇拜,从中土宗教到当地土神,可以说是神灵无处不在,正所谓"举头三尺有神明"。客家民间信仰不但是客家人的精神寄托,且许多庙会仪式隆重,并伴有游神、庙戏和集市等活动,具有很强的体验性,甚至是"狂欢性",是很值得开发利用的文化资源,在客家文化产业化中前景广阔。

与民间信仰密切相关的是客家民俗。客家民俗包括节庆习俗、人生礼仪和其他的生产生活仪式,单是表演类的就有如赣南的九狮拜象、竹篙火龙,闽西的走古事、游大龙,粤东粤北的香火龙、九十九节长龙等大型活动。此外,如客家添丁(点灯)礼、成年礼、婚礼和寿礼等亦特色鲜明,可观可参与。这些习惯、仪式与器物作为一种文化资源而言,开发相对简单,参与体验性强,吸引力也较大,在客家文化产业化中大有可为。

客家文艺多姿多彩,其中的客家山歌、采茶戏、十番音乐和花朝戏都被列入了国家非物质文化遗产名录。此外,还有赣南的东河戏,闽西粤东的汉剧、龙川杂技,粤北的月姐歌、龙船歌等。这些根植于民间的优秀艺术不但在客家地区大有市场,在对外演出行业中也成为特色的文化产品。

"民以食为天",地处山区的客家人,世代传承着风味可人的各式美食佳肴,大凡到过客家地区的人,对这印象无不深刻。客家人的饮食文化,首先是为生存服务的,生存的必然性决定了饮食的自然性①,在赣、闽、粤边的南方山区自然地理环境中,因地制宜,取材于自然,创造出了独特的客家饮食体系。客家饮食文化包括客家菜系和饮食仪式等。客家菜的共同特点是重"香、味"而不太讲究"色、形"。客家菜具有主料突出、油厚、主咸和偏香四大风味特色,选料又注重粗粮、鲜嫩。客家饮食仪式如聚族吃大盆菜、喜事时的九大篓、春节时祠堂的大聚宴等亦是文化奇观。可以说,客家饮食在现代饮食产品开发中潜力巨大。

客家传统工艺包括各类竹木编织物、客家女红、造纸与雕版印刷、食品制作、纸扎艺术等,这些工艺作为非物质文化遗产,有工艺过程展示的作用,所生产的工艺品可直接成为客家文化产品出售。

除以上的资源类型外,客家人本身的精神风貌也是其中弥足珍贵的文化资源。在长期的迁徙和发展中,客家人吸纳了中华民族不同历史时期、不同地域的文化养分,汇成了蔚为大观、源远流长的客家文化,打造出了"吃苦耐劳、开拓进取、崇先报本、和衷共济"②的客家精神和崇文重教、诚实守信、忠厚宽仁、热情好客、爱国爱乡等优良传统。这种精神和传统根植于中华文化的沃土中,又彰显出自己鲜明的个性特色,是客家人生生不息的力量源泉,也是我们进行人文教育的

---

① 罗勇、龚文瑞:《客家故园》,江西人民出版社2007年版,第139页。
② 世界客属第十九届恳亲大会《赣州宣言》,见《客家摇篮》杂志《世界客属第十九届恳亲大会、中国(赣州)客家文化节纪念特刊》,2004年。

极好内容。所以,通过对客家文化研究和挖掘整理,对于我们弘扬祖国优秀传统文化,培养爱乡爱土爱国的高尚情操,推动社会主义精神文明建设以及和谐社会的构建,均有着十分重要的现实意义。

第二节　客家文化的生态保护

一、客家文化生态保护的概念

文化生态保护是指在一个特定的区域中,通过采取有效的保护措施,修复一个非物质文化遗产和与之相关的物质文化遗产互相依存,与人们的生活生产紧密相关,并与自然环境、经济环境、社会环境和谐共处的生态环境。划定文化生态保护区,将民族民间文化遗产原状地保存在其所属的区域及环境中,使之成为"活文化",是保护文化生态的一种有效方式。当前,我国已经批准了包括"客家文化生态保护区"在内的 12 个文化生态保护区。

赣、闽、粤交界的赣南、闽西和粤东是客家人的基本住地,分别享有"客家摇篮"、"客家祖地"和"世界客都"的美誉,这充分反映了三地在客家民系形成和发展过程中所处的重要地位和所起的重要作用,也揭示出客家文化是一个有机的整体,紧密相依,缺一不可。客家文化生态保护区,是以赣、闽、粤客家的非物质文化遗产保护为核心,对该境内具有重要价值和鲜明特色的客家文化遗产及其存续空间进行整体性保护而设立的文化保护区。在这个特定的区域中,通过采取有效的保护措施,修护一个非物质文化遗产与物质文化遗产互相依存,与人们的生活生产紧密相关,自然环境、经济环境、社会环境和谐共处的文化生态环境。

目前,"客家文化(梅州)生态保护实验区"和"客家文化(赣南)生态保护实验区"已获批设立,"客家文化(闽西)生态保护实验区"也正在申报审批中。

二、客家文化生态保护的意义

1. 加强文化保护

赣南、闽西和粤东是客家文化的发源地,保留着完整的客家文化形态。设立客家文化生态保护区,以推动客家非物质文化遗产的整体性保护,有利于维护客家文化生态系统的平衡和完整。

2. 提高文化自觉

文化自觉是文化保护和传承的内驱力。设立客家文化生态保护区,有利于增强客家人的文化自豪感,提高文化自觉,建设中华民族共有精神家园,增强民族自信心和凝聚力。

3. 增进文化认同

客家人遍布世界各地,强烈的文化认同心理使他们对客家原乡的文化有着深厚的感情。设立客家文化生态保护区,可增进海内外特别是两岸客家文化之间的交流与互动,增强中华民族认同,促进祖国统一大业的实现。

4. 激发文化动力

建设文化生态保护区是我国非物质文化遗产保护的一个创举,是培育民族精神、弘扬中华民族优秀传统文化、提升国家文化软实力的战略性措施。设立客家文化生态保护区,对于促进客家地区经济社会全面协调和可持续发展,具有重要的意义。

三、保护的原则

1. 坚持以保护非物质文化遗产为核心的原则

文化生态保护区的核心内容是以活态存在并传承的非物质文化遗产,应以非物质文化遗产保护为核心,以非物质文化遗产项目及其传承人保护为工作重点,探索并实践有效的保护与传承机制。

2. 坚持人文环境与自然环境相协调,维护文化生态平衡的整体性保护原则

"一方水土养一方人。"保持优越的自然人文环境,维护客家文化生态平衡,实现物质文化遗产和非物质文化遗产整体性保护,是设立客家文化生态保护区的基本目标。

3. 坚持尊重人民群众文化主体地位的原则

客家人是客家文化的创造者、传承者和享有者。要充分尊重当地客家人的主体地位和首创精神,尊重其发展需求,紧紧依靠他们来承担客家文化保护的重任。

4. 坚持以人为本、活态传承的原则

非物质文化遗产的土壤在民间,传承人是非物质文化遗产的活态载体,必须

以人为本,保护好客家非物质文化遗产传承人并使其有效地履行传承人责任,实现活态传承。

5. 坚持文化与经济社会协调发展的原则

既注重文化生态保护区内部的协调,也注重与经济社会发展的协调,要将客家文化保护工作提升到与客家地区经济社会发展相适应的地位,实现整体的均衡发展。

6. 坚持保护优先、开发服从保护的原则

文化保护是文化开发的基础,应坚持保护优先、开发服从保护的原则。在不违背手工业生产规律、不扭曲其自然演变的前提下,将传统技艺和传统美术导入生产性保护模式。

7. 坚持政府主导、社会参与的原则

政府应加大文化保护资金与人才的投入,做好长远规划;组织和动员社会各方面力量广泛参与,特别是要充分发挥客家联谊会、新农村建设理事会、文化能人协会等社会组织的作用。

四、保护内容

客家文化生态保护区,是以客家的非物质文化遗产保护为核心,对赣、闽、粤边区内具有重要价值和鲜明特色的客家文化遗产及其存续空间进行整体性保护而设立的文化保护区。在这个特定的区域中,通过采取有效的保护措施,修护一个非物质文化遗产与物质文化遗产互相依存,与人们的生活生产紧密相关,自然环境、经济环境、社会环境和谐共处的文化生态环境。

客家文化生态保护的内容涉及方方面面。首先,保护区内国家、省、市、县四级非物质文化遗产名录项目是保护的主要内容。其数量巨大,其中赣南采茶戏、兴国山歌、于都唢呐《公婆吹》、石城灯会、信丰古陂蓆狮犁狮,闽西的十番音乐、永定土楼建造工艺、闽西(上杭)傀儡戏、龙岩山歌、闽西汉剧,梅州的客家山歌、广东汉乐等十余项非物质文化遗产已列入国家级名录,是核心保护对象。完善国家、省、市、县四级名录体系的建立工作,是保障非物质文化遗产整体性保护和文化生态保护实验区文化基因葆有生命力的坚实基础。

其次,保护区范围内的非物质文化遗产传承人。在非物质文化遗产名录建立的同时,要建立保护区内非物质文化遗产传承人名录制度。在开展传承人保护的工作中,要注重对代表性传承人开展传承活动的重点支持,同时兼顾群体性传承人的保护。本着"坚持以人为本、活态传承"的原则,重点做好保护区范围内的非物质文化遗产传承人的保护工作。

再次,保护区范围内与非物质文化遗产密切相关的文化空间。相关的遗址、遗迹、文物和珍贵的实物资料,是非物质文化遗产开展传承活动的空间场所和载体。加大对珍贵、濒临消失的非物质文化遗产实物、资料、场所的征集、收藏、保存和修缮,对传承非物质文化遗产和保持良好的文化生态具有重要作用。良好的自然人文生态环境是非物质文化遗产赖以生存和展示的文化空间。保护区内的国家和省级历史文化名镇(村),历史文化街区,国家和省市级自然保护区,国家和省级森林公园,保存完好的古村落、古祠堂、古寺庙、古戏台、古塔、古桥和风水林,这些都是客家文化生态保护区立体保护的重要内容。

五、保护的措施

建设文化生态保护区,将非物质文化遗产从单项的项目保护提升到与其依存的环境进行整体性保护,是遵循非物质文化遗产保护、传承和发展规律的科学保护方式。客家文化生态保护区将通过制定、实施科学有效的保护措施,持续推动非物质文化遗产的整体性保护,形成文化生态保护的良好态势。

一是建立层次分明的保护体系。在科学、全面普查和收集整理的基础上,充实完善现有的非物质文化遗产名录体系,发掘资源,积极申报各级非物质文化遗产保护名录,建立和完善国家、省、市、县四级非物质文化遗产保护名录和保护体系,明确相关保护单位的责任,为开展非物质文化遗产保护和文化生态修复搭建基本框架。

二是建立"重点突破、试点先行"的工作方式。选择一批文化资源丰富、社会影响面广的地区和项目为重点,合理布局,予以政策上的优惠倾斜和资金上的大力扶持,先行开展试点保护工作,以期尽快产生示范效应。要在非物质文化遗产相对集中、非物质文化遗产与物质文化遗产存续良好、自然生态协调的地区设立核心保护区,限制旅游开发,鼓励学术研究进入,建立全面的非物质文化遗产保护体系。这些区域既是保护区的文化源区,又是保护示范区。此外,要对列入国家、省两级非物质文化遗产保护名录的项目进行重点保护,特别是对最富有客家特色的非物质文化遗产,应集中力量进行挖掘、整理,做好申报国家级乃至世界非物质文化遗产的准备工作。

三是建立翔实可靠的数字化保护体系。利用全国第三次文物普查的契机和之前的非物质文化遗产普查基础,与相关高校和研究机构合作,制定科学的普查方法;以专业文化工作者为骨干,发动在校研究生、本科生与各级政府的选调生、大学生村官等人员相结合,物质文化遗产与非物质文化遗产的普查齐头并进,重点调查、收集各项客家非物质文化遗产资料,借助数字化存储手段对资料进行全面、真实、系统的记录和归档,摸清家底,建立客家文化生态保护区数据库,为开展保护工作提供依据。

四是实施代表性传承人抢救性记录工程。传承人是非物质文化遗产的存续之本。然而,非物质文化遗产口传身授的特点是艺随人走,人类许多珍贵的技艺,随着传承人的离世而消亡。为此,要结合非物质文化遗产普查,积极实施非物质文化遗产代表性项目的代表性传承人抢救性记录工程,重点加强对其技艺的记录、整理和传承。

五是建立科学合理的传承体系。传承是对需要继承与弘扬的非物质文化遗产进行保护的关键环节。各级主管部门应根据需要采取措施,建立科学合理的传承体系。其一是在传承人受到充分的文化尊重的前提下,给予其以文化自觉为中心的系统培训,提高其文化保护意识和综合文化素养;其二是给传承人提供必要的场所,建立一批重点传承基地;其三是提供必要的经费资助其开展授徒、传艺、交流活动;其四是支持其参与社会公益性活动,并通过建立相应的政策引导、培训机制和产业支撑来支持其开展传承、传播活动;其五是充分利用文化传承人协会、文化能人协会、新农村建设理事会等各种社会组织,对非物质文化遗产进行整体协作式的传承保护;其六是建立传承人退出机制,对不能履行和培养后继人才等义务的,其文化技能和技艺不能有效传承的,要取消其代表性传承人资格,重新认定代表性传承人。

六是建立动态和静态相结合的展示体系。展示是保护和传承文化的重要载体。其一是要加强保护区内非物质文化遗产展示馆建设,对保护区地域范围内的客家非物质文化遗产的图像、影像和相关物件进行集中展示;突出非物质文化遗产的活态展示,定期或不定期邀请非物质文化遗产传承人到馆展示,打造客家文化集中展示区。其二是要加快非物质文化遗产名录项目传习所建设,为非物质文化遗产传承人提供良好的传习场所,让非物质文化遗产有一个良好的传承和传播空间。其三是要抓紧村落保护和活态传承,利用现有保存较好、非物质文化遗产表现形式相对紧密、系统和完整的古村落,进行集中式的原地保护,打造客家民风、民俗文化对外展示交流的窗口。

七是建立全面完备的传播和交流体系。传播和交流是文化保护和传承的有效途径。其一是利用包括网络、报纸、广播电视在内的各种媒体对客家文化进行有效宣传,开通客家文化生态保护区网站及文化保护论坛;出版客家文化生态保护的系列研究成果;利用"文化遗产日",举办展览、展演活动,不断增进全民珍爱传统文化和参与文化遗产保护的意识;加强文化生态保护区的宣传和推动非物质文化遗产知识的普及,建立客家文化的传播体系,使"非遗"进社区、进乡村、进家庭、进课堂、进教材、进头脑。其二是以文化节、文化论坛和夏令营等形式开展对外客家文化交流活动,特别是加强对台湾的客家文化联系与交流,增强两岸对中华民族及其文化的认同。

八是建立高水平的理论研究体系。思想是行动的先导,理论是实践的指南。其一是以驻地高校等相关研究机构为依托,成立非物质文化遗产研究中心,建构客家非物质文化遗产的研究体系;其二是设立客家文化生态保护区研究基金,以设立相关课题,组织专家和专业文化工作者,并鼓励高校硕士、博士研究生开展客家文化生态保护的理论研究,加强客家文化生态保护区的理论建设;其三是创办客家文化生态保护高峰论坛,为保护区的建设提供更多可供借鉴的经验。

九是建立结构合理的人才队伍体系。人才是最宝贵的财富。其一是大力引进非物质文化遗产相关研究和保护方面的人才,特别是硕士、博士等高学历人才,以提高文化管理与保护队伍的专业素质,为保护区建设提供人才支撑;其二是邀请专家学者对现有的从事文化管理和文化保护的专业人员进行系统的文化保护培训,加深他们对文化和文化保护的认识,增强文化自豪感与文化自觉,全面提高文化管理能力和文化保护的专业素养;其三是建立非物质文化遗产保护人才库,形成结构合理、梯度滚动的人才队伍。

第三节　客家文化与旅游

客家地区有着丰富的旅游资源,许多景点在古代就颇有知名度,如赣州八境台、郁孤台、梅关古驿道,连城冠豸山,韶关丹霞山、南华寺,粤东的霍山、千佛塔等。这些景点名胜吸引着八方游客,许多文人墨客为它们留下了千古名篇。

然而,客家地区真正意义上的现代旅游始于 20 世纪 80 年代,其中最重要的形式是漂泊在海外的客家人回乡省亲的寻根游和探亲游。此后通天岩、丹霞山、南华寺等名胜地开始了有目的的旅游开发,旅游产业在 90 年代后进入了大发展时期。但是,以客家文化资源为基础,并以“客家牌”为品牌的旅游形式则起步较晚。进入 21 世纪以来,各地客家文化旅游进入了快车道,其表现在各地客家旅游点的开发迅速,以及地区间文化旅游线路的整合,最典型的就是赣、闽、粤“千里客家文化长廊”的打造。

作为“世界客都”和“客家侨乡”,梅州的客家文化旅游起步较早,但初期由于交通等原因,发展较为缓慢。90 年代中后期,梅州旅游进入一个新的时期,其标志就是雁南飞茶园度假村的开发。

雁南飞位于梅州市以东 40 公里处,是由广东宝丽华集团公司于 1995 年 1 月投资开发的,占地总面积 4.5 平方公里,1997 年 10 月 8 日对外营业。度假村背靠阴那山省级风景名胜区。多年来,雁南飞以客家农耕文化、茶文化、建筑文化和民俗文化为资源,形成了一个融茶叶生产、生态公益林改造、园林绿化、旅游观光、度假于一体的生态农业示范基地和旅游度假村。不少党和国家领导人先后亲临雁南飞茶田视察,对雁南飞茶园走农业与旅游相结合的开发模式给予高度评价。度假村先后荣获国家 AAAA 级旅游景区、全国农业旅游示范点、全国三高农业标准化示范区、全国青年文明号。以客家围龙屋为文化背景的围龙大酒店建筑工艺精湛,2005 年荣获建设部授予的“鲁班奖”。可以说,雁南飞所体现的是传统与现代的结合,富有创意,在客家文化产业,特别是文化旅游业中堪称典范。

赣州客家文化旅游的大发展应归因于第 19 届世界客属恳亲大会的召开。赣州市政府于 2002 年开始启动世客会的筹备工作,世客会给赣州的旅游发展带

雁南飞景区

来了新的契机,赣州市政府 2003 年将旅游业列为重要支柱产业来培育①,大批客家文化景区兴起,如五龙客家风情园、赣县客家文化城与白鹭古村、龙南围屋等。游客接待量从 2003 年的 382.45 万人次增长到 2006 年的 698.69 万人次,在星级酒店大为增加的情况下开房率也从不足 60% 增至 77% 以上。②

赣县客家文化城

　　闽西客家文化旅游开发也相对较早,以有"土楼王子"之称的振成楼为例,早在 1984 年,就时有游人光顾,有楼主开始向游客收取少量参观费,但相对正式的旅游开发始于 1995 年的第一届土楼文化节之后,更多的游客进入土楼,政府与村民都加入到旅游开发中。可以说,土楼的旅游开发在很大程度上代表了闽西地区的客家文化旅游发展状况。

---

① 数据来源于 2003 年赣州市政府工作报告。
② 数据来源于 2003 年和 2006 年赣州市政府工作报告,2006 年数据为市政府在 12 月时的预计数。

土楼的开发分为三个阶段：

一是当地旅游自行开发阶段（1995—2000），开发的景点以振成楼为主。本阶段为自发性的起步阶段，文化资源未真正开发，没有主动的市场营销，缺乏影响，游客量少。

二是政府加大了土楼的开发力度，并制定旅游规划，以方圆旅游公司为代表的民营企业加入到土楼的开发（2003—2008）。方圆旅游公司承包了下洋镇初溪和中川土楼群的开发，开始了对土楼、民俗节庆、山歌等客家文化资源进行开发，形成了一些初级的文化旅游产品，对外积极营销，游客迅速增多，其中以广东游客为主。在方圆旅游公司的带动下，湖坑振成楼扩大了开发范围，在 2000 年制定的《福建永定客家土楼民俗文化村详细规划》的基础上开发了客家土楼民俗文化村，由永定籍著名女指挥家郑小瑛指挥的交响乐《土楼回响》于 2000 年 11 月由厦门爱乐乐团在湖坑振成楼演奏之后，多次在此演出，获得了较大影响。2000 年龙岩举办第十六届世界客属恳亲大会，其中一项重要内容就是参观永定土楼，永定土楼再获关注。

三是申遗成功后，为保护世界遗产，方便管理，政府按有关规定收回了土楼开发权（2008 年），成立永定客家土楼开发公司进行开发经营。申遗成功所带来的宣传效应使得游客量成倍增加，其中初溪土楼 7 月以后的同比增幅达 120%以上。①

2008 年 1—10 月，永定县共接待国内外游客 113 万人次，同比增长 34%，旅游总收入 4.114 亿元，同比增长 40%，接待境外游客 2.53 万人次，同比增长 63%，旅游创汇 4092 万元，同比增长 61%。接待国内外游客首次突破 100 万人次。游客的来源也从主要以广东游客为主到厦门、福建本省游客大幅增加，台湾及省外游客也在增多。② 当问及如何应对即将来到的冬天旅游淡季时，永定土楼旅游开发公司相关人员认为不必担心，因为世遗的成功和两岸三通，游客量只增不减。

永定土楼通过旅游开发与推广、申报各级文化保护单位与世界文化遗产项

---

① 下洋初溪售票处提供数据。
② 据永定土楼旅游开发公司提供之数据。

目,借助世客会等客家节庆和音乐、影视、广告等渠道传播土楼文化,建立起了土楼文化产业的品牌,这种品牌影响力还在不断增强。

土楼民俗文化村

　　赣、闽、粤边各地政府于2000年前后将旅游业列为当地的支柱产业,以客家文化资源为基础的文化旅游成为其重要或主要部分。各地相继打出客家牌以吸引游人,如赣州的"客家摇篮"、闽西的"客家祖地"和梅州的"世界客都"以及近年来河源提出的"客家古邑"。一批客家

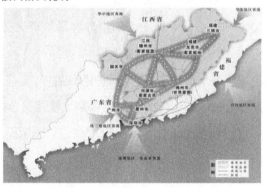

赣、闽、粤客家旅游区示意图

文化景区也被开发出来了,广东河源的苏家围客家乡村旅游区、闽西永定和南靖二县的土楼、梅州叶帅故居、韶关东湖坪民俗文化村等成为其中的代表,取得了一定的社会效益、经济效益和环境效益。在此基础上,赣、闽、粤三省旅游部门联合提出"千里客家文化长廊"的建设,将赣南、闽西和粤东的客家文化旅游资源连成一线,以此强化区域合作,增强客家文化旅游的竞争力。

第四节　客家文化的产业化

在客家地区,世客会、客家文化节等会议节庆活动成为文化产业的先锋,由此拉动的产业链条有媒体、广告、酒店、餐饮、景区、娱乐、文化纪念品和商贸等,其综合性是产业形式中最综合、最集中的。此类活动作为文化产业的引擎起到很大的作用。更为常态的客家文化产业化形式是以客家文化资源为基础,开发旅游,进而带动当地的其他产业,特别是酒店、餐饮、娱乐、文化纪念品等的发展,形成一个综合的文化产业集群。

节庆活动以世界客属恳亲大会(以下简称世客会)为代表。1971 年 9 月 28 日,世界客属第一届恳亲大会在香港召开。此后,每隔两年轮流(后改为隔一年)在世界各地有关城市举办。大陆最早举办世客会的是梅州,为 1992 年,后相继有龙岩、赣州、郑州、成都、西安、河源、北海、三明等地举办此会。在大陆所办的每一次世客会,都伴有大型的招商引资和旅游推介等活动,颇有"文化搭台、经济唱戏"的味道。然而,正是在这样一种活动的带动下,客家饮食、文化旅游、出版物、艺术演出、广告传播和地方特产及文化产品等产业有了一定的发展。世客会对客家文化产业的带动还体现在其他方面。如广告业,90 年代末期以前,赣州的客家的自我认同度很低[1],政府与学界对客家认同的推动在世客会达到了高峰。赣州客家人的客家认同得到了飞速提高,在这种形势下,广告行业以客家文化为本地文化基础,在广告策划、设计上大量加入客家文化元素,由此推动了客家文化在广告行业的产业化。其他行业中的"客家"及相关的品牌也如雨后春笋般涌现出来。

由于世客会的成功示范,各客家地区又相继举办客家文化节等地域性的客家文化活动,如博白的客家文化节、赣州的客家文化饮食节、赣县的中国客家恳亲大会、河源的中国首届客家文化节等等。2009 年在梅州举行的"首届世界客商大会"又开创了客家文化节庆类产业的另一种形式。

---

① 黄志繁:《建构的"客家"与区域社会史:关于赣南客家研究的思考》,《赣南师范学院学报》2007
　　年第 4 期,第 7—12 页。

　　客家文化节庆与旅游互动很强,前者为后者打响品牌,吸引客源,后者为前者提供丰富的文化和活动内容,两者共同推动了客家文化的产业进程,成为了客家文化产业化的两张王牌。

　　节庆与旅游开发的双管齐下,使客家文化得到了初步开发,产生了不少文化创造,世客会本身就是其中的典型,在其他行业,客家文化的产业化进程也在兴起,其中值得一提的是著名客家交响乐——《土楼回响》的创意与运作。

　　《土楼回响》是作曲家刘湲受中国第一位女交响乐指挥家、闽西客家籍音乐家郑小瑛之邀创作的交响诗篇。这是一部反映客家人团结奋斗、顽强拼搏、求生存图发展和客家人性格的宏伟壮丽的历史诗篇。交响乐把客家山歌音乐融入其中,贯穿全曲五个乐章的两个音乐主题都出自客家山歌,只有四、五度两个音不变的"新打梭镖"号子主题和"唔怕山高水又深"的山歌主题。全曲共分劳动号子、海上之舟、土楼夜语、硕斧开天、客家之歌五个乐章。厦门爱乐乐团是我国唯一实行总监负责制的"民办公助"全职交响乐团。用市场化的模式对《土楼回响》进行了成功运作,由郑小瑛亲自指挥厦门爱乐乐团演奏,先是获得了首届中国音乐"金钟奖"金奖,后在永定土楼代表——振成楼内演出,反响强烈。而后又在惠州、深圳、河源及台湾等客家地区和国家大剧院、美国、日本等地演出,获得巨大成功,成为客家文化与当代音乐结合的经典之作。《土楼回响》在自身获得经济和社会效益的同时,对客家土楼文化的传播功不可没。

　　在大陆客家文化产业化的过程中,政府成为了主导力量和推动者,通过产业计划、政策扶持等引导和支持客家文化产业化,在半公益、半营运的产业领域和大部分产业起步阶段起主导作用。企业是产业化的主角,经济利益促使企业担当客家文化产业的主要市场运营任务,客家文化在此过程中加深了市场化,也是未来客家文化产业市场的主角。值得一提的是社会团体,如崇正会、各地客家联谊会和其他社会文化团体,他们以族群生存发展为目标,推进客家文化产业化的发展,这是客家族群所特有的文化产业现象。

　　相对于大陆客家地区,台湾客家文化资源相对缺乏,但在政府和民间的共同推动下,以文化创意为核心,大力推动文化市场化进程,走出了一条成功之路。受英国、美国、日本、韩国和香港地区的创意产业(文化产业)的触动,2002年,台湾"行政院"提出文化创意产业发展计划,将"文化创意产业"列入台湾地区重点发展计划中。①"行政院客家委员会"（简称"客委会"）针对客家文化的急速流失，客家地区的人口外移和城乡差距加大与没落及客家地区产业的空洞与失业等问题，也提出了提升客家族群与客庄全面发展的文化创意产业赋权政策与计划。其中执行最具规模且推动较具成效的当属客家桐花祭。

台湾客家地区 20 世纪 70 年代遍种桐花，桐子及其产品成为当地客家人的重要产业及收入来源。2002 年，台湾"行政院"成立"客家委员会"，主要任务是推动客家族群的文化复兴和经济发展。同年，台湾当局制订了"文化产业发展计划"，"客委会"随即注意到了客家地区漫山遍野的雪白桐花和富有特色的客家文化，"启蒙于日本的樱花祭，希望透过油桐花祭典，能够吸引游客，分享和感受客家之美"②，由此联合台湾多个客家县市推出了"客家桐花祭"这个文化产业项目，以复兴客家族群文化，培育新产业，带动地区经济发展，增加就业。2002 年"客家桐花祭"一推出，就受到了岛内的热捧，2003 年桐花祭相关活动更是汇聚了 18 万人潮，2004 年举办 600 多场客家文化活动，活络数十个客家乡镇，带动了 35 亿（新台币）以上产值。③ 2005 年一共有 108 个客家文化团体，超过 50 个乡镇的热情参与，北、桃、竹、苗、中、投六县市的通力合作，伴随满山桐花而来，有接近千场的人文、旅游活动，把客家生活文化、文学、诗歌、音乐、舞蹈、工艺，如一阵春风在各地蔓延铺陈开来，而客家电视台及其他媒体热播客家电视剧《寒夜三部曲》、《桐花之恋》等，更是带动了一片桐花热、客家热。桐花祭已不只是每年可预期的一场客家文化盛宴，它已经温柔地形塑了全民共同的客家记忆，可以说是族群"和谐共生"最美丽的诠释。经过几年的经营，"客家桐花祭"得到的回响，已不再只局限于岛内，各地客家反响也很强烈。筹备以来，已陆续接获洛杉矶、澳洲、日本各地华侨的询问，强烈表达参与的意愿。

桐花祭集结了台湾 7 县市、30 个乡镇、70 个团体，是台湾客家文化产业最重要的突破点，透过其中，我们可观察到台湾客家文化产业化的几个特点：

政府产业政策推动力度大。台湾"行政院客家委员会"在其中起到了主导

---

① 俞龙通、洪显政：《赋权政策与族群发展——以客家桐花祭为例》，2006 年族群、历史与文化亚洲联合论坛：人物与地域研究国际学术研讨会，2006 年 12 月。

② 俞龙通：《客家魅力：客家文化创意产业观点、策略与案例》，台北师大书苑，2008 年。

③ 桐花祭网站：http://hakka.network.com.tw。

作用,它于 2002 年至今每年都有明确的客家文化创意产业施政计划,并强力推动实施。每年的"桐花祭",不但"客委会"全体出动,农业、旅游等相关政府官员也很重视,交通部门甚至加开"桐花列车"提供南下及北上的运输服务,让民众轻松地抵达各地,免受塞车的困扰,使得这个客家文化产业能迅速开展。

产业化方向明确,与市场结合紧密。"客委会"一开始就很注重让桐花祭不仅是一个休闲观光的节庆活动,还能制造出产品,创造一定的经济价值。2006年的桐花祭就结合了 61 个业者、25 个营销点,其中与多家公司结盟,开发与桐花相关的文具礼品、生活用品、个人佩饰、瓷器、居家用品等,扩大桐花商品的市场能见度。

客家文化学者参与多,注重其中的文化创意。"客委会"在制定客家文化产业化政策的同时,还制定了推动客家文化研究、培养客家文化人才的措施,"桐花祭"相关的节庆仪式、文化产品策划有不少客家学者参与。文化创意是"桐花祭"的核心,为此,相关部门也做了不少工作,如为了与现代结合,吸引年轻人参与,"桐花祭"邀请了台湾著名的流行乐团"五月天"的成员为"桐花会"的形象代言人,不但代表了五月桐花开的文化意向,更突出了客家的"老族群、新感动"。

台湾客家桐花祭活动

桐花祭的过程还体现了客家族群在台湾为自我生存进行的文化经营与抗争。"客委会"的主要职能就是台湾推动客家事务的主要机构,客家文化的复兴是其工作重点,"桐花祭"的开展其中的主要目标就是解决台湾客家的族群生存与发展问题。在"桐花会"经济受益的背后,客家族群认同的增强就是一个开始所期待的效果,正如"桐花祭"网站所述:"数字累计见证桐花林下的魅力,随处可拣拾溢美词汇形容文化节庆的成功,但阿公和阿婆腼腆老街旧巷、几近荒没乡野的老曲调再传唱、游人忘神于客家文化展演……'老族群、新感动'才是最无法换算的价值。"①

　　基于客家文化本身的特性和客家地区的产业现状,下面对客家文化产业的业态进行分析并找出其存在的问题。

一、客家文化的产业类型分析

　　结合大陆客家文化产业实际,将客家文化产业类型归纳如下:

产业类型	包含内容	产业典型
客家文化旅游	主要包括客家文化旅游景区、旅游餐饮、酒店、旅游纪念品及特产、旅游节庆和旅游娱乐项目等	雁南飞、永定土楼、苏家围
文化节庆与会展	包括客家地区的现代文化节庆与会展活动,也包括传统客家节庆,如客家大型庙会日、粤北姓氏节、各类祭祀活动等	世客会、客家文化节、客商大会
客家传统工艺	含服饰、日用工艺品和艺术品及传统制作工艺	长乐烧、客家娘酒、博白编织品
客家饮食	包括各式客家餐厅、小食店和客家大宴	东江菜
客家艺术演出	如采茶戏、山歌剧、杂技团等演出团体的表演	土楼回响、客家意向
客家影视及出版物	包括电视剧、MTV、电影、音像出版物和客家文化读物与文学创作出版物等	围屋里的女人、各类客家文化著作
客家文化传播及广告创意	如杂志、报纸等以及以客家文化为创意点的广告、整合营销策划等	《客家风情》、《客家》等杂志
文物展览与贸易	如各类客家文化博物馆、展览室的经营和文物贸易	各地客家博物馆、赣州文物街

　　由上表可见,现在客家文化产业类型较多,国家文化产业类别在客家地区大

---

　　①　桐花祭网站:http://hakka.network.com.tw。

体都有发展,也出现了一些精品,如《土楼回响》、成都洛带文化旅游开发项目等。值得一提的是赣州市近几年大力发展文化产业,其中建设了"创意大厦",成立了文化产业公司和动漫基地等文化产业企业。但是,客家地区利用本地客家文化资源的文化产业类别却不多,如广播电视里客家题材的节目所占比例就非常少,表明客家文化产业链条还有很大的延伸空间。

二、客家文化产业存在的问题

如上所述,尽管客家文化产业化取得了初步的效益,但仍存在以下几方面的问题:

一是层次低、规模小、产业链条不完整,没有一个具有全国影响力的产业品牌。旅游业是客家文化产业中比较成熟的产业,但就客家地区的旅游行业而言,产品项目简单,不能表现出客家文化的内涵与特色的问题仍旧严重;又如,客家饮食行业在广东占有一席之地,但与广府粤菜相比,其档次与产值远不如后者;闽西和赣南的客家菜的产业化处境更不如人意。

二是产品开发简单,市场化程度较低。客家文化资源丰富,许多推向市场可直接成为产品,加上文化智力投入缺乏,不少地区在产业进程中"坐吃山空"。如客家土楼开发的"先行者"——永定振成楼,在黄金周期间,其产品也只是土楼观光加几个简单的民俗表演。大多数地方因为对文化挖掘力量不够,连祖先传统文化的老本都吃不上。更重要的是,对文化市场的认识不足,多数地区市场没真正运作起来,如旅游行业不少还停留在等客上门的阶段。又如客家艺术团体多为公益演出,缺乏商业运作,没能产生应有的经济效益。

三是与现代技术结合少。科学技术是创意产业的基础,创意产业运用现代科技构筑竞争的壁垒,科技的未来发展不断拓展着创意产业的领域。① 然而,客家文化产业中的科技运用很少,这与客家地区科技实力不强、人才缺乏有直接的关系。

四是文化力量未受到真正重视,导致创意不足。客家文化产业基础之一是

---

① 王仲伟:《创意产业发展与文化建设》,载《创意产业——城市发展的新引擎》,上海社会科学出版社 2005 年版。

客家文化的研究。80 年代以来,客家研究兴起,相对周边赣文化、闽南文化和广府文化的研究而言,其研究成果可谓丰硕。但是,学者在产业过程中虽有一些参与行为,对于客家文化的产业发展而言却是很不足的。这其中有客家学者对经济缺乏把握的问题,也有政府和企业对学者作用未能正视的原因。总之,学者在多种情况下缺席文化产业的后果是文化产品缺少创意、开发层次低,最终导致市场竞争力弱,甚至不少所谓的"文化产品"根本就无文化可言。

五是政府对文化产业认识不足,产业政策不明确,倾斜度不够。赣、闽、粤边的客家大本营七个地区(赣州、龙岩、三明、梅州、河源、惠州和韶关)中,赣州是最早将"客家文化产业化"写入政府工作报告的,但也是在 2006 年。各地的文化产业政策中所体现出来的税收、管理、人才与资金投入等扶持措施相对其他产业而言没有明显优惠,甚至有不如其他产业之处。

六是客家传统文化在全球化浪潮中加速了流失的速度。客家文化产业过程中对减缓文化资源流失,活化客家社区的问题远未重视起来,文化资源有消亡的危机。

三、对策与建议

针对客家文化产业化中存在的问题,我们认为,只有加强文化创意,走市场化运作的路子,同时在产业发展过程中保护好客家文化,才能推动客家文化产业的快速与可持续发展。

一是加强创意,延伸客家文化产业链条。创意是文化产业的灵魂。尽管客家文化本身就是客家人在千百年的生产生活中创造出来的,但要进行产业化仍有一个传统与现代结合的问题,而这个问题的解决方法就是创意。如《土楼回响》就是一部用现代交响乐的方式反映客家人团结奋斗、顽强拼搏、求生存图发展的历程和客家人性格的宏伟壮丽的历史诗篇,它把客家山歌音乐融入其中,具有非常的震撼力,再加上厦门爱乐乐团娴熟的市场化运作,使之成为了客家文化产业的经典之作。梅州雁南飞、四川洛带古镇等亦是此类代表。

文化产业链条的延伸也依赖于创意。台湾"桐花祭"的产业链条体系正是体现了这一点。2006 年的桐花祭就结合了 61 个业者、25 个营销点,其中与多家公司结盟,开发与桐花相关的文具礼品、生活用品、个人佩饰、瓷器、居家用品等。

源发于客家服饰的"蓝衫"系列产品也受热捧,单六堆地区就有从事客家服饰工作坊 33 个,另台北 27 个,台中 10 个,桃、竹、苗地区 11 个。① 这些工作坊就是一个个文化创意车间,将客家传统服饰元素与现代服饰结合起来,并推向市场。而这正是大陆客家文化产业所需要的经验。

加强创意,必然要文化学者和产业从业者、经营者能有机会交流互动。目前大陆客家研究者多从事基础研究,对于文化产业这样的新事物参与并不深广,而有相对丰富市场经历的产业投资与管理者又未能够把握文化之脉络,两者之间的沟通和合作至关重要。同时,参照国内外文化产业的创意经验,形成自己的创意模式,可实现文化产业的流水生产,扩大产业链条,最终形成产业集群。

二是增强全球客家认同,拓宽营销渠道。客家文化产品需求的动力是什么?客家文化作为边缘的地域文化,其营销(即传播)过程伴有客家人追求自我文化生存空间的意味。这种意识成为客家文化产品营销的核心动力。

自 20 世纪二、三十年代以来,客家人的文化认同感越来越强,现已成为客家文化产业内部市场形成的主要动力。客家人的文化认同又突出表现在寻根意识上,这在海外客家人身上体现得尤为强烈。如罗勇教授在其文中写道:"他们有很强的寻根意识,虽然远隔重洋,在海外繁衍了十几二十代,生息了二三百年,却念念不忘祖国,不忘曾经孕育客家民系的故乡。无论是在迁徙之地,还是重返中州,他们都有着一次又一次的隆重的祭祖仪式;无论怎样漂洋过海,怎样跋山涉水,他们都要重返故土,去寻找自己的生命之根、文化之根。"②因此,各地客家团体对世客会均表现得非常踊跃。不仅如此,各客家地区特别是海外客家人对原乡的寻根情结使得他们经常回大陆客家地区旅游观光,成为当地客家文化旅游的重要客源,也大大带动了相关文化产业的发展。客家人对自身文化的认知越清晰,对其文化产品的兴趣就越大。

此外,文化认同的加强也增强了客家文化的自信,铸就了客家文化之魅力。因此,客家人只有不断认识自己的文化,不断增强文化自信,才能真正发展客家

---

① 林尉瑜:《地方文化创意产业行销策略之研究:以六堆地区创意蓝衫为例》,台湾文化创意产业与地方发展策略学术研讨会,2006 年。

② 罗勇:《文化与认同——兼论海外客家人的寻根意识》,《西南民族大学学报(人文社科版)》2006年第 2 期,第 191 页。

文化产业,最终让客家文化在全球化的文化竞争中占得一席之地。

客家文化产业营销的另一个核心动力来自文化差异,特别是在全球化环境中各种文化形式共生并存,人们对异文化的好奇与探求使得客家文化的市场空间被越放越大。与其他文化的差异越大,客家文化产业的特色就越明显,其产品在这个目标市场的吸引力也就越大。人们对异文化总是带有好奇心,总想了解别的族群的生活状态,这就是文化差异所带来的文化市场消费的心理原因。一方面,客家文化在各省乃至于海外均是"边缘文化",赣、闽、粤边客家大本营地区亦是如此,而这种"边缘"就是特色,对赣北、闽北、闽南、广府等文化区和海外有着相当的吸引力,成为文化产业化中的特色资源;另一方面,客家文化内部也存在着一定的差异,如赣粤交界处多有四点金的围屋,而闽西土楼众多,粤东北围龙屋比较常见。这些差异成为了促进客家地区内外部文化市场形成的一个重要原因。

文化认同与文化差异是一组相对的概念。客家文化认同的强化,对于其他族群而言就是文化差异的强化;而与其他族群的文化差异的凸显,又可能增强客家文化的认同。在全球化的趋势下,文化认同与文化差异对多元文化的保存与发展有着重要意义,在文化产业的差异化竞争中作用亦是根本的。因此,要打开客家文化产业的市场,最关键的就是要增强客家文化认同,在客家文化营销传播中强调或制造差异,以驱动客家文化的市场运行。

三是在产业过程中保护客家文化资源,活化客家社区。文化产业的基础是文化资源,因此,保护客家文化资源显得尤为重要,特别是在全球化的大背景下,客家文化流失严重。不少客家村落社区由于年轻人外出打工,只有老人小孩在家,文化难以传承。因此,保护客家文化、活化客家社区成为了客家文化产业可持续发展的保证。

台湾客家文化产业在活化社区、保护文化方面有不少可陈之处。"客委会"的主要职能就是推动客家事务,客家文化的复兴是其工作重点,"桐花祭"开展的主要目标就是解决台湾客家族群生存与发展问题。在"桐花祭"经济受益的背后,客家族群认同的增强就是一个开始所期待的效果,正如"桐花祭"网站所述:"数字累计见证桐花林下的魅力,随处可拣拾溢美词汇形容文化节庆的成功,但阿公和阿婆腼腆介绍老街旧巷、几近荒没乡野的老曲调再传唱、游人忘神于客家文化展演,等等。'老族群、新感动'才是最无法换算的价值。"①

　　大陆客家地区也有政府开始做类似的工作,如江西龙南县在发展客家文化产业的同时进行农民培训系列活动,扶持乡村文化能人,举办各种传统工艺大赛,推广包括酿酒、客家女红在内的工艺和产品等,收效良好。这种以文化保护、社区活化为前提的文化产业模式应成为大陆客家文化产业开发的新方向。

---

① 桐花祭网站：http://hakka. network. com. tw。